Machine Learning Kochbuch

Machine Learning Kochbuch

Praktische Lösungen mit Python:
von der Vorverarbeitung der Daten bis zum Deep Learning

Chris Albon

Deutsche Übersetzung von
Frank Langenau

Chris Albon

Lektorat: Ariane Hesse
Übersetzung: Frank Langenau
Korrektorat: Sibylle Feldmann, *www.richtiger-text.de*
Satz: III-satz, *www.drei-satz.de*
Herstellung: Stefanie Weidner
Umschlaggestaltung: Michael Oréal, *www.oreal.de*
Druck und Bindung: mediaprint solutions GmbH, 33100 Paderborn

Bibliografische Information der Deutschen Nationalbibliothek
Die Deutsche Nationalbibliothek verzeichnet diese Publikation in der Deutschen Nationalbibliografie; detaillierte bibliografische Daten sind im Internet über *http://dnb.d-nb.de* abrufbar.

ISBN:
Print 978-3-96009-090-8
PDF 978-3-96010-306-6
ePub 978-3-96010-307-3
mobi 978-3-96010-308-0

1. Auflage

Wieblinger Weg 17
69123 Heidelberg

Dieses Buch erscheint in Kooperation mit O'Reilly Media, Inc. unter dem Imprint »O'REILLY«. O'REILLY ist ein Markenzeichen und eine eingetragene Marke von O'Reilly Media, Inc. und wird mit Einwilligung des Eigentümers verwendet.

Hinweis:
Dieses Buch wurde auf PEFC-zertifiziertem Papier aus nachhaltiger Waldwirtschaft gedruckt. Der Umwelt zuliebe verzichten wir zusätzlich auf die Einschweißfolie.

Schreiben Sie uns:
Falls Sie Anregungen, Wünsche und Kommentare haben, lassen Sie es uns wissen: kommentar@oreilly.de

5 4 3 2 1 0

Inhalt

Einleitung

Vorwort

In den letzten Jahren hat maschinelles Lernen in unzählige geschäftliche, gemeinnützige und staatliche Alltagsprojekte Einzug gehalten. Mit steigender Popularität des maschinellen Lernens wurde einiges an hoch qualitativer Literatur entwickelt, die angewandtes maschinelles Lernen für Praktiker vermittelt. Diese Literatur war bereits sehr erfolgreich bei der Ausbildung einer ganzen Generation von Data Scientists und Ingenieuren des maschinellen Lernens. Darüber hinaus hat sie sich dem Thema des maschinellen Lernens mit dem Ziel genähert, eine Lernressource bereitzustellen, um einem Einzelnen beizubringen, was maschinelles Lernen ist und wie es funktioniert. Doch obwohl dieser Ansatz erfolgreich ist, fehlt der Blick auf das Thema aus einer anderen Perspektive: auf die praktischen Grundlagen für den tagtäglichen Umgang mit maschinellem Lernen. Das ist die Motivation dieses Buchs – nicht als ein Band mit dem Wissen über maschinelles Lernen für den Studenten, sondern als Werkzeug für den Profi, das, mit Eselsohren versehen, griffbereit auf dem Schreibtisch liegt, um die praktischen Alltagsprobleme eines Fachmanns des maschinellen Lernens zu lösen.

Genauer gesagt, wird maschinelles Lernen im Buch aufgabenorientiert behandelt mit fast 200 eigenständigen Lösungen für die häufigsten Aufgaben, auf die ein Data Scientist oder Ingenieur des maschinellen Lernens beim Erstellen eines Modells stoßen wird. Die Beispieldateien können Sie von *https://github.com/chrisalbon/simulated_datasets/* herunterladen. Die Codebeispiele zur deutschen Ausgabe finden Sie auf der Webseite zum Buch auf oreilly.de unter »Zusatzmaterial« (*https://www.oreilly.de/buecher/13274/9783960090908-machine-learning-kochbuch.html*, siehe Zusatzmaterial).

Den Code können Sie kopieren und in eigene Projekte einfügen – er wird laufen.

Allerdings hat sich beim Testen des Codes während der Übersetzung gezeigt, dass der Zugriff über die im Code verwendeten Links zu den originalen (englischen) Beispieldaten nicht immer funktioniert hat. Das Ergebnis sind Fehlermeldungen, aus denen die wirkliche Ursache – kein Zugriff auf die Daten – nicht hervorgeht. Es empfiehlt sich deshalb, die Beispieldaten in einem lokalen Verzeichnis abzulegen und dieses Verzeichnis statt des im Code angegebenen Links zu verwenden.

Letztendlich soll dieses Buch denen als Referenz dienen, die echte Systeme des maschinellen Lernens aufbauen. Stellen Sie sich zum Beispiel vor, ein Leser verfügt über eine JSON-Datei, die 1.000 kategorische und numerische Merkmale enthält, in der aber Daten fehlen und kategorische Zielvektoren mit unausgewogenen Klassen vorhanden sind. Nun möchte er ein interpretierbares Modell haben. Das Ziel dieses Buchs ist es, dem Leser Rezepte anbieten zu können, damit er sich unter anderem mit folgenden Prozessen vertraut machen kann:

- 2.5 Eine JSON-Datei laden
- 4.2 Ein Merkmal standardisieren
- 5.3 Wörterbücher von Merkmalen codieren
- 5.4 Fehlende Klassenwerte imputieren
- 9.1 Merkmale mithilfe von Hauptkomponenten reduzieren
- 12.2 Beste Modelle mittels Zufallssuche auswählen
- 14.4 Einen Random-Forest-Klassifikator trainieren
- 14.7 Wichtige Merkmale in Random Forests auswählen

Das Buch soll den Leser in die Lage versetzen,

1. den Code per Kopieren und Einfügen zu übernehmen und sich davon zu überzeugen, dass er mit dem beigefügten Datensatz tatsächlich funktioniert,
2. die Diskussion zu verfolgen, um die Theorie hinter der Technik zu verstehen, die der Code ausführt, und zu lernen, welche Parameter unbedingt zu berücksichtigen sind, sowie
3. den Code aus den Rezepten einzufügen/zu kombinieren/anzupassen, um die eigentliche Anwendung zu erstellen.

Für wen dieses Buch gedacht ist

Dieses Buch ist keine Einführung in maschinelles Lernen. Wenn Sie mit den Grundkonzepten des maschinellen Lernens nicht vertraut sind oder sich überhaupt noch nicht mit maschinellem Lernen beschäftigt haben, sollten Sie es nicht kaufen. Stattdessen ist dieses Buch für den Praktiker des maschinellen Lernens gedacht, der einerseits vertraut ist mit der Theorie und den Konzepten des maschinellen Lernens, der andererseits aber profitieren würde von einer kurzen Referenz mit dem entsprechenden Code, um Herausforderungen zu lösen, mit denen er tagtäglich bei seiner Arbeit an Projekten zu maschinellem Lernen konfrontiert wird.

In diesem Buch wird davon ausgegangen, dass der Leser mit der Programmiersprache Python und der dazugehörigen Paketverwaltung vertraut ist.

Für wen dieses Buch nicht gedacht ist

Wie oben erwähnt, ist dieses Buch keine Einführung in maschinelles Lernen. Es sollte auch nicht Ihr erstes Buch zu diesem Thema sein. Wenn Ihnen Konzepte wie Kreuzvalidierung, Random Forest und Gradientenabstieg nichts sagen, werden Sie von diesem Buch wahrscheinlich nicht so sehr profitieren wie von einem der vielen hervorragenden Texte, die speziell als Einführung in das Thema geschrieben wurden. Ich empfehle, erst eines dieser Bücher zu lesen und dann wieder hierher zurückzukehren, um sich praktischen Lösungen für maschinelles Lernen zuzuwenden.

Im Buch verwendete Terminologie

Maschinelles Lernen greift auf Techniken aus einem breiten Spektrum an Fachgebieten zurück, darunter Informatik, Statistik und Mathematik. Aus diesem Grund fließen auch unterschiedliche Begriffe in die Terminologie ein, die sich in den Diskussionen zum maschinellen Lernen wiederfinden:

Beobachtung
: Eine einzelne Einheit in unserer Beobachtungsebene – zum Beispiel eine Person, ein Verkauf oder ein Datensatz.

Lernalgorithmus
: Ein Algorithmus, nach dem die besten Parameter eines Modells gelernt werden – zum Beispiel lineare Regression, naive Bayes-Klassifikatoren oder Entscheidungsbäume.

Modelle
: Eine Ausgabe nach dem Training durch einen Lernalgorithmus. Lernalgorithmen trainieren Modelle, die wir dann verwenden, um Voraussagen zu treffen.

Parameter
: Die Gewichte oder Koeffizienten eines Modells, die durch Training angelernt werden.

Hyperparameter
: Die Einstellungen eines Lernalgorithmus, die vor Beginn eines Trainings festgelegt werden müssen.

Performance
: Eine Kenngröße, um ein Modell zu bewerten.

Verlust
: Eine Kenngröße, die durch das Training zu maximieren oder zu minimieren ist.

Training
: Einen Lernalgorithmus mit numerischen Näherungsverfahren wie dem Gradientenabstieg auf Daten anwenden.

Anpassen
: Einen Lernalgorithmus mit analytischen Verfahren auf Daten anwenden.

Daten
: Eine Sammlung von Beobachtungen.

Danksagungen

Dieses Buch wäre nicht möglich gewesen ohne die freundliche Hilfe einer ganzen Reihe von Freunden und hier namentlich nicht genannten. Alle aufzulisten, die an diesem Projekt mitgewirkt haben, wäre unmöglich, aber ich möchte zumindest einige erwähnen: Angela Bassa, Teresa Borcuch, Justin Bozonier, Andre deBruin, Numa Dhamani, Dan Friedman, Joel Grus, Sarah Guido, Bill Kambouroglou, Mat Kelcey, Lizzie Kumar, Hilary Parker, Niti Paudyal, Sebastian Raschka und Shreya Shankar.

Ich schulde ihnen allen ein Bier. Oder fünf.

KAPITEL 1

Vektoren, Matrizen und Arrays

1.0 Einführung

Die Programmbibliothek `NumPy` bildet die Grundlage des Python-Stapels für maschinelles Lernen (auch als `SciPy`-Stapel bezeichnet). `NumPy` erlaubt effiziente Operationen auf Datenstrukturen, die in Projekten des maschinellen Lernens häufig vorkommen: Vektoren, Matrizen und Tensoren. Auch wenn `NumPy` nicht im Mittelpunkt dieses Buchs steht, werden Sie in den folgenden Kapiteln häufig auf diese Bibliothek stoßen. Dieses Kapitel behandelt die gebräuchlichsten `NumPy`-Operationen, mit denen Sie es in Workflows des maschinellen Lernens höchstwahrscheinlich zu tun haben werden.

1.1 Einen Vektor erzeugen

Problem

Sie müssen einen *Vektor* erzeugen.

Lösung

Verwenden Sie `NumPy`, um ein eindimensionales Array anzulegen:

```
# Bibliothek laden
import numpy as np

# Einen Vektor als Zeile erstellen
vector_row = np.array([1, 2, 3])

# Einen Vektor als Spalte erstellen
vector_column = np.array([[1],
                          [2],
                          [3]])
```

Diskussion

Die Hauptdatenstruktur von NumPy ist das mehrdimensionale Array. Um einen Vektor zu erzeugen, legen wir einfach ein eindimensionales Array an. Vektoren lassen sich genau wie Arrays horizontal (d.h. als Zeilen) oder vertikal (d.h. als Spalten) darstellen.

Siehe auch

- Vectors, Math Is Fun (*http://bit.ly/2FB5q1v*)
- Euclidean vector, Wikipedia (*http://bit.ly/2FtnRoL*, *https://de.wikipedia.org/wiki/Vektor*)

1.2 Eine Matrix erstellen

Problem

Es muss eine *Matrix* erstellt werden.

Lösung

Verwenden Sie NumPy, um ein zweidimensionales Array einzurichten:

```
# Bibliothek laden
import numpy as np

# Eine Matrix erstellen
matrix = np.array([[1, 2],
                   [1, 2],
                   [1, 2]])
```

Diskussion

Eine Matrix können Sie mit einem zweidimensionalen NumPy-Array erstellen. In der angegebenen Lösung enthält die Matrix drei Zeilen und zwei Spalten (eine Spalte mit Einsen und eine Spalte mit Zweien). Die Bibliothek NumPy bringt aber auch eine dedizierte matrix-Datenstruktur mit:

```
matrix_object = np.mat([[1, 2],
                        [1, 2],
                        [1, 2]])

matrix([[1, 2],
        [1, 2],
        [1, 2]])
```

Die matrix-Datenstruktur empfiehlt sich allerdings aus zwei Gründen nicht. Erstens stellen Arrays die De-facto-Standarddatenstruktur von NumPy dar, und zweitens gibt die große Mehrheit der NumPy-Operationen Arrays zurück und keine matrix-Objekte.

Siehe auch

- Matrix, Wikipedia (*http://bit.ly/2Ftnevp*)
- Matrix, Wolfram MathWorld (*http://bit.ly/2Fut7IJ*)

1.3 Eine dünn besetzte Matrix erzeugen

Problem

Sie möchten Daten mit wenigen Werten ungleich null effizient darstellen.

Lösung

Erstellen Sie eine dünn besetzte Matrix:

```
# Bibliotheken laden
import numpy as np
from scipy import sparse

# Eine Matrix erstellen
matrix = np.array([[0, 0],
                   [0, 1],
                   [3, 0]])

# CSR-Matrix erzeugen
matrix_sparse = sparse.csr_matrix(matrix)
```

Diskussion

Beim maschinellen Lernen kommt es häufig vor, dass riesige Datenmengen anfallen, in denen aber die meisten Datenelemente den Wert null besitzen. Stellen Sie sich zum Beispiel eine Matrix vor, bei der jeder Spalte ein Netflix-Movie und jeder Zeile ein Benutzer zugeordnet ist. Die Werte der Matrix geben an, wie oft ein Benutzer das jeweilige Movie angesehen hat. Diese Matrix würde aus Zehntausenden von Spalten und Millionen von Zeilen bestehen! Da jedoch die meisten Benutzer nur einen Bruchteil der Filme anschauen, würde die überwiegende Mehrheit der Elemente den Wert null besitzen.

Dünn besetzte Matrizen hingegen speichern nur Elemente ungleich null und nehmen an, dass alle anderen Werte null sind, was zu beträchtlichen Einsparungen an Rechenaufwand führt. In unserer Lösung haben wir ein NumPy-Array mit zwei Werten ungleich null erzeugt und es dann in eine dünn besetzte Matrix konvertiert.

Wenn wir die dünn besetzte Matrix anzeigen, ist zu erkennen, dass nur die Werte ungleich null gespeichert werden:

```
# Dünn besetzte Matrix anzeigen
print(matrix_sparse)

  (1, 1)    1
  (2, 0)    3
```

Es gibt verschiedene Arten von dünn besetzten Matrizen, in *CSR-Matrizen*[1] stellen `(1, 1)` und `(2, 0)` jedoch die (nullindizierten) Indizes der Nicht-Null-Werte 1 bzw. 3 dar. Zum Beispiel befindet sich das Element 1 in der zweiten Zeile und der zweiten Spalte. Der Vorteil dünn besetzter Matrizen zeigt sich vor allem dann, wenn wir eine wesentlich größere Matrix mit viel mehr null-Elementen erzeugen und dann diese größere Matrix mit unserer ursprünglichen dünn besetzten Matrix vergleichen:

```
# Größere Matrix erzeugen
matrix_large = np.array([[0, 0, 0, 0, 0, 0, 0, 0, 0, 0],
                         [0, 1, 0, 0, 0, 0, 0, 0, 0, 0],
                         [3, 0, 0, 0, 0, 0, 0, 0, 0, 0]])

# CSR-Matrix erzeugen
matrix_large_sparse = sparse.csr_matrix(matrix_large)

# Ursprüngliche dünn besetzte Matrix anzeigen
print(matrix_sparse)
  (1, 1)    1
  (2, 0)    3

# Die größere dünn besetzte Matrix anzeigen
print(matrix_large_sparse)

  (1, 1)    1
  (2, 0)    3
```

Obwohl wir viel mehr null-Elemente in die größere Matrix eingefügt haben, ist ihre Darstellung als dünn besetzte Matrix genau die gleiche wie unsere ursprüngliche dünn besetzte Matrix. Das heißt, dass sich die Größe der dünn besetzten Matrix durch die hinzugefügten null-Elemente nicht geändert hat.

Wie bereits erwähnt, gibt es viele verschiedene Typen von dünn besetzten Matrizen, zum Beispiel CSC-Matrizen (komprimierte Spaltenspeicherung), Liste von Listen und Wörterbuch mit Schlüsseln. Es ginge über den Rahmen dieses Buchs hinaus, die verschiedenen Arten und die Konsequenzen ihrer Anwendung zu erläutern, zumindest aber sei erwähnt, dass es zwar keinen »besten« dünn besetzten Matrixtyp gibt, trotzdem aber wesentliche Unterschiede zwischen ihnen bestehen und wir uns darüber im Klaren sein sollten, wenn wir einen Typ anstelle eines anderen auswählen.

1 CSR – *Compressed Sparse Row*, komprimierte, dünn besetzte Zeile.

Siehe auch

- Sparse matrices, SciPy documentation (*http://bit.ly/2HReBZR*)
- 101 Ways to Store a Sparse Matrix (*http://bit.ly/2HS43cI*)

1.4 Elemente auswählen

Problem

In einem Vektor oder einer Matrix sind ein oder mehrere Elemente auszuwählen.

Lösung

Mit Arrays von `NumPy` lässt sich das leicht bewerkstelligen:

```
# Bibliothek laden
import numpy as np

# Zeilenvektor erzeugen
vector = np.array([1, 2, 3, 4, 5, 6])

# Matrix erzeugen
matrix = np.array([[1, 2, 3],
                   [4, 5, 6],
                   [7, 8, 9]])

# Das dritte Element des Vektors auswählen
vector[2]

3

# Die zweite Zeile und zweite Spalte auswählen
matrix[1,1]

5
```

Diskussion

Wie die meisten Dinge in Python sind auch `NumPy`-Arrays nullindiziert, d.h., der Index des ersten Elements ist 0 und nicht 1. Das Paket `NumPy` bietet eine breite Palette an Methoden, mit denen sich Elemente oder Gruppen von Elementen in Arrays auswählen lassen (d.h. Indizieren und Slicen):

```
# Alle Elemente eines Vektors auswählen
vector[:]

array([1, 2, 3, 4, 5, 6])

# Alles bis einschließlich des dritten Elements auswählen
vector[:3]

array([1, 2, 3])
```

```
# Alles nach dem dritten Element auswählen
vector[3:]
```

```
array([4, 5, 6])
```

```
# Das letzte Element auswählen
vector[-1]
```

```
6
```

```
# Die beiden ersten Zeilen und alle Spalten einer Matrix auswählen
matrix[:2,:]
```

```
array([[1, 2, 3],
       [4, 5, 6]])
```

```
# Alle Zeilen und die zweite Spalte auswählen
matrix[:,1:2]
```

```
array([[2],
       [5],
       [8]])
```

1.5 Eine Matrix beschreiben

Problem

Sie möchten Form, Größe und Dimensionen der Matrix beschreiben.

Lösung

Verwenden Sie shape, size und ndim:

```
# Bibliothek laden
import numpy as np

# Matrix erzeugen
matrix = np.array([[1, 2, 3, 4],
                   [5, 6, 7, 8],
                   [9, 10, 11, 12]])

# Die Anzahl der Zeilen und Spalten anzeigen
matrix.shape
```

```
(3, 4)
```

```
# Die Anzahl der Elemente anzeigen (Zeilen * Spalten)
matrix.size
```

```
12
```

```
# Die Anzahl der Dimensionen anzeigen
matrix.ndim
```

```
2
```

Diskussion

Selbst wenn dies recht einfach aussieht (und es auch ist), wird es hin und wieder hilfreich sein, die Form und die Größe eines Arrays zu überprüfen, und zwar sowohl für weitere Berechnungen als auch zur Kontrolle nach einer Operation.

1.6 Operationen auf Elemente anwenden

Problem

Sie möchten in einem Array eine Funktion auf mehrere Elemente anwenden.

Lösung

Verwenden Sie die Funktion `vectorize` von `NumPy`:

```
# Bibliothek laden
import numpy as np

# Matrix erzeugen
matrix = np.array([[1, 2, 3],
                   [4, 5, 6],
                   [7, 8, 9]])

# Funktion erstellen, die 100 zu etwas hinzufügt
add_100 = lambda i: i + 100

# Vektorisierte Funktion erstellen
vectorized_add_100 = np.vectorize(add_100)

# Funktion auf alle Elemente in matrix anwenden
vectorized_add_100(matrix)

array([[101, 102, 103],
       [104, 105, 106],
       [107, 108, 109]])
```

Diskussion

Die Funktion `vectorize` von `NumPy` konvertiert eine Funktion in eine Funktion, die sich auf alle Elemente in einem Array oder einer Scheibe eines Arrays anwenden lässt. Beachten Sie, dass `vectorize` hauptsächlich eine komfortable Programmierung ermöglichen soll und nicht etwa eine bessere Performance bietet. Zudem ist die Funktion als `for`-Schleife über die Elemente implementiert. Darüber hinaus ist es mit `NumPy`-Arrays möglich, Operationen zwischen Arrays auszuführen, selbst wenn ihre Dimensionen ungleich sind (ein als *Broadcasting* bezeichneter Vorgang). Zum Beispiel können wir mithilfe von Broadcasting eine wesentlich einfachere Version unserer Lösung formulieren:

```
# 100 zu allen Elementen hinzuaddieren
matrix + 100

array([[101, 102, 103],
       [104, 105, 106],
       [107, 108, 109]])
```

1.7 Die Größt- und Kleinstwerte suchen

Problem

In einem Array müssen Sie den größten oder den kleinsten Wert ermitteln.

Lösung

Verwenden Sie `max` und `min` von `NumPy`:

```
# Bibliothek laden
import numpy as np

# Matrix erzeugen
matrix = np.array([[1, 2, 3],
                   [4, 5, 6],
                   [7, 8, 9]])

# Größtes Element zurückgeben
np.max(matrix)

9

# Kleinstes Element zurückgeben
np.min(matrix)

1
```

Diskussion

Oftmals benötigt man den größten und kleinsten Wert in einem Array oder in der Teilmenge eines Arrays. Dies lässt sich mit den Methoden `max` und `min` ermitteln. Mit dem Parameter axis können wir die Operation auch entlang einer bestimmten Achse anwenden:

```
# Das größte Element in jeder Spalte ermitteln
np.max(matrix, axis=0)

array([7, 8, 9])

# Das größte Element in jeder Zeile ermitteln
np.max(matrix, axis=1)

array([3, 6, 9])
```

1.8 Mittelwert, Varianz und Standardabweichung berechnen

Problem

Sie möchten verschiedene statistische Kennwerte über die Daten eines Arrays berechnen.

Lösung

Verwenden Sie die NumPy-Methoden mean, var und std:

```
# Bibliothek laden
import numpy as np

# Matrix erzeugen
matrix = np.array([[1, 2, 3],
                   [4, 5, 6],
                   [7, 8, 9]])

# Mittelwert zurückgeben
np.mean(matrix)

5.0

# Varianz zurückgeben
np.var(matrix)

6.666666666666667

# Standardabweichung zurückgeben
np.std(matrix)

2.5819888974716112
```

Diskussion

Genau wie mit max und min erhalten wir auf einfache Art und Weise statistische Kenndaten über die gesamte Matrix oder führen Berechnungen entlang einer einzelnen Achse aus:

```
# Den Mittelwert in jeder Spalte suchen
np.mean(matrix, axis=0)

array([ 4.,  5.,  6.])
```

1.9 Die Gestalt von Arrays ändern

Problem

Sie möchten die Gestalt (die Anzahl der Zeilen und Spalten) eines Arrays ändern, ohne die Elementwerte zu ändern.

Lösung

Verwenden Sie die NumPy-Methode reshape:

```
# Bibliothek laden
import numpy as np

# Eine 4 x 3-Matrix erzeugen
matrix = np.array([[1, 2, 3],
                   [4, 5, 6],
                   [7, 8, 9],
                   [10, 11, 12]])

# Matrix in eine 2 x 6-Matrix umformen
matrix.reshape(2, 6)
```

```
array([[ 1,  2,  3,  4,  5,  6],
       [ 7,  8,  9, 10, 11, 12]])
```

Diskussion

Mit der Methode reshape lässt sich ein Array so umstrukturieren, dass es dieselben Daten enthält, aber mit einer anderen Anzahl von Zeilen und Spalten organisiert ist. Die einzige Forderung besteht darin, dass die Formen der ursprünglichen und der neuen Matrix die gleiche Anzahl von Elementen enthalten (d.h. die gleiche Größe haben). Die Größe einer Matrix können Sie mit size ermitteln:

```
matrix.size
```

```
12
```

Ein nützliches Argument in reshape ist -1, was effektiv »so viel wie nötig« heißt, sodass reshape(1, -1) eine Zeile und so viele Spalten wie nötig bedeutet:

```
matrix.reshape(1, -1)
```

```
array([[ 1,  2,  3,  4,  5,  6,  7,  8,  9, 10, 11, 12]])
```

Und wenn wir schließlich eine Ganzzahl übergeben, liefert reshape ein eindimensionales Array dieser Länge zurück:

```
matrix.reshape(12)
```

```
array([ 1,  2,  3,  4,  5,  6,  7,  8,  9, 10, 11, 12])
```

1.10 Einen Vektor oder eine Matrix transponieren

Problem

Sie müssen einen Vektor oder eine Matrix transponieren.

Lösung

Verwenden Sie die Methode T:

```
# Bibliothek laden
import numpy as np

# Matrix erzeugen
matrix = np.array([[1, 2, 3],
                   [4, 5, 6],
                   [7, 8, 9]])

# Die Matrix transponieren
matrix.T

array([[1, 4, 7],
       [2, 5, 8],
       [3, 6, 9]])
```

Diskussion

Transponieren ist eine gängige Operation in der linearen Algebra, wobei die Spalten- und Zeilenindizes jedes Elements vertauscht werden. Diejenigen, die mit linearer Algebra nicht sehr vertraut sind, übersehen aber oftmals, dass ein Vektor aus technischer Sicht nicht transponiert werden kann, weil er lediglich eine Sammlung von Werten ist:

```
# Vektor transponieren
np.array([1, 2, 3, 4, 5, 6]).T

array([1, 2, 3, 4, 5, 6])
```

Allerdings spricht man üblicherweise beim Transponieren eines Vektors vom Konvertieren eines Zeilenvektors in einen Spaltenvektor oder umgekehrt (beachten Sie das zweite Klammernpaar):

```
# Einen Zeilenvektor transponieren
np.array([[1, 2, 3, 4, 5, 6]]).T

array([[1],
       [2],
       [3],
       [4],
       [5],
       [6]])
```

1.11 Eine Matrix verflachen

Problem

Sie müssen eine Matrix in ein eindimensionales Array transformieren.

Lösung

Verwenden Sie die Methode `flatten`:

```
# Bibliothek laden
import numpy as np

# Matrix erzeugen
matrix = np.array([[1, 2, 3],
                   [4, 5, 6],
                   [7, 8, 9]])

# Matrix verflachen
matrix.flatten()
```

```
array([1, 2, 3, 4, 5, 6, 7, 8, 9])
```

Diskussion

Mit der Methode `flatten` lässt sich eine Matrix leicht in ein eindimensionales Array transformieren. Alternativ kann man mit `reshape` einen Zeilenvektor erzeugen:

```
matrix.reshape(1, -1)
```

```
array([[1, 2, 3, 4, 5, 6, 7, 8, 9]])
```

1.12 Den Rang einer Matrix ermitteln

Problem

Gefragt ist der *Rang* einer Matrix.

Lösung

Verwenden Sie die Methode `matrix_rank` der linearen Algebra von `NumPy`:

```
# Bibliothek laden
import numpy as np

# Matrix erzeugen
matrix = np.array([[1, 1, 1],
                   [1, 1, 10],
                   [1, 1, 15]])
```

```
# Den Rang der Matrix zurückgeben
np.linalg.matrix_rank(matrix)

2
```

Diskussion

Der Rang einer Matrix gibt die Dimensionen des Vektorraums an, der durch ihre Zeilen oder Spalten aufgespannt wird. Dank `matrix_rank` ist es in NumPy leicht, den Rang einer Matrix zu bestimmen.

Siehe auch

- The Rank of a Matrix, CliffsNotes (*http://bit.ly/2HUzkMs*)

1.13 Die Determinante berechnen

Problem

Sie möchten die *Determinante* einer Matrix bestimmen.

Lösung

Verwenden Sie die Methode `det` der linearen Algebra von NumPy:

```
# Bibliothek laden
import numpy as np

# Matrix erzeugen
matrix = np.array([[1, 2, 3],
                   [2, 4, 6],
                   [3, 8, 9]])

# Determinante der Matrix zurückgeben
np.linalg.det(matrix)

0.0
```

Diskussion

Manchmal ist es nützlich, die Determinante einer Matrix zu berechnen. In NumPy ist das mit `det` leicht zu bewerkstelligen.

Siehe auch

- The determinant | Essence of linear algebra, Kapitel 5, 3Blue1Brown (*http://bit.ly/2FA6ToM*)
- Determinant, Wolfram MathWorld (*http://bit.ly/2FxSUzC*)

1.14 Die Diagonale einer Matrix ermitteln

Problem

Sie möchten die *Diagonalelemente* einer Matrix abrufen.

Lösung

Verwenden Sie die Funktion diagonal:

```
# Bibliothek laden
import numpy as np

# Matrix erzeugen
matrix = np.array([[1, 2, 3],
                   [2, 4, 6],
                   [3, 8, 9]])

# Diagonalelemente zurückgeben
matrix.diagonal()

array([1, 4, 9])
```

Diskussion

Mit der NumPy-Funktion `diagonal` lassen sich die Diagonalelemente einer Matrix leicht abrufen. Es ist auch möglich, mit dem Parameter `offset` auf eine Diagonale zuzugreifen, die um den angegebenen Wert von der *Hauptdiagonale* entfernt ist:

```
# Die Diagonale zurückgeben, die ein Element über der Hauptdiagonale liegt
matrix.diagonal(offset=1)

array([2, 6])

# Die Diagonale zurückgeben, die ein Element unter der Hauptdiagonale liegt
matrix.diagonal(offset=-1)

array([2, 8])
```

1.15 Die Spur einer Matrix berechnen

Problem

Sie möchten die *Spur* einer Matrix berechnen.

Lösung

Verwenden Sie die Funktion trace:

```
# Bibliothek laden
import numpy as np

# Matrix erzeugen
matrix = np.array([[1, 2, 3],
                   [2, 4, 6],
                   [3, 8, 9]])

# Spur zurückgeben
matrix.trace()
```

```
14
```

Diskussion

Die Spur einer Matrix ist die Summe der Diagonalelemente. In Methoden des maschinellen Lernens wird sie häufig hinter den Kulissen verwendet. Für ein gegebenes mehrdimensionales `NumPy`-Array können wir die Spur mittels `trace` berechnen. Es ist aber auch möglich, die Diagonale einer Matrix abzurufen und ihre Summe zu bilden:

```
# Diagonalelemente zurückgeben und Elemente summieren
sum(matrix.diagonal())
```

```
14
```

Siehe auch

- The Trace of a Square Matrix (*http://bit.ly/2FunM45*)

1.16 Eigenwerte und Eigenvektoren suchen

Problem

Es sind die *Eigenwerte* und die *Eigenvektoren* einer quadratischen Matrix zu ermitteln.

Lösung

Verwenden Sie die `NumPy`-Funktion `linalg.eig`:

```
# Bibliothek laden
import numpy as np

# Matrix erzeugen
matrix = np.array([[1, -1, 3],
                   [1, 1, 6],
                   [3, 8, 9]])
```

```
# Eigenwerte und Eigenvektoren berechnen
eigenvalues, eigenvectors = np.linalg.eig(matrix)

# Eigenwerte anzeigen
eigenvalues

array([ 13.55075847,   0.74003145,  -3.29078992])

# Eigenvektoren anzeigen

array([[-0.17622017, -0.96677403, -0.53373322],
       [-0.435951  ,  0.2053623 , -0.64324848],
       [-0.88254925,  0.15223105,  0.54896288]])
```

Diskussion

Eigenvektoren sind in Bibliotheken für maschinelles Lernen häufig anzutreffen. Bei einer linearen Transformation, die durch eine Matrix *A* dargestellt wird, sind Eigenvektoren – bildlich gesprochen – Vektoren, die eine Transformation nur skaliert (und nicht in der Richtung ändert). Formal drückt man das wie folgt aus:

$$A\mathbf{v} = \lambda\mathbf{v}$$

Hierin ist *A* eine quadratische Matrix, λ enthält die Eigenwerte und *v* die Eigenvektoren. Im NumPy-Instrumentarium für lineare Algebra erlaubt eig, die Eigenwerte und Eigenvektoren einer beliebigen quadratischen Matrix zu berechnen.

Siehe auch

- Eigenvectors and Eigenvalues Explained Visually, Setosa.io (*http://bit.ly/2Hb32LV*)
- Eigenvectors and eigenvalues | Essence of linear algebra, Kapitel 10, 3Blue1Brown (*http://bit.ly/2HeGppK*)

1.17 Punktprodukte berechnen

Problem

Es ist das *Punktprodukt* zweier Vektoren zu berechnen.

Lösung

Verwenden Sie die NumPy-Funktion dot:

```
# Bibliothek laden
import numpy as np

# Zwei Vektoren erzeugen
vector_a = np.array([1,2,3])
```

```
vector_b = np.array([4,5,6])

# Das Punktprodukt berechnen
np.dot(vector_a, vector_b)
```

```
32
```

Diskussion

Das Punktprodukt zweier Vektoren *a* und *b* ist wie folgt definiert:

$$\sum_{i=1}^{n} a_i b_i$$

Hierin ist a_i das *i*-te Element des Vektors *a*. Das Punktprodukt können wir mit der `dot`-Klasse von `NumPy` berechnen. Ab Python 3.5 ist es alternativ möglich, den Operator `@` zu verwenden:

```
# Das Punktprodukt berechnen
vector_a @ vector_b
```

```
32
```

Siehe auch

- Vector dot product and vector length, Khan Academy (*http://bit.ly/2Fr0AUe*)
- Dot Product, Paul's Online Math Notes (*http://bit.ly/2HgZHLp*)

1.18 Matrizen addieren und subtrahieren

Problem

Es sind zwei Matrizen zu addieren oder voneinander zu subtrahieren.

Lösung

Verwenden Sie die `NumPy`-Methoden `add` und `subtract`:

```
# Bibliothek laden
import numpy as np

# Matrix erzeugen
matrix_a = np.array([[1, 1, 1],
                     [1, 1, 1],
                     [1, 1, 2]])

# Matrix erzeugen
matrix_b = np.array([[1, 3, 1],
                     [1, 3, 1],
                     [1, 3, 8]])
```

```
# Zwei Matrizen addieren
np.add(matrix_a, matrix_b)

array([[ 2,  4,  2],
       [ 2,  4,  2],
       [ 2,  4, 10]])

# Zwei Matrizen voneinander subtrahieren
np.subtract(matrix_a, matrix_b)

array([[ 0, -2,  0],
       [ 0, -2,  0],
       [ 0, -2, -6]])
```

Diskussion

Alternativ können Sie auch einfach die Operatoren + und – verwenden:

```
# Zwei Matrizen addieren
matrix_a + matrix_b

array([[ 2,  4,  2],
       [ 2,  4,  2],
       [ 2,  4, 10]])
```

1.19 Matrizen multiplizieren

Problem

Zwei Matrizen sollen multipliziert werden.

Lösung

Verwenden Sie die NumPy-Funktion dot:

```
# Bibliothek laden
import numpy as np

# Matrix erzeugen
matrix_a = np.array([[1, 1],
                     [1, 2]])

# Matrix erzeugen
matrix_b = np.array([[1, 3],
                     [1, 2]])

# Zwei Matrizen multiplizieren
np.dot(matrix_a, matrix_b)

array([[2, 5],
       [3, 7]])
```

Diskussion

In Python 3.5 und höher können Sie auch den @-Operator verwenden:

```
# Zwei Matrizen multiplizieren
matrix_a @ matrix_b

array([[2, 5],
       [3, 7]])
```

Mit dem Operator * führen Sie eine elementweise Multiplikation durch:

```
# Zwei Matrizen elementweise multiplizieren
matrix_a * matrix_b

array([[1, 3],
       [1, 4]])
```

Siehe auch

- Array vs. Matrix Operations, MathWorks (*http://bit.ly/2FtpXVr*)

1.20 Eine Matrix invertieren

Problem

Die *Inverse e*iner quadratischen Matrix soll berechnet werden.

Lösung

Verwenden Sie die Methode inv der linearen Algebra von NumPy:

```
# Bibliothek laden
import numpy as np

# Matrix erzeugen
matrix = np.array([[1, 4],
                   [2, 5]])

# Die Inverse der Matrix berechnen
np.linalg.inv(matrix)

array([[-1.66666667,  1.33333333],
       [ 0.66666667, -0.33333333]])
```

Diskussion

Die Inverse einer quadratischen Matrix **A** ist eine zweite Matrix $\mathbf{A}^{-1}$, sodass gilt:

$$\mathbf{A}\mathbf{A}^{-1} = \mathbf{I}$$

Hierin ist **I** die Identitätsmatrix (Einheitsmatrix). In NumPy können Sie mit `linalg.inv` die Inverse $\mathbf{A}^{-1}$ berechnen, falls sie existiert. Um das am praktischen Beispiel nachzuvollziehen, können Sie eine Matrix mit ihrer Inversen multiplizieren – das Ergebnis ist die Identitätsmatrix:

```
# Matrix und ihre Inverse multiplizieren
matrix @ np.linalg.inv(matrix)
```

```
array([[ 1.,  0.],
       [ 0.,  1.]])
```

Siehe auch

- Inverse of a Matrix (*http://bit.ly/2FzfOBS*)

1.21 Zufallswerte erzeugen

Problem

Sie möchten pseudozufällige Werte generieren.

Lösung

Verwenden Sie die NumPy-Methode `random`:

```
# Bibliothek laden
import numpy as np

# Startwert festlegen
np.random.seed(0)

# Drei zufällige Gleitkommazahlen zwischen 0.0 und 1.0 generieren
np.random.random(3)
```

```
array([ 0.5488135 ,  0.71518937,  0.60276338])
```

Diskussion

NumPy bietet eine breite Palette an Instrumenten, um Zufallszahlen zu erzeugen, viel mehr, als sich hier behandeln lassen. In der angegebenen Lösung haben wir Gleitkommazahlen erzeugt. Es ist aber genauso möglich, zufällige Ganzzahlen zu erzeugen:

```
# Drei zufällige Ganzzahlen zwischen 1 und 10 erzeugen
np.random.randint(0, 11, 3)
```

```
array([3, 7, 9])
```

Alternativ lassen sich Zufallszahlen erzeugen, indem diese aus einer Verteilung gezogen werden:

```
# Drei Zahlen aus einer Normalverteilung mit dem Mittelwert 0.0
# und der Standardabweichung 1.0 ziehen
np.random.normal(0.0, 1.0, 3)

array([-1.42232584,  1.52006949, -0.29139398])

# Drei Zahlen aus einer logistischen Verteilung mit dem
# Mittelwert 0.0 und der Skalierung 1.0 ziehen
np.random.logistic(0.0, 1.0, 3)

array([-0.98118713, -0.08939902,  1.46416405])

# Drei Zahlen größer oder gleich 1.0 und kleiner als 2.0 ziehen
np.random.uniform(1.0, 2.0, 3)

array([ 1.47997717,  1.3927848 ,  1.83607876])
```

Schließlich ist es manchmal zweckmäßig, mehrmals die gleichen Zufallszahlen zurückzugeben, um vorhersagbare, reproduzierbare Ergebnisse zu bekommen. Hierfür legen Sie den *Startwert* `seed` (eine Ganzzahl) des Pseudozufallsgenerators fest. Zufällige Prozesse mit dem gleichen Startwert erzeugen immer die gleiche Ausgabe. In diesem Buch verwenden wir durchgängig Startwerte, damit der im Buch angegebene Code und der Code, den Sie auf Ihrem Computer ausführen, die gleichen Ergebnisse liefern.

KAPITEL 2

Laden von Daten

2.0 Einführung

Der erste Schritt in jedem maschinellen Lernprojekt besteht darin, die Rohdaten in das System zu bekommen. Bei den Rohdaten kann es sich um eine Protokolldatei, eine Datenbestandsdatei oder eine Datenbank handeln. Darüber hinaus werden wir oftmals Daten aus mehreren Quellen abrufen wollen. Die Rezepte in diesem Kapitel befassen sich mit Methoden, um Daten aus den verschiedensten Quellen zu laden, unter anderem aus CSV-Dateien und SQL-Datenbanken. Außerdem sehen wir uns Methoden an, die für Experimentierzwecke simulierte Daten mit vorgegebenen Eigenschaften erzeugen. Auch wenn es letztlich viele Möglichkeiten gibt, Daten in das Python-Ökosystem zu laden, konzentrieren wir uns auf den umfangreichen Methodensatz der Bibliothek `pandas`, um externe Daten zu laden, und verwenden `scikit-learn` – eine Open-Source-Bibliothek für maschinelles Lernen in Python –, um simulierte Daten zu erzeugen.

2.1 Einen Beispieldatensatz laden

Problem

Sie möchten einen bereits vorhandenen Beispieldatensatz laden.

Lösung

Die Bibliothek `scikit-learn` bringt eine Reihe populärer Datensätze[1] mit, die Sie unmittelbar nutzen können:

1 Dataset – Datensatz. Genau genommen ist mit *Dataset* eine Datenmenge bzw. ein Gesamtdatenbestand gemeint im Unterschied zum englischen Begriff *Record*, der einen einzelnen Satz zusammengehöriger Daten – einen Datensatz im engeren Sinne – in einer Datenbank bezeichnet (dort in der Regel als Zeile gespeichert). Im Rahmen von maschinellem Lernen und ähnlichen Fachgebieten hat sich allerdings der Begriff *Datensatz* für *Dataset* eingebürgert, zum Beispiel für den berühmten Iris-Datensatz, der die Daten für 50 Exemplare von Schwertlilien umfasst und bereits im Jahr 1936 von Sir Ronald Fisher verwendet wurde. (Anm. d. Übers.)

```
# Den Datensatz von scikit-learn laden
from sklearn import datasets

# Den Datensatz digits laden
digits = datasets.load_digits()

# Merkmalsmatrix erzeugen
features = digits.data

# Zielvektor erzeugen
target = digits.target

# Erste Beobachtung anzeigen
features[0]

array([ 0.,  0.,  5., 13.,  9.,  1.,  0.,  0.,  0.,  0., 13.,
       15., 10., 15.,  5.,  0.,  0.,  3., 15.,  2.,  0., 11.,
        8.,  0.,  0.,  4., 12.,  0.,  0.,  8.,  8.,  0.,  0.,
        5.,  8.,  0.,  0.,  9.,  8.,  0.,  0.,  4., 11.,  0.,
        1., 12.,  7.,  0.,  0.,  2., 14.,  5., 10., 12.,  0.,
        0.,  0.,  0.,  6., 13., 10.,  0.,  0.,  0.])
```

Diskussion

Oftmals möchten wir uns nicht die Mühe machen, einen realen Datensatz zu laden, zu transformieren und zu bereinigen, bevor wir einen Algorithmus zum maschinellen Lernen untersuchen können. Erfreulicherweise bringt `scikit-learn` einige gängige Datensätze mit, die sich schnell laden lassen. Diese Datensätze werden oft als »Spielzeugdatensätze« oder »Minidatensätze« bezeichnet, weil sie weitaus kleiner und sauberer sind als ein Datensatz, den wir in der realen Welt sehen würden. Einige beliebte Beispieldatensätze in `scikit-learn` sind:

load_boston
: Enthält 503 Beobachtungen zu Immobilienpreisen in Boston. Dieser Datensatz ist gut geeignet, um Regressionsalgorithmen zu untersuchen.

load_iris
: Enthält 150 Beobachtungen mit Messungen von Breite und Länge der Blätter dreier Iris-Arten. Dieser Datensatz bietet sich an, wenn Klassifizierungsalgorithmen zu untersuchen sind.

load_digits
: Enthält 1.797 Beobachtungen mit Bildern von handschriftlichen Ziffern. Dieser Datensatz ist prädestiniert für das Lernen von Bildklassifizierungen.

Siehe auch

- scikit-learn toy datasets (*http://bit.ly/2HS6Dzq*)
- The Digit Dataset (*http://bit.ly/2mNSEBZ*)

2.2 Einen simulierten Datensatz erzeugen

Problem

Es soll ein Datensatz mit simulierten Daten erzeugt werden.

Lösung

Die Bibliothek scikit-learn bietet viele Methoden, mit denen sich simulierte Daten erzeugen lassen. Davon sind vor allem drei Methoden nützlich. Wenn wir einen Datensatz in Verbindung mit linearer Regression benötigen, ist make_regression eine gute Wahl:

```
# Bibliothek laden
from sklearn.datasets import make_regression

# Merkmalsmatrix, Zielvektor und die wahren Koeffizienten erzeugen
features, target, coefficients = make_regression(n_samples = 100,
                                                 n_features = 3,
                                                 n_informative = 3,
                                                 n_targets = 1,
                                                 noise = 0.0,
                                                 coef = True,
                                                 random_state = 1)

# Merkmalsmatrix und Zielvektor anzeigen
print('Merkmalsmatrix\n', features[:3])
print('Zielvektor\n', target[:3])
```

```
Merkmalsmatrix
 [[ 1.29322588 -0.61736206 -0.11044703]
 [-2.793085    0.36633201  1.93752881]
 [ 0.80186103 -0.18656977  0.0465673 ]]
Zielvektor
 [-10.37865986  25.5124503   19.67705609]
```

Wenn es darum geht, einen simulierten Datensatz für Klassifizierungen zu erzeugen, können Sie make_classification heranziehen:

```
# Bibliothek laden
from sklearn.datasets import make_classification

# Merkmalsmatrix und Zielvektor erzeugen
features, target = make_classification(n_samples = 100,
                                       n_features = 3,
                                       n_informative = 3,
                                       n_redundant = 0,
                                       n_classes = 2,
                                       weights = [.25, .75],
                                       random_state = 1)

# Merkmalsmatrix und Zielvektor anzeigen
print('Merkmalsmatrix\n', features[:3])
print('Zielvektor\n', target[:3])
```

```
Merkmalsmatrix
 [[ 1.06354768 -1.42632219  1.02163151]
 [ 0.23156977  1.49535261  0.33251578]
 [ 0.15972951  0.83533515 -0.40869554]]
Zielvektor
 [1 0 0]
```

Und sollten Sie einen Datensatz brauchen, um mit Gruppierungstechniken zu experimentieren, bietet `scikit-learn` die Beispielmenge `make_blobs`:

```
# Bibliothek laden
from sklearn.datasets import make_blobs

# Merkmalsmatrix und Zielvektor generieren
features, target = make_blobs(n_samples = 100,
                              n_features = 2,
                              centers = 3,
                              cluster_std = 0.5,
                              shuffle = True,
                              random_state = 1)

# Merkmalsmatrix und Zielvektor anzeigen
print('Merkmalsmatrix\n', features[:3])
print('Zielvektor\n', target[:3])

Merkmalsmatrix
 [[ -1.22685609   3.25572052]
 [ -9.57463218  -4.38310652]
 [-10.71976941  -4.20558148]]
Zielvektor
 [0 1 1]
```

Diskussion

Wie aus den Lösungen hervorgeht, gibt `make_regression` eine Merkmalsmatrix aus Gleitkommawerten und einen Zielvektor aus Gleitkommawerten zurück, während `make_classification` und `make_blobs` eine Merkmalsmatrix aus Gleitkommawerten und einen Zielvektor aus Ganzzahlen, die die Zugehörigkeit zu einer Klasse repräsentieren, liefern.

Die simulierten Datensätze von `scikit-learn` bieten umfangreiche Optionen, um die Art der erzeugten Daten zu steuern. Die Dokumentation von `scikit-learn` beschreibt sämtliche Parameter, von denen einige besonders erwähnenswert sind.

In `make_regression` und `make_classification` bestimmt `n_informative` die Anzahl der Merkmale, die für das Generieren des Zielvektors herangezogen werden. Wenn `n_informative` kleiner als die Gesamtanzahl der Merkmale (`n_features`) ist, verfügt der resultierende Datensatz über redundante Merkmale, die sich über Techniken der Merkmalsauswahl identifizieren lassen.

Darüber hinaus enthält make_classification einen Gewichtsparameter (weights), der es erlaubt, Datensätze mit unausgewogenen Klassen zu simulieren. So gibt zum Beispiel weights = [.25, .75] einen Datensatz zurück, bei dem 25 % der Beobachtungen zu einer Klasse und 75 % der Beobachtungen zu einer zweiten Klasse gehören.

Bei make_blobs bestimmt der Parameter centers die Anzahl der erzeugten Gruppen. Mithilfe der Visualisierungsbibliothek matplotlib lassen sich die von make_blobs generierten Gruppen grafisch darstellen:

```
# Bibliothek laden
import matplotlib.pyplot as plt

# Punktdiagramm anzeigen
plt.scatter(features[:,0], features[:,1], c=target)
plt.show()
```

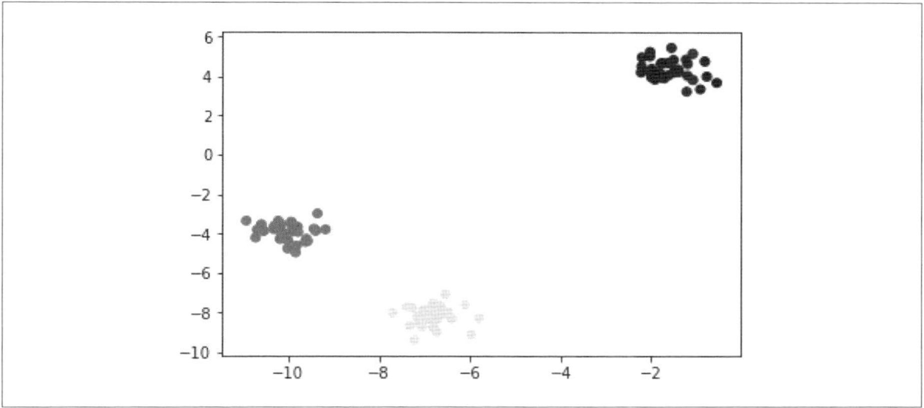

Siehe auch

- make_regression documentation (*http://bit.ly/2FtIBwo*)
- make_classification documentation (*http://bit.ly/2FtIKzW*)
- make_blobs documentation (*http://bit.ly/2FqKMAZ*)

2.3 Eine CSV-Datei laden

Problem

Es soll eine Datei geladen werden, deren Felder durch Kommata getrennt sind (CSV-Datei).

Lösung

Verwenden Sie read_csv der Bibliothek pandas, um eine lokale oder gehostete CSV-Datei zu laden:

```
# Bibliothek laden
import pandas as pd

# URL erzeugen
url = 'https://tinyurl.com/simulated-data'

# Datensatz laden
dataframe = pd.read_csv(url)

# Die beiden ersten Zeilen anzeigen
dataframe.head(2)
```

	integer	datetime	category
0	5	2015-01-01 00:00:00	0
1	5	2015-01-01 00:00:01	0

Diskussion

Zum Laden von CSV-Dateien sind zwei Dinge anzumerken. Erstens ist es oftmals nützlich, einen kurzen Blick auf die Datei werfen zu können, bevor sie geladen wird. Es kann sehr hilfreich sein, sich vorab darüber zu informieren, wie die Datensätze strukturiert ist und welche Parameter festgelegt werden müssen, um die Datei zu laden. Zweitens besitzt read_csv über 30 Parameter, und die Dokumentation kann deshalb befremdlich wirken. Die meisten dieser Parameter sind allerdings vor allem dafür da, mit einem breiten Spektrum von CSV-Formaten zurechtzukommen. Zum Beispiel resultiert der Name von CSV-Dateien – *Comma-separated Values* – aus der Tatsache, dass die Werte (Values) buchstäblich durch Kommata getrennt (separated) sind (z.B. könnte eine Zeile 2,"2015-01-01 00:00:00",0 lauten). Allerdings ist es bei »CSV«-Dateien durchaus üblich, auch andere Zeichen als Trennzeichen zu verwenden, etwa Tabulatoren. Mit dem pandas-Parameter sep können Sie das in der Datei verwendete Trennzeichen festlegen. Bei CSV-Dateien kommt es häufig (wenn auch nicht immer) vor, dass die erste Zeile der Datei die Spaltenköpfe definiert (z.B. integer, datetime, category in unserer Lösung). Mit dem Parameter header lässt sich festlegen, ob oder an welcher Stelle eine Kopfzeile existiert. Wenn keine Kopfzeile existiert, setzen Sie header=None.

2.4 Eine Excel-Datei laden

Problem

Ein Excel-Tabellenblatt soll geladen werden.

Lösung

Verwenden Sie read_excel der pandas-Bibliothek, um ein Excel-Tabellenblatt zu laden:

```
# Bibliothek laden
import pandas as pd

# URL erzeugen
url = 'https://tinyurl.com/simulated-excel'

# Daten laden
dataframe = pd.read_excel(url, sheetname=0, header=1)

# Die beiden ersten Zeilen anzeigen
dataframe.head(2)
```

	5	2015-01-01 00:00:00	0
0	5	2015-01-01 00:00:01	0
1	9	2015-01-01 00:00:02	0

Diskussion

Diese Lösung ähnelt unserer Lösung für das Lesen von CSV-Dateien. Der wesentliche Unterschied besteht in dem zusätzlichen Parameter sheetname, der angibt, welches Tabellenblatt in der Excel-Datei geladen werden soll. Für den Parameter sheetname können Sie sowohl Strings mit dem Blattnamen angeben als auch Ganzzahlen verwenden, um auf die (nullindizierten) Blattpositionen zu zeigen. Wenn mehrere Blätter geladen werden sollen, spezifizieren Sie diese als Liste. Zum Beispiel gibt sheetname=[0,1,2, "Monthly Sales"] ein Wörterbuch von pandas-DataFrames zurück, das die ersten, zweiten und dritten Blätter sowie ein Blatt namens Monthly Sales enthält.

2.5 Eine JSON-Datei laden

Problem

Es soll eine JSON-Datei geladen werden, um die Daten vorzuverarbeiten.

Lösung

Die Bibliothek pandas bietet mit read_json die Möglichkeit, eine JSON-Datei in ein pandas-Objekt zu konvertieren:

```
# Bibliothek laden
import pandas as pd
```

```
# URL erzeugen
url = 'https://tinyurl.com/simulated-json'

# Daten laden
dataframe = pd.read_json(url, orient='columns')

# Die beiden ersten Zeilen anzeigen
dataframe.head(2)
```

	Category	datetime	integer
0	0	2015-01-01 00:00:00	5
1	0	2015-01-01 00:00:01	5

Diskussion

Das Importieren von JSON-Dateien in pandas ähnelt den zuletzt gezeigten Rezepten. Der wesentliche Unterschied besteht im Parameter `orient`, der pandas sagt, wie die JSON-Datei strukturiert ist. Allerdings können einige Experimente notwendig sein, um herauszufinden, welches Argument (`split`, `records`, `index`, `columns` und `values`) das richtige ist. Ein weiteres hilfreiches pandas-Tool ist `json_normalize`, mit dem sich halb strukturierte JSON-Daten in einen pandas-DataFrame konvertieren lassen.

Siehe auch

- json_normalize documentation (*http://bit.ly/2HQqwaa*)

2.6 Eine SQL-Datenbank abfragen

Problem

Aus einer Datenbank sollen Daten mithilfe einer SQL-Abfrage[2] geladen werden.

Lösung

Mit der pandas-Funktion `read_sql_query` können Sie eine SQL-Abfrage an eine Datenbank erzeugen und die Daten laden:

```
# Bibliotheken laden
import pandas as pd
from sqlalchemy import create_engine
```

2 SQL – *Structured Query Language* = strukturierte Abfragesprache.

```
# Eine Verbindung zur Datenbank erstellen
database_connection = create_engine('sqlite:///sample.db')

# Daten laden
dataframe = pd.read_sql_query('SELECT * FROM data', database_connection)

# Die beiden ersten Zeilen anzeigen
dataframe.head(2)
```

	first_name	last_name	age	preTestScore	postTestScore
0	Jason	Miller	42	4	25
1	Molly	Jacobson	52	24	94

Diskussion

Von allen Rezepten, die wir in diesem Kapitel vorgestellt haben, ist dieses Rezept wahrscheinlich dasjenige, das Sie in der Praxis am meisten einsetzen werden. SQL ist die Verkehrssprache für das Abrufen von Daten aus Datenbanken. In diesem Rezept definieren wir zuerst mit `create_engine` eine Verbindung zu einer SQL-Datenbank namens `SQLite`. Als Nächstes fragen wir mit der pandas-Funktion `read_sql_query` diese Datenbank per SQL ab und stellen die Ergebnisse in einen DataFrame.

SQL ist eine eigenständige Sprache, die zu erlernen für jeden lohnenswert ist, der mit maschinellem Lernen zu tun hat. Allerdings ginge es über den Rahmen dieses Buchs hinaus, diese Sprache hier zu erläutern. In unserem Beispiel ruft die SQL-Abfrage `SELECT * FROM data` aus der Datenbank alle Spalten (symbolisiert durch das Sternchen *) aus der Tabelle `data` ab.

Siehe auch

- SQLite (*https://www.sqlite.org*)
- W3Schools SQL Tutorial (*https://www.w3schools.com/sql*)

KAPITEL 3

Datenaufbereitung

3.0 Einführung

Datenaufbereitung ist ein weit gefasster Begriff, mit dem man – oftmals ganz zwanglos – die Transformation von Rohdaten in ein sauberes und organisiertes Format beschreibt. Für uns ist Datenaufbereitung nur ein Schritt in der Vorverarbeitung unserer Daten, aber ein sehr wichtiger Schritt.

Die gebräuchlichste Datenstruktur, die für das »Aufbereiten« der Daten verwendet wird, ist der Dataframe (Datenrahmen), der sowohl intuitiv als auch unglaublich vielseitig sein kann. Dataframes haben eine tabellarische Struktur, d. h., sie basieren auf Zeilen und Spalten, wie man sie von einer Tabellenkalkulation kennt. Das folgende Beispiel zeigt einen Dataframe, der aus den Daten zu Passagieren der Titanic erzeugt wird:

```
# Bibliothek laden
import pandas as pd

# URL erzeugen
url = 'https://tinyurl.com/titanic-csv'

# Daten als Dataframe laden
dataframe = pd.read_csv(url)

# Die ersten fünf Zeilen anzeigen
dataframe.head(5)
```

	Name	PClass	Age	Sex	Survived	SexCode
0	Allen, Miss Elisabeth Walton	1st	29.00	female	1	1
1	Allison, Miss Helen Loraine	1st	2.00	female	0	1
2	Allison, Mr Hudson Joshua Creighton	1st	30.00	male	0	0
3	Allison, Mrs Hudson JC (Bessie Waldo Daniels)	1st	25.00	female	0	1
4	Allison, Master Hudson Trevor	1st	0.92	male	1	0

In diesem Dataframe sind drei wichtige Dinge festzustellen.

Erstens entspricht in einem Dataframe jede Zeile einer Beobachtung (z.B. einem Passagier) und jede Spalte einem Merkmal (Geschlecht, Alter usw.). So können Sie an der ersten Beobachtung sehen, dass Miss Elisabeth Walton Allen in der ersten Klasse logierte, 29 Jahre alt und weiblich war und die Katastrophe überlebt hatte.

Zweitens enthält jede Spalte einen Namen (z.B. `Name`, `PClass`, `Age`) und jede Zeile eine Indexnummer (z.B. `0` für die glückliche Miss Elisabeth Walton Allen). Anhand dieser Daten wählen wir Beobachtungen und Merkmale aus und manipulieren sie.

Drittens enthalten die beiden Spalten `Sex` und `SexCode` die gleichen Informationen in verschiedenen Formaten. In der Spalte `Sex` wird eine Frau durch die Zeichenfolge `female` (weiblich) beschrieben, während `SexCode` einer Frau die Ganzzahl `1` zuordnet. Da alle unsere Merkmale eindeutig sein sollen, müssen wir eine dieser Spalten entfernen.

In diesem Kapitel behandeln wir ein breites Spektrum an Techniken, um Dataframes mithilfe der `pandas`-Bibliothek zu manipulieren. Das geschieht mit dem Ziel, einen sauberen, gut strukturierten Satz von Beobachtungen zur weiteren Vorverarbeitung zu erstellen.

3.1 Einen Dataframe erstellen

Problem

Es soll ein neuer Dataframe erstellt werden.

Lösung

Die Bibliothek pandas besitzt viele Methoden, um ein neues `DataFrame`-Objekt zu erzeugen. Am einfachsten ist es, einen leeren Dataframe mithilfe von `DataFrame` anzulegen und dann jede Spalte einzeln zu definieren:

```
# Bibliothek laden
import pandas as pd

# DataFrame erzeugen
dataframe = pd.DataFrame()

# Spalten hinzufügen
dataframe['Name'] = ['Jacky Jackson', 'Steven Stevenson']
dataframe['Age'] = [38, 25]
dataframe['Driver'] = [True, False]

# DataFrame anzeigen
dataframe
```

	Name	Age	Driver
0	Jacky Jackson	38	True
1	Steven Stevenson	25	False

Alternativ dazu können Sie zuerst ein DataFrame-Objekt erstellen und dann unten neue Zeilen anfügen:

```
# Zeile erzeugen
new_person = pd.Series(['Molly Mooney', 40, True], index=['Name','Age','Driver'])

# Zeile anfügen
dataframe.append(new_person, ignore_index=True)
```

	Name	Age	Driver
0	Jacky Jackson	38	True
1	Steven Stevenson	25	False
2	Molly Mooney	40	True

Diskussion

Die Bibliothek pandas bietet etwas, das anscheinend eine unendliche Anzahl von Möglichkeiten bereitstellt, einen DataFrame zu erzeugen. In der Praxis kommt es aber so gut wie nie vor, dass man einen leeren DataFrame erzeugt und dann füllt. Stattdessen werden Sie Ihre DataFrames aus realen Daten erzeugen, die Sie aus anderen Quellen laden (zum Beispiel aus einer CSV-Datei oder einer Datenbank).

3.2 Die Daten beschreiben

Problem

Sie möchten einige Eigenschaften eines DataFrame anzeigen.

Lösung

Nachdem Sie die Daten geladen haben, gehört es zu den einfachsten Dingen, mit der Funktion head die ersten Zeilen anzuzeigen:

```
# Bibliothek laden
import pandas as pd

# URL erzeugen
url = 'https://tinyurl.com/titanic-csv'

# Daten laden
dataframe = pd.read_csv(url)

# Zwei Zeilen anzeigen
dataframe.head(2)
```

	Name	PClass	Age	Sex	Survived	SexCode
0	Allen, Miss Elisabeth Walton	1st	29.0	female	1	1
1	Allison, Miss Helen Loraine	1st	2.0	female	0	1

Wir können auch einen Blick auf die Anzahl der Zeilen und Spalten werfen:

```
# Dimensionen anzeigen
dataframe.shape
```

```
(1313, 6)
```

Außerdem lassen sich mit `describe` statistische Kenndaten für beliebige numerische Spalten abrufen:

```
# Statistische Kenndaten anzeigen
dataframe.describe()
```

	Age	Survived	SexCode
count	756.000000	1313.000000	1313.000000
mean	30.397989	0.342727	0.351866
std	14.259049	0.474802	0.477734
min	0.170000	0.000000	0.000000
25 %	21.000000	0.000000	0.000000
50 %	28.000000	0.000000	0.000000
75 %	39.000000	1.000000	1.000000
max	71.000000	1.000000	1.000000

Diskussion

Nachdem Sie einige Daten geladen haben, sollten Sie sich ansehen, wie sie strukturiert sind und welche Art von Informationen sie enthalten. Idealerweise würde man sich die vollständigen Daten direkt ansehen. Doch in den meisten praktischen Fällen könnten die Daten Tausende, Hunderttausende oder auch Millionen von Zeilen und Spalten umfassen. Wir müssen uns also auf Stichproben stützen, um kleine Scheiben anzuzeigen (Slicing) und die Daten mit statistischen Mitteln zusammenzufassen.

In unserer Lösung verwenden wir einen Minidatensatz der Passagiere, die sich bei ihrer ersten und letzten Reise auf der Titanic befunden haben. Mit der Funktion `head` können wir einen Blick auf die ersten (standardmäßig fünf) Zeilen der Daten werfen. Alternativ lassen sich mit `tail` die letzten fünf Zeilen anzeigen. Die Funktion `shape` gibt darüber Auskunft, wie viele Zeilen und Spalten der DataFrame enthält. Schließlich ist es mit `describe` möglich, einige grundlegende beschreibende Kennwerte für die numerischen Spalten abzurufen.

Allerdings sei darauf hingewiesen, dass Zusammenfassungsdaten nicht immer die ganze Geschichte erzählen. Zum Beispiel behandelt `pandas` die Spalten `Survived` und `SexCode` als numerische Spalten, weil sie Einsen und Nullen enthalten. Im vorliegenden Fall stellen die numerischen Werte jedoch Kategorien dar. Wenn zum Beispiel `Survived` gleich `1` ist, hat dieser Passagier die Katastrophe überlebt. Deshalb ergeben manche Zusammenfassungsdaten keinen Sinn, etwa die Standardabweichung der Spalte `SexCode` (die das Geschlecht der Passagiere angibt).

3.3 In DataFrames navigieren

Problem

In einem DataFrame sollen einzelne Datenelemente oder Slices ausgewählt werden.

Lösung

Mit den Funktionen `loc` und `iloc` lassen sich eine oder mehrere Zeilen oder Werte auswählen:

```
# Bibliothek laden
import pandas as pd

# URL erzeugen
url = 'https://tinyurl.com/titanic-csv'

# Daten laden
dataframe = pd.read_csv(url)

# Erste Zeile auswählen
dataframe.iloc[0]

Name        Allen, Miss Elisabeth Walton
PClass                               1st
Age                                   29
Sex                               female
Survived                               1
SexCode                                1
Name: 0, dtype: object
```

Mit einem Doppelpunkt (`:`) können Sie einen gewünschten Zeilenbereich definieren, beispielsweise die zweite, dritte und vierte Zeile auswählen:

```
# Drei Zeilen auswählen
dataframe.iloc[1:4]
```

	Name	PClass	Age	Sex	Survived	SexCode
1	Allison, Miss Helen Loraine	1st	2.0	female	0	1
2	Allison, Mr Hudson Joshua Creighton	1st	30.0	male	0	0
3	Allison, Mrs Hudson JC (Bessie Waldo Daniels)	1st	25.0	female	0	1

Damit können sogar alle Zeilen bis zu einem bestimmten Punkt abgerufen werden, beispielsweise alle Zeilen bis einschließlich der vierten Zeile:

```
# Drei Zeilen auswählen
dataframe.iloc[:4]
```

	Name	PClass	Age	Sex	Survived	SexCode
0	Allen, Miss Elisabeth Walton	1st	29.0	female	1	1
1	Allison, Miss Helen Loraine	1st	2.0	female	0	1
2	Allison, Mr Hudson Joshua Creighton	1st	30.0	male	0	0
3	Allison, Mrs Hudson JC (Bessie Waldo Daniels)	1st	25.0	female	0	1

DataFrames müssen nicht numerisch indiziert werden. Den Index eines DataFrames können Sie auf jeden Wert setzen, wobei der Wert für jede Zeile eindeutig ist. Zum Beispiel können Sie den Index als Passagiernamen festlegen und dann Zeilen anhand eines Namens auswählen:

```
# Index festlegen
dataframe = dataframe.set_index(dataframe['Name'])

# Zeile anzeigen
dataframe.loc['Allen, Miss Elisabeth Walton']

Name        Allen, Miss Elisabeth Walton
PClass                               1st
Age                                   29
Sex                               female
Survived                               1
SexCode                                1
Name: Allen, Miss Elisabeth Walton, dtype: object
```

Diskussion

Allen Zeilen in einem pandas-DataFrame ist ein eindeutiger Indexwert zugeordnet. Standardmäßig ist dieser Index eine Ganzzahl, die die Position der Zeile im DataFrame angibt. Diese Zuordnung ist jedoch nicht obligatorisch. Als DataFrame-Indizes können Sie auch eindeutige alphanumerische Zeichenfolgen oder benutzerdefinierte Zahlen festlegen. In pandas lassen sich einzelne Zeilen und Zeilenbereiche mit zwei Methoden auswählen:

- `loc` bietet sich an, wenn der Index des DataFrame ein Bezeichner (z.B. eine Zeichenfolge) ist.
- `iloc` sucht nach der Position im DataFrame. Zum Beispiel gibt `iloc[0]` die erste Zeile zurück, unabhängig davon, ob der Index eine Ganzzahl oder ein Bezeichner ist.

Sie sollten sich sowohl mit `loc` als auch mit `iloc` vertraut machen, da Sie es mit diesen Methoden beim Bereinigen von Daten über kurz oder lang zu tun haben werden.

3.4 Zeilen abhängig von Bedingungen auswählen

Problem

Sie möchten DataFrame-Zeilen abhängig von einer Bedingung auswählen.

Lösung

In pandas lässt sich das leicht bewerkstelligen. So wählt der folgende Code alle Frauen auf der Titanic aus:

```
# Bibliothek laden
import pandas as pd

# URL erstellen
url = 'https://tinyurl.com/titanic-csv'

# Daten laden
dataframe = pd.read_csv(url)

# Die beiden obersten Zeilen anzeigen, bei denen
# die Spalte 'sex' gleich 'female' ist
dataframe[dataframe['Sex'] == 'female'].head(2)
```

	Name	PClass	Age	Sex	Survived	SexCode
0	Allen, Miss Elisabeth Walton	1st	29.0	female	1	1
1	Allison, Miss Helen Loraine	1st	2.0	female	0	1

Sehen Sie sich nun das Format dieser Lösung an. Der Code `dataframe['Sex'] == 'female'` ist unsere Bedingungsanweisung. Indem wir sie in `dataframe[]` einhüllen, weisen wir pandas an, »alle Zeilen im DataFrame auszuwählen, in denen der Wert von `dataframe['Sex']` gleich `'female'` ist«.

Mehrere Bedingungen lassen sich genauso einfach formulieren. So wählt der folgende Beispielcode alle Zeilen aus, in denen der Passagier weiblich und mindestens 65 Jahre alt ist:

```
# Zeilen filtern
dataframe[(dataframe['Sex'] == 'female') & (dataframe['Age'] >= 65)]
```

	Name	PClass	Age	Sex	Survived	SexCode
73	Crosby, Mrs Edward Gifford (Catherine Elizabet...	1st	69.0	female	1	1

Diskussion

Daten bedingt auszuwählen und zu filtern, gehört zu den häufigsten Aufgaben bei der Datenaufbereitung. Nur selten brauchen Sie sämtliche Rohdaten der Quelle; vielmehr werden Sie nur an einem Teilbereich interessiert sein. So könnten Sie sich lediglich für Geschäfte in bestimmten Staaten oder für die Datensätze von Patienten ab einem bestimmten Alter interessieren.

3.5 Werte ersetzen

Problem

Sie müssen in einem DataFrame Werte ersetzen.

Lösung

Mit der pandas-Methode replace lassen sich Werte leicht auffinden und ersetzen. Zum Beispiel können wir jedes Vorkommen von "female" in der Spalte Sex durch "Woman" ersetzen:

```
# Bibliothek laden
import pandas as pd

# URL erzeugen
url = 'https://tinyurl.com/titanic-csv'

# Daten laden
dataframe = pd.read_csv(url)

# Werte ersetzen, zwei Zeilen anzeigen
dataframe['Sex'].replace("female", "Woman").head(2)

0    Woman
1    Woman
Name: Sex, dtype: object
```

Es ist auch möglich, mehrere Werte auf einmal zu ersetzen:

```
# "female" und "male durch "Woman" und "Man" ersetzen
dataframe['Sex'].replace(["female", "male"], ["Woman", "Man"]).head(5)

0    Woman
1    Woman
2      Man
3    Woman
4      Man
Name: Sex, dtype: object
```

Darüber hinaus können Sie im gesamten DataFrame-Objekt suchen und ersetzen, indem Sie den ganzen Dataframe statt einer einzelnen Spalte angeben:

```
# Werte ersetzen, zwei Zeilen anzeigen
dataframe.replace(1, "One").head(2)
```

	Name	PClass	Age	Sex	Survived	SexCode
0	Allen, Miss Elisabeth Walton	1st	29	female	One	One
1	Allison, Miss Helen Loraine	1st	2	female	0	One

Die Methode replace akzeptiert auch reguläre Ausdrücke:

```
# Werte ersetzen, zwei Zeilen anzeigen
dataframe.replace(r"1st", "First", regex=True).head(2)
```

	Name	PClass	Age	Sex	Survived	SexCode
0	Allen, Miss Elisabeth Walton	First	29.0	female	1	1
1	Allison, Miss Helen Loraine	First	2.0	female	0	1

Diskussion

Auch wenn die Methode replace ein recht einfaches Werkzeug ist, um Werte zu ersetzen, ist sie immerhin leistungsfähig genug, um reguläre Ausdrücke zu verarbeiten.

3.6 Spalten umbenennen

Problem

In einem pandas-DataFrame möchten Sie eine Spalte umbenennen.

Lösung

Benennen Sie Spalten mit der Methode rename um:

```
# Bibliothek laden
import pandas as pd

# URL erzeugen
url = 'https://tinyurl.com/titanic-csv'

# Daten laden
dataframe = pd.read_csv(url)

# Spalte umbenennen, zwei Zeilen anzeigen
dataframe.rename(columns={'PClass': 'Passenger Class'}).head(2)
```

	Name	Passenger Class	Age	Sex	Survived	SexCode
0	Allen, Miss Elisabeth Walton	1st	29.0	female	1	1
1	Allison, Miss Helen Loraine	1st	2.0	female	0	1

Die Methode rename kann ein Wörterbuch als Parameter übernehmen. Damit ist es möglich, mehrere Spaltennamen auf einmal umzubenennen:

```
# Spalten umbenennen, zwei Zeilen anzeigen
dataframe.rename(columns={'PClass': 'Passenger Class', 'Sex': 'Gender'}).head(2)
```

	Name	Passenger Class	Age	Gender	Survived	SexCode
0	Allen, Miss Elisabeth Walton	1st	29.0	female	1	1
1	Allison, Miss Helen Loraine	1st	2.0	female	0	1

Diskussion

Die Methode rename mit einem Wörterbuch als Argument für den Parameter columns zu verwenden, ist mein bevorzugtes Verfahren, um Spalten umzubenennen, weil es für eine beliebige Anzahl von Spalten funktioniert. Wenn Sie alle Spalten auf einmal umbenennen möchten, erzeugt das folgende hilfreiche Codefragment ein Wörterbuch mit den alten Spaltennamen als Schlüssel und leeren Strings für die Werte:

```
# Bibliothek laden
import collections

# Wörterbuch erzeugen
column_names = collections.defaultdict(str)

# Schlüssel erzeugen
for name in dataframe.columns:
    column_names[name]

# Wörterbuch anzeigen
column_names

defaultdict(str,
            {'Age': '',
             'Name': '',
             'PClass': '',
             'Sex': '',
             'SexCode': '',
             'Survived': ''})
```

3.7 Minimum, Maximum, Summe, Mittelwert und Anzahl ermitteln

Problem

Sie möchten den kleinsten Wert, den größten Wert sowie Summe, Mittelwert und Anzahl der einer numerischen Spalte ermitteln.

Lösung

Die Bibliothek pandas bringt integrierte Methoden für die gängigsten statistischen Kennwerte mit:

```
# Bibliothek laden
import pandas as pd
```

```
# URL erzeugen
url = 'https://tinyurl.com/titanic-csv'

# Daten laden
dataframe = pd.read_csv(url)

# Statistische Kennwerte berechnen
print('Maximum:', dataframe['Age'].max())
print('Minimum:', dataframe['Age'].min())
print('Mean:', dataframe['Age'].mean())
print('Sum:', dataframe['Age'].sum())
print('Count:', dataframe['Age'].count())
```

```
Maximum: 71.0
Minimum: 0.17
Mean: 30.397989417989415
Sum: 22980.879999999997
Count: 756
```

Diskussion

Neben den in der Lösung verwendeten statistischen Methoden bietet pandas noch Varianz (`var`), Standardabweichung (`std`), Wölbung bzw. Kurtosis (`kurt`), Schiefe (`skew`), Standardfehler des Mittelwerts (`sem`), Modus (`mode`), Median (`median`) und eine Reihe weiterer Methoden der deskriptiven Statistik.

Des Weiteren können wir diese Methoden auf den gesamten DataFrame anwenden:

```
# Anzahl anzeigen
dataframe.count()
```

```
Name        1313
PClass      1313
Age          756
Sex         1313
Survived    1313
SexCode     1313
dtype: int64
```

3.8 Eindeutige Werte ermitteln

Problem

Sie möchten alle eindeutig unterscheidbaren Werte einer Spalte ermitteln.

Lösung

Mit der Methode `unique` können Sie ein Array aller eindeutigen Werte in einer Spalte abrufen:

```
# Bibliothek laden
import pandas as pd

# URL erzeugen
url = 'https://tinyurl.com/titanic-csv'

# Daten laden
dataframe = pd.read_csv(url)

# Eindeutige Werte auswählen
dataframe['Sex'].unique()
```

```
array(['female', 'male'], dtype=object)
```

Alternativ dazu zeigt `value_counts` alle eindeutigen Werte zusammen mit ihrer Häufigkeit an:

```
# Anzahlen anzeigen
dataframe['Sex'].value_counts()
```

```
male      851
female    462
Name: Sex, dtype: int64
```

Diskussion

Sowohl `unique` als auch `value_counts` sind nützlich, um kategorische Spalten zu bearbeiten und zu untersuchen. Sehr oft gibt es in kategorischen Spalten Klassen, die in der Phase der Datenaufbereitung behandelt werden müssen. Zum Beispiel gibt die Spalte `PClass` im Titanic-Datenbestand die gebuchte Kabinenklasse eines Passagiers an. Auf der Titanic gab es drei Klassen. Wenn wir aber `value_counts` verwenden, zeigt sich ein Problem:

```
# Anzahlen anzeigen
dataframe['PClass'].value_counts()
```

```
3rd    711
1st    322
2nd    279
*        1
Name: PClass, dtype: int64
```

Während fast alle Passagiere wie erwartet einer der drei Klassen zugeordnet werden, ist ein einzelner Passagier in der Klasse * zu finden. Es gibt verschiedene Strategien, um derartige Probleme zu behandeln, Kapitel 5 befasst sich ausführlich damit. Fürs Erste sollten Sie sich nur merken, dass »zusätzliche« Klassen in kategorischen Daten durchaus üblich sind und nicht ignoriert werden sollten.

Möchten Sie lediglich die Anzahl der eindeutigen Werte zählen, können Sie `nunique` verwenden:

```
# Anzahl der eindeutigen Werte anzeigen
dataframe['PClass'].nunique()
```

```
4
```

3.9 Fehlende Werte behandeln

Problem

In einem DataFrame sollen fehlende Werte ausgewählt werden.

Lösung

Die Funktionen `isnull` und `notnull` zeigen mit ihrem booleschen Rückgabewert an, ob ein Wert fehlt:

```
# Bibliothek laden
import pandas as pd

# URL erzeugen
url = 'https://tinyurl.com/titanic-csv'

# Daten laden
dataframe = pd.read_csv(url)

## Fehlende Werte auswählen, zwei Zeilen anzeigen
dataframe[dataframe['Age'].isnull()].head(2)
```

	Name	PClass	Age	Sex	Survived	SexCode
12	Aubert, Mrs Leontine Pauline	1st	NaN	female	1	1
13	Barkworth, Mr Algernon H	1st	NaN	male	1	0

Diskussion

Obwohl fehlende Werte ein allgegenwärtiges Problem bei der Datenaufbereitung sind, unterschätzen viele die Schwierigkeiten, die beim Arbeiten mit fehlenden Daten auftreten. Die Bibliothek pandas kennzeichnet fehlende Werte mit dem `NumPy`-Wert `NaN` (»Not a Number«, d.h. keine Zahl). Wichtig: `NaN` ist nicht vollständig nativ in pandas implementiert. Wenn Sie zum Beispiel alle Strings, die `male` enthalten, durch fehlende Werte ersetzen wollen, ernten Sie eine Fehlermeldung:

```
# Versuch, Werte durch NaN zu ersetzen
dataframe['Sex'] = dataframe['Sex'].replace('male', NaN)
---------------------------------------------------------------------------
NameError                                 Traceback (most recent call last)

<ipython-input-7-5682d714f87d> in <module>()
      1 # Versuch, Werte durch NaN zu ersetzen
----> 2 dataframe['Sex'] = dataframe['Sex'].replace('male', NaN)


NameError: name 'NaN' is not defined
---------------------------------------------------------------------------
```

Um die volle Funktionalität mit NaN nutzen zu können, müssen Sie zuerst die Bibliothek NumPy importieren:

```
# Bibliothek laden
import numpy as np

# Werte durch NaN ersetzen
dataframe['Sex'] = dataframe['Sex'].replace('male', np.nan)
```

Oftmals kennzeichnet ein Datenbestand eine fehlende Beobachtung mit einem spezifischen Wert, beispielsweise mit NONE, -999 oder einem Punkt (.). In der pandas-Methode read_csv können Sie mit einem Parameter festlegen, mit welchem Wert Sie fehlende Werte kennzeichnen möchten:

```
# Daten laden, fehlende Werte festlegen
dataframe = pd.read_csv(url, na_values=[np.nan, 'NONE', -999])
```

3.10 Eine Spalte löschen

Problem

Aus Ihrem DataFrame möchten Sie eine Spalte löschen.

Lösung

Verwenden Sie am besten die Methode drop mit dem Parameter axis=1 (d.h. der Spaltenachse), um eine Spalte zu löschen:

```
# Bibliothek laden
import pandas as pd

# URL erzeugen
url = 'https://tinyurl.com/titanic-csv'

# Daten laden
dataframe = pd.read_csv(url)

# Spalte löschen
dataframe.drop('Age', axis=1).head(2)
```

	Name	PClass	Sex	Survived	SexCode
0	Allen, Miss Elisabeth Walton	1st	female	1	1
1	Allison, Miss Helen Loraine	1st	female	0	1

Um mehrere Spalten auf einmal zu löschen, können Sie eine Liste von Spaltennamen als Hauptargument übergeben:

```
# Spalten löschen
dataframe.drop(['Age', 'Sex'], axis=1).head(2)
```

	Name	PClass	Survived	SexCode
0	Allen, Miss Elisabeth Walton	1st	1	1
1	Allison, Miss Helen Loraine	1st	0	1

Besitzt eine Spalte keinen Namen (was manchmal vorkommt), können Sie sie mit `dataframe.columns` anhand ihres Spaltenindex löschen:

```
# Spalte löschen
dataframe.drop(dataframe.columns[1], axis=1).head(2)
```

	Name	Age	Sex	Survived	SexCode
0	Allen, Miss Elisabeth Walton	29.0	female	1	1
1	Allison, Miss Helen Loraine	2.0	female	0	1

Diskussion

Die Methode `drop` ist die Methode schlechthin, um eine Spalte zu löschen. Eine alternative Methode ist `del dataframe['Age']`, die meistens auch funktioniert, aber nicht empfohlen wird, was mit der Art ihres Aufrufs innerhalb von pandas zusammenhängt (die Details dazu gingen über den Rahmen dieses Buchs hinaus).

Machen Sie es sich zur Gewohnheit, niemals das pandas-Argument `inplace=True` zu verwenden. Viele pandas-Methoden enthalten einen Parameter `inplace`. Wenn dieser auf `True` gesetzt ist, wird der DataFrame direkt bearbeitet. Das kann in komplexeren Datenverarbeitungspipelines zu Problemen führen, weil wir die DataFrames als veränderbare Objekte behandeln (was sie im technischen Sinne ja auch sind). Meiner Empfehlung ist: Behandeln Sie DataFrames als unveränderliche Objekte, zum Beispiel:

```
# Einen neuen DataFrame erstellen
dataframe_name_dropped = dataframe.drop(dataframe.columns[0], axis=1)
```

In diesem Beispiel verändern wir `dataframe` nicht, sondern erzeugen vielmehr einen neuen DataFrame namens `dataframe_name_dropped`, der eine geänderte Version des ursprünglichen `dataframe`-Objekts ist. Wenn Sie Ihre DataFrames als unveränderliche Objekte behandeln, ersparen Sie sich auf lange Sicht jede Menge Kopfschmerzen.

3.11 Eine Zeile löschen

Problem

Aus einem DataFrame möchten Sie eine oder mehrere Zeilen löschen.

Lösung

Verwenden Sie eine boolesche Bedingung, um einen neuen DataFrame zu erstellen, der die zu löschenden Zeilen ausschließt:

```
# Bibliothek laden
import pandas as pd

# URL erstellen
url = 'https://tinyurl.com/titanic-csv'

# Daten laden
dataframe = pd.read_csv(url)

# Zeilen löschen, die beiden ersten Zeilen von output anzeigen
dataframe[dataframe['Sex'] != 'male'].head(2)
```

	Name	PClass	Age	Sex	Survived	SexCode
0	Allen, Miss Elisabeth Walton	1st	29.0	female	1	1
1	Allison, Miss Helen Loraine	1st	2.0	female	0	1

Diskussion

Vom technischen Standpunkt aus können Sie zwar die Methode drop verwenden (zum Beispiel `df.drop([0, 1], axis=0)`, um die beiden ersten Zeilen zu löschen, doch ist es praktischer, eine boolesche Bedingung in `df[]` einzuhüllen. Wir können nämlich die Leistungsfähigkeit von Bedingungen nutzen, um entweder eine einzelne Zeile oder (was wahrscheinlicher ist) viele Zeilen auf einmal zu löschen.

Mit booleschen Bedingungen lassen sich leicht einzelne Zeilen löschen, indem man den Vergleich mit einem eindeutigen Wert anstellt:

```
# Zeile löschen, die beiden ersten Zeilen von output anzeigen
dataframe[dataframe['Name'] != 'Allison, Miss Helen Loraine'].head(2)
```

	Name	PClass	Age	Sex	Survived	SexCode
0	Allen, Miss Elisabeth Walton	1st	29.0	female	1	1
2	Allison, Mr Hudson Joshua Creighton	1st	30.0	male	0	0

Und wir können boolesche Bedingungen auch heranziehen, um eine einzelne Zeile nach dem Zeilenindex zu löschen:

```
# Zeile löschen, die beiden ersten Zeilen von output anzeigen
dataframe[dataframe.index != 0].head(2)
```

	Name	PClass	Age	Sex	Survived	SexCode
1	Allison, Miss Helen Loraine	1st	2.0	female	0	1
2	Allison, Mr Hudson Joshua Creighton	1st	30.0	male	0	0

3.12 Doppelte Zeilen löschen

Problem

Aus Ihrem DataFrame möchten Sie doppelte Zeilen löschen.

Lösung

Verwenden Sie drop_duplicates, doch achten Sie genau auf die Parameter:

```
# Bibliothek laden
import pandas as pd

# URL erzeugen
url = 'https://tinyurl.com/titanic-csv'

# Daten laden
dataframe = pd.read_csv(url)

# Duplikate löschen, die beiden ersten Zeilen von output anzeigen
dataframe.drop_duplicates().head(2)
```

	Name	PClass	Age	Sex	Survived	SexCode
0	Allen, Miss Elisabeth Walton	1st	29.0	female	1	1
1	Allison, Miss Helen Loraine	1st	2.0	female	0	1

Diskussion

Einem aufmerksamen Leser dürfte aufgefallen sein, dass die Lösung tatsächlich keinerlei Zeilen gelöscht hat:

```
# Anzahl der Zeilen anzeigen
print("Number Of Rows In The Original DataFrame:", len(dataframe))
print("Number Of Rows After Deduping:", len(dataframe.drop_duplicates()))

Number Of Rows In The Original DataFrame: 1313
Number Of Rows After Deduping: 1313
```

Das hängt damit zusammen, dass drop_duplicates standardmäßig nur Zeilen löscht, die in allen Spalten übereinstimmen. Unter dieser Bedingung ist jede Zeile in unserem DataFrame tatsächlich eindeutig. Allerdings möchten wir oftmals nur eine Teilmenge der Spalten betrachten und auf doppelte Zeilen prüfen. Hier kommt uns der Parameter subset zu Hilfe:

```
# Duplikate löschen
dataframe.drop_duplicates(subset=['Sex'])
```

	Name	PClass	Age	Sex	Survived	SexCode
0	Allen, Miss Elisabeth Walton	1st	29.0	female	1	1
2	Allison, Mr Hudson Joshua Creighton	1st	30.0	male	0	0

Sehen Sie sich die obige Ausgabe genauer an: Wir haben drop_duplicates angewiesen, nur jeweils zwei Zeilen, die den gleichen Wert in der Spalte Sex enthalten, als Duplikate zu betrachten und sie zu löschen. Jetzt aber ist uns ein DataFrame geblieben, der aus nur zwei Zeilen besteht: einem Mann und einer Frau. Es stellt sich die Frage, warum drop_duplicates entschieden hat, diese beiden Zeilen anstelle zweier anderer Zeilen zu behalten. Die Antwort ist, dass drop_duplicates standardmäßig das erste Vorkommen einer doppelten Zeile behält und den Rest löscht. Dieses Verhalten können wir mit dem Parameter keep steuern:

```
# Duplikate löschen
dataframe.drop_duplicates(subset=['Sex'], keep='last')
```

	Name	PClass	Age	Sex	Survived	SexCode
1307	Zabour, Miss Tamini	3rd	NaN	female	0	1
1312	Zimmerman, Leo	3rd	29.0	male	0	0

Eine verwandte Methode ist duplicated, die mit einer booleschen Folge als Rückgabewert anzeigt, ob eine Zeile ein Duplikat ist oder nicht. Diese Methode bietet sich an, wenn Sie Duplikate nicht einfach löschen wollen.

3.13 Zeilen nach Werten gruppieren

Problem

Einzelne Zeilen sollen entsprechend einem gemeinsamen Wert gruppiert werden.

Lösung

Die Bibliothek pandas bietet mit groupby eines der leistungsfähigsten Merkmale:

```
# Bibliothek laden
import pandas as pd

# URL erzeugen
url = 'https://tinyurl.com/titanic-csv'

# Daten laden
dataframe = pd.read_csv(url)

# Zeilen nach den Werten der Spalte 'Sex' gruppieren
# und den Mittelwert jeder Gruppe berechnen
dataframe.groupby('Sex').mean()
```

	Age	Survived	SexCode
Sex			
female	29.396424	0.666667	1.0
male	31.014338	0.166863	0.0

Diskussion

Mit der Methode groupby nimmt die Datenaufbereitung nun wirklich Gestalt an. Häufig hat man einen DataFrame, in dem jede Zeile eine Person oder ein Ereignis verkörpert und man seine Einträge nach bestimmten Kriterien gruppieren möchte, um statistische Kenndaten zu berechnen. Stellen Sie sich zum Beispiel einen DataFrame vor, in dem jede Zeile ein einzelner Verkauf in einer nationalen Restaurantkette ist und wir den Gesamtverkauf pro Restaurant ermitteln wollen. Dies lässt sich erreichen, indem man die Zeilen nach einzelnen Restaurants gruppiert und dann die Summe jeder Gruppe berechnet.

Wer mit groupby noch nicht vertraut ist, schreibt oftmals eine Zeile wie die folgende und wundert sich über die zurückgegebenen Ergebnisse:

```
# Zeilen gruppieren
dataframe.groupby('Sex')

<pandas.core.groupby.DataFrameGroupBy object at 0x10efacf28>
```

Warum hat der Code nicht etwas Brauchbareres zurückgegeben? Der Grund liegt darin, dass groupby mit einer anderen Operation, die auf die Gruppe anzuwenden ist, gepaart werden muss, beispielsweise mit dem Berechnen von Zusammenfassungsstatistiken (wie etwa Mittelwert, Median, Summe). Wenn wir über Gruppieren reden, sagen wir oftmals kurz und bündig »Gruppieren nach Geschlecht«, doch ist das unvollständig. Um sinnvoll zu gruppieren, müssen wir nach etwas gruppieren und dann eine Funktion auf jede dieser Gruppen anwenden:

```
# Zeilen gruppieren, Zeilen zählen
dataframe.groupby('Survived')['Name'].count()

Survived
0    863
1    450
Name: Name, dtype: int64
```

Haben Sie den zusätzlichen Bezeichner Name nach dem groupby bemerkt? Das hängt damit zusammen, dass bestimmte Zusammenfassungsstatistiken nur für bestimmte Datentypen sinnvoll sind. Während es beispielsweise sinnvoll ist, das Durchschnittsalter nach Geschlecht zu berechnen, hat das Gesamtalter nach Geschlecht keinen praktischen Wert. In diesem Fall gruppieren wir die Daten in »überlebt« und »nicht überlebt« und zählen dann, wie viele Namen (d.h. Passagiere) in jeder Gruppe vorhanden sind.

Wir können auch nach einer ersten Spalte gruppieren und dann diese Gruppierung nach einer zweiten Spalte gruppieren:

```
# Zeilen gruppieren, Mittelwert berechnen
dataframe.groupby(['Sex','Survived'])['Age'].mean()

Sex     Survived
female  0           24.901408
```

```
        1          30.867143
male    0          32.320780
        1          25.951875
Name: Age, dtype: float64
```

3.14 Zeilen nach Zeit gruppieren

Problem

Sie möchten einzelne Zeilen nach Zeiträumen gruppieren.

Lösung

Mithilfe der Methode `resample` können Sie nach Zeitbereichen gruppieren:

```
# Bibliotheken laden
import pandas as pd
import numpy as np

# Startwert festlegen
np.random.seed(1)

# Datumsbereich erzeugen
time_index = pd.date_range('06/06/2017', periods=100000, freq='30S')

# DataFrame erzeugen
dataframe = pd.DataFrame(index=time_index)

# Spalte mit Zufallswerten erzeugen
dataframe['Sale_Amount'] = np.random.randint(1, 10, 100000)

# Zeilen nach Woche gruppieren, Summen pro Woche berechnen
dataframe.resample('W').sum()
```

	Sale_Amount
2017-06-11	86423
2017-06-18	101045
2017-06-25	100867
2017-07-02	100894
2017-07-09	100438
2017-07-16	10297

Diskussion

Da unser Titanic-Standarddatenbestand keine Spalte für Datum/Uhrzeit enthält, haben wir für dieses Rezept einen einfachen DataFrame erzeugt, in dem jede Zeile einen einzelnen Verkauf darstellt. Für jeden Verkauf kennen wir Datum und Uhrzeit sowie den Betrag in Dollar. (Diese Daten sind allerdings nicht ganz realistisch, weil die einzelnen Verkäufe genau 30 Sekunden auseinanderliegen und einen glatten Dollarbetrag aufweisen, doch aus Gründen der Einfachheit begnügen wir uns damit.)

Die Rohdaten sehen folgendermaßen aus:

```
# Drei Zeilen anzeigen
dataframe.head(3)
```

	Sale_Amount
2017-06-06 00:00:00	7
2017-06-06 00:00:30	2
2017-06-06 00:01:00	7

Beachten Sie, dass Datum und Uhrzeit jedes Verkaufs als Index für den DataFrame dienen, weil die Methode `resample` einen Index mit Werten in Form von Datum und Uhrzeit erwartet.

Mithilfe von `resample` können wir die Zeilen nach einem breiten Bereich von Zeitdauern (Offsets) gruppieren und dann für jede Zeitgruppe statistische Kennwerte berechnen:

```
# Nach zwei Wochen gruppieren, Mittelwert berechnen
dataframe.resample('2W').mean()
```

	Sale_Amount
2017-06-11	5.001331
2017-06-25	5.007738
2017-07-09	4.993353
2017-07-23	4.950481

```
# Nach Monat gruppieren, Zeilen zählen
dataframe.resample('M').count()
```

	Sale_Amount
2017-06-30	72000
2017-07-31	28000

Sicherlich haben Sie bemerkt, dass in den beiden Ausgaben der Datums-/Zeitindex ein Datum ist, trotz der Tatsache, dass wir nach Wochen bzw. Monaten gruppieren. Der Grund dafür ist, dass `resample` den Bezeichner vom rechten »Rand« (den letzten Bezeichner) der Zeitgruppe zurückgibt. Dieses Verhalten lässt sich mit dem Parameter `label` steuern:

```
# Nach Monat gruppieren, Zeilen zählen
dataframe.resample('M', label='left').count()
```

	Sale_Amount
2017-05-31	72000
2017-06-30	28000

Siehe auch

- Liste der Offset-Aliase für Zeitangaben in pandas (*http://bit.ly/2FxfTe4*)

3.15 Eine Spalte in einer Schleife durchlaufen

Problem

Sie möchten alle Elemente einer Spalte in einer Schleife durchlaufen und eine Aktion anwenden.

Lösung

Eine pandas-Spalte können Sie wie jede andere Sequenz in Python behandeln:

```
# Bibliothek laden
import pandas as pd

# URL erstellen
url = 'https://tinyurl.com/titanic-csv'

# Daten laden
dataframe = pd.read_csv(url)

# Die ersten beiden Namen in Großbuchstaben ausgeben
for name in dataframe['Name'][0:2]:
    print(name.upper())

ALLEN, MISS ELISABETH WALTON
ALLISON, MISS HELEN LORAINE
```

Diskussion

Neben Schleifen (auch als `for`-Schleifen bezeichnet) können Sie auch Listenabstraktionen verwenden:

```
# Die ersten beiden Namen in Großbuchstaben anzeigen
[name.upper() for name in dataframe['Name'][0:2]]

['ALLEN, MISS ELISABETH WALTON', 'ALLISON, MISS HELEN LORAINE']
```

Trotz der Versuchung, auf `for`-Schleifen zurückzufallen, würde eine eher auf Python ausgelegte Lösung die Methode apply von pandas verwenden, die im nächsten Rezept beschrieben wird.

3.16 Eine Funktion auf alle Elemente in einer Spalte anwenden

Problem

Sie möchten auf alle Elemente einer Spalte eine bestimmte Funktion anwenden.

Lösung

Verwenden Sie die Methode apply, um eine integrierte oder benutzerdefinierte Funktion auf jedes Element in einer Spalte anzuwenden:

```
# Bibliothek laden
import pandas as pd

# URL erzeugen
url = 'https://tinyurl.com/titanic-csv'

# Daten laden
dataframe = pd.read_csv(url)

# Funktion erzeugen
def uppercase(x):
    return x.upper()

# Funktion anwenden, zwei Zeilen anzeigen
dataframe['Name'].apply(uppercase)[0:2]

0    ALLEN, MISS ELISABETH WALTON
1     ALLISON, MISS HELEN LORAINE
Name: Name, dtype: object
```

Diskussion

Die Methode apply ist für das Bereinigen und Aufbereiten von Daten prädestiniert. Es ist üblich, eine Funktion zu schreiben, um eine bestimmte Operation durchzuführen (Vor- und Nachnamen trennen, Strings in Gleitkommazahlen konvertieren usw.), und dann diese Funktion auf jedes Element in einer Spalte anzuwenden.

3.17 Eine Funktion auf Gruppen anwenden

Problem

Sie haben Zeilen mit groupby gruppiert und möchten nun auf jede Gruppe eine Funktion anwenden.

Lösung

Kombinieren Sie groupby und apply:

```
# Bibliothek laden
import pandas as pd

# URL erzeugen
url = 'https://tinyurl.com/titanic-csv'

# Daten laden
dataframe = pd.read_csv(url)

# Zeilen gruppieren, Funktion auf Gruppen anwenden
dataframe.groupby('Sex').apply(lambda x: x.count())
```

	Name	PClass	Age	Sex	Survived	SexCode
Sex						
female	462	462	288	462	462	462
male	851	851	468	851	851	851

Diskussion

In Rezept 3.16 wurde apply erwähnt. Die Methode apply ist besonders nützlich, wenn Sie eine Funktion auf Gruppen anwenden möchten. Indem Sie groupby und apply kombinieren, können Sie benutzerdefinierte Statistiken berechnen oder eine beliebige Funktion auf jede Gruppe separat anwenden.

3.18 DataFrames verketten

Problem

Zwei DataFrames sollen miteinander verkettet werden.

Lösung

Verwenden Sie concat mit axis=0, um entlang der Zeilenachse zu verketten:

```
# Bibliothek laden
import pandas as pd

# DataFrame erstellen
data_a = {'id': ['1', '2', '3'],
          'first': ['Alex', 'Amy', 'Allen'],
          'last': ['Anderson', 'Ackerman', 'Ali']}
dataframe_a = pd.DataFrame(data_a, columns = ['id', 'first', 'last'])

# DataFrame erstellen
data_b = {'id': ['4', '5', '6'],
```

```
        'first': ['Billy', 'Brian', 'Bran'],
        'last': ['Bonder', 'Black', 'Balwner']}
dataframe_b = pd.DataFrame(data_b, columns = ['id', 'first', 'last'])

# DataFrames nach Zeilen verketten
pd.concat([dataframe_a, dataframe_b], axis=0)
```

	id	first	last
0	1	Alex	Anderson
1	2	Amy	Ackerman
2	3	Allen	Ali
0	4	Billy	Bonder
1	5	Brian	Black
2	6	Bran	Balwner

Mit dem Argument axis=1 können Sie entlang der Spaltenachse verketten:

```
# DataFrames nach Spalten verketten
pd.concat([dataframe_a, dataframe_b], axis=1)
```

	id	first	last	id	first	last
0	1	Alex	Anderson	4	Billy	Bonder
1	2	Amy	Ackerman	5	Brian	Black
2	3	Allen	Ali	6	Bran	Balwner

Diskussion

Verketten – wenn Sie dem Begriff noch nicht begegnet sind, keine Bange! Grob lässt sich »verketten« definieren als: »zwei Objekte miteinander verbinden«. In der Lösung haben wir zwei kleine DataFrames verbunden und dabei mit dem Parameter axis angezeigt, ob wir die beiden DataFrames übereinander oder nebeneinander platzieren möchten.

Alternativ können wir mit der Methode append eine neue Zeile an einen DataFrame anfügen:

```
# Zeile erzeugen
row = pd.Series([10, 'Chris', 'Chillon'], index=['id', 'first', 'last'])

# Zeile anfügen
dataframe_a.append(row, ignore_index=True)
```

	id	first	last
0	1	Alex	Anderson
1	2	Amy	Ackerman
2	3	Allen	Ali
3	10	Chris	Chillon

3.19 DataFrames zusammenführen

Problem

Zwei DataFrames sollen zusammengeführt werden.

Lösung

Für einen Inner Join verwenden Sie die Methode `merge` und legen mit dem Parameter `on` fest, welche Spalte zu verknüpfen ist:

```
# Bibliothek laden
import pandas as pd

# DataFrame erzeugen
employee_data = {'employee_id': ['1', '2', '3', '4'],
                 'name': ['Amy Jones', 'Allen Keys', 'Alice Bees',
                 'Tim Horton']}
dataframe_employees = pd.DataFrame(employee_data, columns = ['employee_id',
                                                              'name'])

# DataFrame erzeugen
sales_data = {'employee_id': ['3', '4', '5', '6'],
              'total_sales': [23456, 2512, 2345, 1455]}
dataframe_sales = pd.DataFrame(sales_data, columns = ['employee_id',
                                                      'total_sales'])

# DataFrames zusammenführen
pd.merge(dataframe_employees, dataframe_sales, on='employee_id')
```

	employee_id	name	total_sales
0	3	Alice Bauelements	23456
1	4	Tim Horton	2512

Standardmäßig führt die Methode `merge` Inner Joins aus. Soll es ein Outer Join sein, können Sie das mit dem Parameter `how` spezifizieren:

```
# DataFrames zusammenführen
pd.merge(dataframe_employees, dataframe_sales, on='employee_id', how='outer')
```

	employee_id	name	total_sales
0	1	Amy Jones	NaN
1	2	Allen Keys	NaN
2	3	Alice Bees	23456.0
3	4	Tim Horton	2512.0
4	5	NaN	2345.0
5	6	NaN	1455.0

Mit dem gleichen Parameter lassen sich linke und rechte Joins spezifizieren:

```
# DataFrames zusammenführen
pd.merge(dataframe_employees, dataframe_sales, on='employee_id', how='left')
```

	employee_id	name	total_sales
0	1	Amy Jones	NaN
1	2	Allen Keys	NaN
2	3	Alice Bees	23456.0
3	4	Tim Horton	2512.0

Außerdem können Sie in jedem DataFrame den Namen der Spalte angeben, die verknüpft werden soll:

```
# DataFrames zusammenführen
pd.merge(dataframe_employees,
         dataframe_sales,
         left_on='employee_id',
         right_on='employee_id')
```

	employee_id	name	total_sales
0	3	Alice Bauelements	23456
1	4	Tim Horton	2512

Wenn Sie die DataFrames nicht bezüglich zweier Spalten zusammenführen wollen, sondern bezüglich der Indizes der DataFrames, können Sie die Parameter `left_on` und `right_on` durch `right_index=True` und `left_index=True` ersetzen.

Diskussion

Oftmals sind die benötigten Daten recht komplex; sie liegen nicht immer in einem Stück vor. Stattdessen haben wir es in der Praxis normalerweise mit verschiedenen Datenbeständen zu tun, die aus mehreren Datenbankabfragen oder Dateien stammen. Um alle diese Daten an einem Ort zusammenzubringen, können wir die jeweiligen Datenabfragen oder Datendateien als individuelle DataFrames in pandas laden und sie dann zu einem einzelnen DataFrame zusammenführen.

Dieser Prozess mag jedem vertraut sein, der mit SQL gearbeitet hat, einer populären Sprache, mit der sich Zusammenfassungsoperationen (sogenannte Joins) ausführen lassen. Auch wenn die von pandas verwendeten Parameter etwas anders aussehen, entsprechen sie den gleichen allgemeinen Mustern, die auch in anderen Softwaresprachen und Tools gebräuchlich sind.

Für jede `merge`-Operation sind drei Aspekte zu spezifizieren. Zuerst müssen Sie die beiden DataFrames benennen, die Sie zusammenführen möchten. In der obigen Lösung heißen sie `dataframe_employees` und `dataframe_sales`. Zweitens müssen Sie die Namen der zusammenzuführenden Spalten angeben – d.h. die Spalten, deren

Werte zwischen den beiden DataFrames geteilt werden. So haben in unserer Lösung beide DataFrames eine Spalte namens `employee_id`. Um die beiden DataFrames zusammenzuführen, vergleichen wir die Werte in den `employee_id`-Spalten jedes DataFrame miteinander. Wenn diese beiden Spalten übereinstimmende Namen haben, können wir den Parameter `on` verwenden. Bei unterschiedlichen Namen kommen `left_on` und `right_on` infrage.

Was ist überhaupt unter linkem und rechtem DataFrame zu verstehen? Einfache Antwort: Der linke DataFrame ist derjenige, der zuerst in `merge` angegeben ist, der rechte DataFrame ist der zweite. Dieser Sprachgebrauch zeigt sich wieder in den nächsten Parametersätzen, die wir brauchen.

Der letzte Aspekt, der zugleich für einige am schwersten zu verstehen ist, betrifft den Typ der Zusammenführung, der durch den Parameter `how` angegeben wird. Die Methode `merge` unterstützt vier Haupttypen von Joins:

Inner
: Gibt nur die Zeilen zurück, die in beiden DataFrames übereinstimmen (z.B. jede Zeile mit einem `employee_id`-Wert, der sowohl in `dataframe_employees` als auch `dataframe_sales` erscheint).

Outer
: Gibt alle Zeilen in beiden DataFrames zurück. Wenn eine Zeile in einem DataFrame, nicht aber im anderen DataFrame existiert, werden `NaN`-Werte für die fehlenden Werte aufgefüllt (z.B. alle Zeilen mit einem `employee_id`-Wert, der in `dataframe_employees` oder/und `dataframe_sales` erscheint).

Left
: Gibt alle Zeilen des linken DataFrame zurück, vom rechten DataFrame aber nur die Zeilen, die mit dem linken DataFrame übereinstimmen. Fehlende Werte werden auf `NaN` gesetzt (z.B. alle Zeilen von `dataframe_employees`, von `dataframe_sales` aber nur diejenigen Zeilen, die einen Wert für `employee_id` enthalten, der in `dataframe_employees` erscheint).

Right
: Gibt alle Zeilen des rechten DataFrame zurück, vom linken DataFrame aber nur die Zeilen, die mit dem rechten DataFrame übereinstimmen. Fehlende Werte werden auf `NaN` gesetzt (z.B. alle Zeilen von `dataframe_sales`, von `dataframe_employees` aber nur diejenigen Zeilen, die einen Wert für `employee_id` enthalten, der in `dataframe_sales` erscheint).

Wenn Sie diese Joins nicht gleich komplett verstehen, sollten Sie mit dem Parameter `how` in Ihrem Code experimentieren und die Wirkungen der jeweiligen `merge`-Varianten studieren.

Siehe auch

- A Visual Explanation of SQL Joins (*http://bit.ly/2Fxgcpe*)
- pandas documentation on merging (*http://bit.ly/2Fuo4rH*)

KAPITEL 4

Numerische Daten verarbeiten

4.0 Einführung

Quantitative Daten gehen auf Messungen zurück – ob es sich um Klassengrößen, monatliche Umsätze oder Schulnoten handelt. Naturgemäß drückt man diese Quantitäten numerisch aus (z. B. 29 Schüler, 529.392 Euro Umsatz usw.). In diesem Kapitel behandeln wir zahlreiche Strategien, um rohe numerische Daten in Merkmale zu überführen, die auf Algorithmen für maschinelles Lernen zugeschnitten sind.

4.1 Ein Merkmal neu skalieren

Problem

Die Werte eines numerischen Merkmals sollen zwischen zwei Werten skaliert werden.

Lösung

Mit der `MinMaxScaler`-Implementierung der Bibliothek `scikit-learn` lässt sich ein Merkmalsarray skalieren:

```
# Bibliotheken laden
import numpy as np
from sklearn import preprocessing

# Merkmal erzeugen
feature = np.array([[-500.5],
                    [-100.1],
                    [0],
                    [100.1],
                    [900.9]])
# Skalierer erzeugen
minmax_scale = preprocessing.MinMaxScaler(feature_range=(0, 1))

# Merkmal skalieren
scaled_feature = minmax_scale.fit_transform(feature)
```

```
# Merkmal anzeigen
scaled_feature

array([[ 0.        ],
       [ 0.28571429],
       [ 0.35714286],
       [ 0.42857143],
       [ 1.        ]])
```

Diskussion

Skalieren ist eine häufige Aufgabe in der Vorverarbeitung beim maschinellen Lernen. Viele der Algorithmen, die das Buch später noch beschreibt, gehen davon aus, dass sich alle Merkmale auf der gleichen Skala befinden, in der Regel zwischen 0 und 1 oder zwischen –1 und 1. Von den zahlreichen Neuskalierungstechniken ist die sogenannte *Min-Max-Skalierung* eines der einfachsten Verfahren. Die Min-Max-Skalierung verwendet die Kleinst- und Größtwerte eines Merkmals, um Werte in einen bestimmten Bereich zu skalieren. Insbesondere führt diese Skalierung die folgende Berechnung aus:

$$x'_i = \frac{x_i - \min(x)}{\max(x) - \min(x)}$$

Hierin ist x der Merkmalsvektor, x'_i ein individuelles Element des Merkmals x und x'_i das normalisierte Element. Im Beispiel zeigt das ausgegebene Array, dass das Merkmal erfolgreich zwischen 0 und 1 skaliert wurde:

```
array([[ 0.        ],
       [ 0.28571429],
       [ 0.35714286],
       [ 0.42857143],
       [ 1.        ]])
```

Die `MinMaxScaler`-Implementierung der Bibliothek `scikit-learn` bietet zwei Optionen, um ein Merkmal zu skalieren. Bei der ersten berechnet man die Kleinst- und Größtwerte des Merkmals mit `fit` und skaliert dann das Merkmal mit der Methode `transform`. Die zweite Option besteht darin, beide Operationen auf einmal mit `fit_transform` abzuwickeln. Mathematisch unterscheiden sich beide Optionen nicht, doch manchmal gibt es einen praktischen Nutzen, die Operationen separat auszuführen, weil sich damit die gleiche Transformation auf verschiedene Mengen von Daten anwenden lässt.

Siehe auch

- Feature scaling, Wikipedia (*http://bit.ly/2Fuug2Z*)
- About Feature Scaling and Normalization, Sebastian Raschka (*http://bit.ly/2FwwRcM*)

4.2 Ein Merkmal standardisieren

Problem

Sie möchten ein Merkmal transformieren, sodass es einen Mittelwert von 0 und eine Standardabweichung von 1 hat.

Lösung

Beide Transformationen lassen sich mit dem `StandardScaler` der Bibliothek `scikit-learn` ausführen:

```
# Bibliotheken laden
import numpy as np
from sklearn import preprocessing

# Merkmal erzeugen
x = np.array([[-1000.1],
              [-200.2],
              [500.5],
              [600.6],
              [9000.9]])

# Skalierer erzeugen
scaler = preprocessing.StandardScaler()

# Das Merkmal transformieren
standardized = scaler.fit_transform(x)

# Merkmal anzeigen
standardized

array([[-0.76058269],
       [-0.54177196],
       [-0.35009716],
       [-0.32271504],
       [ 1.97516685]])
```

Diskussion

Eine häufige Alternative zur Min-Max-Skalierung, die in Rezept 4.1 diskutiert wurde, ist das Skalieren von Merkmalen, sodass sie ungefähr einer standardmäßigen Normalverteilung entsprechen. Die Standardisierung transformiert die Daten so, dass sie einen Mittelwert $\bar{x}$ von 0 und eine Standardabweisung σ von 1 aufweisen. Insbesondere wird jedes Element im Merkmal mit

$$x'_i = \frac{x_i - \bar{x}}{\sigma}$$

transformiert, wobei x'_i unsere standardisierte Form von x_i ist. Das transformierte Merkmal stellt die Anzahl der Standardabweichungen dar, die der ursprüngliche Wert vom Mittelwert entfernt ist (in der Statistik auch als *z-standardisierter Wert* oder *z-Score* bekannt).

Standardisierung ist eine gängige Skalierungsmethode für die Vorverarbeitung beim maschinellen Lernen und wird meiner Erfahrung nach öfter als die Min-Max-Skalierung verwendet. Allerdings hängt das auch vom Lernalgorithmus ab. So funktioniert die Hauptkomponentenanalyse oftmals besser mithilfe der Standardisierung, während Min-Max-Skalierung häufig für neuronale Netze empfohlen wird. (Beide Algorithmen kommen später im Buch noch zur Sprache.) Als Faustregel empfehle ich, normalerweise mit Standardisierung zu arbeiten, sofern es keinen besonderen Grund gibt, auf eine Alternative auszuweichen.

Von der Wirkung der Standardisierung können Sie sich ein Bild machen, wenn Sie sich den Mittelwert und die Standardabweichung in der Ausgabe unserer Lösung betrachten:

```
# Mittelwert und Standardabweichung ausgeben
print("Mittelwert:", round(standardized.mean()))
print("Standardabweichung:", standardized.std())
```

```
Mittelwert: 0.0
Standardabweichung: 1.0
```

Signifikante Ausreißer in den Daten können sich negativ auf die Standardisierung auswirken, weil sie sich in Mittelwert und Varianz des Merkmals niederschlagen. In diesem Szenario ist es oftmals hilfreich, das Merkmal mit Median und Quartilen erneut zu skalieren. In der Bibliothek `scikit-learn` lässt sich das mit der Methode `RobustScaler` bewerkstelligen:

```
# Skalierer erstellen
robust_scaler = preprocessing.RobustScaler()

# Merkmal transformieren
robust_scaler.fit_transform(x)
```

```
array([[ -1.87387612],
       [ -0.875     ],
       [  0.        ],
       [  0.125     ],
       [ 10.61488511]])
```

4.3 Beobachtungen normalisieren

Problem

Sie möchten die Merkmalswerte von Beobachtungen zur *1-Norm* skalieren (sodass sie eine Gesamtlänge von 1 haben).

Lösung

Verwenden Sie die Methode Normalizer mit einem norm-Argument:

```
# Bibliotheken laden
import numpy as np
from sklearn.preprocessing import Normalizer

# Merkmalsmatrix erzeugen
features = np.array([[0.5, 0.5],
                     [1.1, 3.4],
                     [1.5, 20.2],
                     [1.63, 34.4],
                     [10.9, 3.3]])

# Normalisierer erzeugen
normalizer = Normalizer(norm="l2")

# Merkmalsmatrix transformieren
normalizer.transform(features)

array([[ 0.70710678,  0.70710678],
       [ 0.30782029,  0.95144452],
       [ 0.07405353,  0.99725427],
       [ 0.04733062,  0.99887928],
       [ 0.95709822,  0.28976368]])
```

Diskussion

Viele Skalierungsmethoden (z.B. Min-Max-Skalierung und Standardisierung) arbeiten auf Merkmalen. Es ist aber auch möglich, über einzelnen Beobachtungen zu skalieren. Die Methode Normalizer skaliert die Werte für einzelne Beobachtungen entsprechend der 1-Norm (die Summe ihrer Längen ist 1). Eine derartige Skalierung wird oft angewendet, wenn mehrere gleichwertige Merkmale existieren (z.B. bei der Textklassifizierung, wenn jedes Wort oder jede Gruppe aus *n* Wörtern ein Merkmal ist).

Die Methode Normalizer bietet drei norm-Optionen, wobei die *euklidische Norm* (oft *L2* genannt) das Standardargument ist:

$$\| x \|_2 = \sqrt{x_1^2 + x_2^2 + \cdots + x_n^2}$$

Hierin ist x eine einzelne Beobachtung, und x_n ist der Wert dieser Beobachtung für das n-te Merkmal.

```
# Merkmalsmatrix transformieren
features_l2_norm = Normalizer(norm="l2").transform(features)

# Merkmalsmatrix anzeigen
features_l2_norm

array([[ 0.70710678,  0.70710678],
```

```
       [ 0.30782029,  0.95144452],
       [ 0.07405353,  0.99725427],
       [ 0.04733062,  0.99887928],
       [ 0.95709822,  0.28976368]])
```

Alternativ können Sie die *Manhattan-Norm* (*L1*) spezifizieren:

$$\| x \|_1 = \sum_{i=1}^{n} |x_i|.$$

```
# Merkmalsmatrix transformieren
features_l1_norm = Normalizer(norm="l1").transform(features)

# Merkmalsmatrix anzeigen
features_l1_norm

array([[ 0.5       ,  0.5       ],
       [ 0.24444444,  0.75555556],
       [ 0.06912442,  0.93087558],
       [ 0.04524008,  0.95475992],
       [ 0.76760563,  0.23239437]])
```

Intuitiv kann man sich die L2-Norm als Wegstrecke für einen Vogel (d. h. als gerade Linie) zwischen zwei Punkten in New York vorstellen, während L1 die Wegstrecke ist, die ein Fußgänger auf der Straße zurücklegt (einen Block nach Norden gehen, einen Block nach Osten, einen Block nach Norden, einen Block nach Osten usw.), weshalb man auch von *Manhattan-Abstand* oder *Taxi-Metrik* spricht.

Praktisch skaliert `norm='l1'` die Werte einer Beobachtung so, dass ihre Summe gleich 1 ist, was manchmal eine wünschenswerte Qualität ist:

```
# Summe ausgeben
print("Summe der Werte der ersten Beobachtung:",
   features_l1_norm[0, 0] + features_l1_norm[0, 1])

Summe der Werte der ersten Beobachtung: 1.0
```

4.4 Polynom- und Interaktionsmerkmale erzeugen

Problem

Sie möchten Polynom- und Interaktionsmerkmale erzeugen.

Lösung

Auch wenn sich mancher dafür entscheiden mag, Polynom- und Interaktionsmerkmale manuell zu erzeugen, lässt sich das mit einer integrierten Methode von `scikit-learn` einfacher bewerkstelligen:

```
# Bibliotheken laden
import numpy as np
from sklearn.preprocessing import PolynomialFeatures

# Merkmalsmatrix erzeugen
features = np.array([[2, 3],
                     [2, 3],
                     [2, 3]])

# PolynomialFeatures-Objekt erzeugen
polynomial_interaction = PolynomialFeatures(degree=2, include_bias=False)

# Polynomiale Merkmale erzeugen
polynomial_interaction.fit_transform(features)
```

```
array([[ 2.,  3.,  4.,  6.,  9.],
       [ 2.,  3.,  4.,  6.,  9.],
       [ 2.,  3.,  4.,  6.,  9.]])
```

Der Parameter `degree` bestimmt den maximalen Grad des Polynoms. Zum Beispiel erzeugt `degree=2` neue Merkmale, die zur zweiten Potenz erhoben (quadriert) werden:

$$x_1, x_2, x_1^2, x_2^2$$

Dementsprechend erzeugt `degree=3` neue Merkmale, die zur dritten Potenz erhoben werden:

$$x_1, x_2, x_1^2, x_2^2, x_1^3, x_2^3$$

Darüber hinaus schließt `PolynomialFeatures` standardmäßig Interaktionsmerkmale ein:

$$x_1x_2$$

Wenn man `interaction_only` auf `True` setzt, lassen sich die erzeugten Merkmale auf Interaktionsmerkmale beschränken:

```
interaction = PolynomialFeatures(degree=2,
              interaction_only=True, include_bias=False)

interaction.fit_transform(features)
```

```
array([[ 2.,  3.,  6.],
       [ 2.,  3.,  6.],
       [ 2.,  3.,  6.]])
```

Diskussion

Polynomiale Merkmale werden oftmals erzeugt, wenn man von einer nichtlinearen Beziehung zwischen den Merkmalen und dem Ziel ausgehen kann. So könnte man vermuten, dass die Wahrscheinlichkeit für eine schwere Krankheit zeitlich nicht konstant ist, sondern mit zunehmendem Alter stärker ansteigt. Diesen nicht konstanten Effekt können wir in einem Merkmal x codieren, indem wir die Formen höherer Ordnung (x^2, x^3 usw.) generieren.

Darüber hinaus haben wir es oftmals mit Situationen zu tun, in denen die Wirkung eines Merkmals von einem anderen Merkmal abhängig ist. Angenommen, wir wollten vorhersagen, ob unser Kaffee süß ist oder nicht. Dabei stützen wir uns auf zwei Merkmale: zum einen, ob der Kaffee gerührt wurde, und zum anderen, ob wir Zucker zugegeben haben. Für sich allein genommen kann kein Merkmal die Süße des Kaffees vorhersagen, doch die Kombination ihrer Wirkungen erlaubt es. Das heißt, ein Kaffee ist nur dann süß, wenn der Kaffee Zucker enthält und umgerührt wurde. Die Wirkungen jedes Merkmals auf das Ziel (die Süße) sind unabhängig voneinander. Diese Beziehung können wir codieren, indem wir ein Interaktionsmerkmal einbeziehen, das das Produkt der einzelnen Merkmale ist.

4.5 Merkmale transformieren

Problem

Sie möchten eine benutzerdefinierte Transformation in ein oder mehrere Merkmale vornehmen.

Lösung

Aus der Bibliothek `scikit-learn` wenden Sie mit der Methode `FunctionTransformer` eine Funktion auf einen Satz von Merkmalen an:

```
# Bibliothek laden
import numpy as np
from sklearn.preprocessing import FunctionTransformer

# Merkmalsmatrix erzeugen
features = np.array([[2, 3],
                     [2, 3],
                     [2, 3]])

# Eine einfache Funktion definieren
def add_ten(x):
    return x + 10

# Transformer erzeugen
ten_transformer = FunctionTransformer(add_ten)

# Merkmalsmatrix transformieren
ten_transformer.transform(features)

array([[12, 13],
       [12, 13],
       [12, 13]])
```

Die gleiche Transformation lässt sich in pandas mithilfe von apply erzeugen:

```
# Bibliothek laden
import pandas as pd

# DataFrame erzeugen
df = pd.DataFrame(features, columns=["feature_1", "feature_2"])

# Funktion anwenden
df.apply(add_ten)
```

	feature_1	feature_2
0	12	13
1	12	13
2	12	13

Diskussion

Es ist üblich, dass man einige benutzerdefinierte Transformationen für ein oder mehrere Merkmale vornehmen möchte. Zum Beispiel könnten wir ein Merkmal erzeugen wollen, das der natürliche Logarithmus der Werte des anderen Merkmals ist. Hierzu können Sie eine Funktion erstellen und sie dann entweder mit der Methode `FunctionTransformer` der Bibliothek `scikit-learn` oder mit der Methode `apply` der Bibliothek pandas auf Merkmale abbilden. In der angegebenen Lösung haben wir mit `add_ten` eine sehr einfache Funktion erzeugt, die `10` auf jede Eingabe addiert. Es gibt aber keinen Grund, warum wir nicht eine weitaus komplexere Funktion definieren könnten.

4.6 Ausreißer erkennen

Problem

Es sollen extreme Beobachtungen identifiziert werden.

Lösung

Ausreißer zu erkennen, ist leider mehr eine Kunst als eine Wissenschaft. Eine übliche Methode ist es aber, von normalverteilten Daten auszugehen und auf dieser Annahme aufbauend eine Ellipse um die Daten zu »zeichnen«, was jede Beobachtung innerhalb der Ellipse als innen liegend klassifiziert (mit `1` beschriftet) und jede Beobachtung außerhalb der Ellipse als Ausreißer (mit `-1` beschriftet):

```
# Bibliotheken laden
import numpy as np
from sklearn.covariance import EllipticEnvelope
from sklearn.datasets import make_blobs
```

```
# Simulierte Daten erzeugen
features, _ = make_blobs(n_samples = 10,
                         n_features = 2,
                         centers = 1,
                         random_state = 1)

# Die Werte der ersten Beobachtung durch extreme Werte ersetzen
features[0,0] = 10000
features[0,1] = 10000

# Detektor erzeugen
outlier_detector = EllipticEnvelope(contamination=.1)

# Detektor anpassen
outlier_detector.fit(features)

# Ausreißer vorhersagen
outlier_detector.predict(features)

array([-1,  1,  1,  1,  1,  1,  1,  1,  1,  1])
```

Eine wesentliche Einschränkung dieses Verfahrens ist die Notwendigkeit, mit dem Parameter `contamination` den Anteil der Ausreißer an den Beobachtungen anzugeben – einen Wert, den wir nicht kennen. Stellen Sie sich `contamination` als unsere Schätzung für die Reinheit unserer Daten vor. Wenn wir nur wenige Ausreißer in unseren Daten erwarten, können wir `contamination` auf einen kleinen Wert setzen. Ist es dagegen sehr wahrscheinlich, dass die Daten Ausreißer enthalten, setzen wir den Parameter auf einen höheren Wert.

Anstatt Beobachtungen als Ganzes zu betrachten, können wir uns einzelne Merkmale ansehen und extreme Werte in diesen Merkmalen mithilfe des *Interquartilsabstands* (*Interquartile Range*, IQR) identifizieren:

```
# Ein Merkmal erzeugen
feature = features[:,0]

# Eine Funktion erstellen, um den Index von Ausreißern zurückzugeben
def indicies_of_outliers(x):
    q1, q3 = np.percentile(x, [25, 75])
    iqr = q3 - q1
    lower_bound = q1 - (iqr * 1.5)
    upper_bound = q3 + (iqr * 1.5)
    return np.where((x > upper_bound) | (x < lower_bound))

# Funktion ausführen
indicies_of_outliers(feature)

(array([0]),)
```

Der Interquartilsabstand (IQR) ist die Differenz zwischen dem ersten und dritten Quartil einer Stichprobe. Den IQR können Sie sich als Verteilung der Datenmasse vorstellen, wobei die Ausreißer die Beobachtungen sind, die weit entfernt von der Hauptkonzentration der Daten liegen. Als Ausreißer definiert man üblicherweise jeden Wert, der 1,5 IQRs kleiner als das erste Quartil oder 1,5 IQRs größer als das dritte Quartil ist.

Diskussion

Es gibt keine beste Technik für das Erkennen von Ausreißern. Stattdessen arbeiten wir mit einer ganzen Kollektion von Techniken, die alle ihre eigenen Vor- und Nachteile haben. Als beste Strategie erweist es sich oftmals, mehrere Techniken auszuprobieren (z.B. sowohl `EllipticEnvelope` als auch IQR-basierte Erkennung) und die Ergebnisse als Ganzes zu bewerten.

Nach Möglichkeit sollten wir uns die als Ausreißer erkannten Beobachtungen genauer ansehen und versuchen, sie zu verstehen. Wenn beispielsweise in einer Stichprobe von Häusern eines der Merkmale die Anzahl der Räume beschreibt, sollten Sie sich fragen, ob es sich bei einem Ausreißer mit 100 Räumen wirklich um ein Haus handelt oder tatsächlich um ein Hotel, das falsch klassifiziert ist.

Siehe auch

- Drei Verfahren, Ausreißer zu erkennen (und die Quelle der IQR-Funktion, die in diesem Rezept verwendet wurde) (*http://bit.ly/2FzMC2k*)

4.7 Mit Ausreißern umgehen

Problem

Die Daten enthalten Ausreißer.

Lösung

In der Regel stehen uns drei Strategien zur Verfügung, um mit Ausreißern umgehen zu können. Erstens können wir sie löschen:

```
# Bibliothek laden
import pandas as pd

# DataFrame erzeugen
houses = pd.DataFrame()
houses['Price'] = [534433, 392333, 293222, 4322032]
houses['Bathrooms'] = [2, 3.5, 2, 116]
houses['Square_Feet'] = [1500, 2500, 1500, 48000]

# Beobachtungen filtern
houses[houses['Bathrooms'] < 20]
```

	Price	Bathrooms	Square_Feet
0	534433	2.0	1500
1	392333	3.5	2500
2	293222	2.0	1500

Zweitens können wir sie als Ausreißer markieren und als Merkmal einbinden:

```
# Bibliothek laden
import numpy as np

# Merkmal basierend auf boolescher Bedingung erzeugen
houses["Outlier"] = np.where(houses['Bathrooms"] < 20, 0, 1)

# Daten anzeigen
houses
```

	Price	Bathrooms	Square_Feet	Outlier
0	534433	2.0	1500	0
1	392333	3.5	2500	0
2	293222	2.0	1500	0
3	4322032	116.0	48000	1

Schließlich können wir das Merkmal transformieren, um den Ausreißereffekt zu dämpfen:

```
# Merkmal logarithmieren
houses["Log_Of_Square_Feet"] = [np.log(x) for x in houses["Square_Feet"]]

# Daten anzeigen
houses
```

	Price	Bathrooms	Square_Feet	Outlier	Log_Of_Square_Feet
0	534433	2.0	1500	0	7.313220
1	392333	3.5	2500	0	7.824046
2	293222	2.0	1500	0	7.313220
3	4322032	116.0	48000	1	10.778956

Diskussion

Ähnlich wie beim Erkennen von Ausreißern gibt es keine verbindliche Regel, wie mit Ausreißern umzugehen ist. Wie man sie behandelt, sollte sich nach zwei Aspekten richten. Zum einen sollte man überlegen, was sie zu Ausreißern macht. Ist davon auszugehen, dass es sich um Fehler in den Daten handelt, etwa durch einen defekten Sensor oder einen falsch codierten Wert, kann man die Beobachtung fallen lassen oder Ausreißerwerte durch `NaN` ersetzen, da man diesen Werten nicht trauen kann. Wenn man jedoch annimmt, dass die Ausreißer echte Extremwerte sind (z.B. ein Haus (eine Villa) mit 200 Badezimmern), ist es besser, sie als Ausreißer zu markieren oder ihre Werte zu transformieren.

Zum anderen sollte der Umgang mit Ausreißern auf unserem Ziel für maschinelles Lernen basieren. Wenn wir zum Beispiel Hauspreise anhand der Merkmale des Hauses vorhersagen wollen, könnten wir vernünftigerweise davon ausgehen, dass der Preis für Villen mit über 100 Badezimmern von einer anderen Dynamik getrieben wird als für normale Einfamilienhäuser. Wenn wir darüber hinaus ein Modell trainieren, um es als Teil einer Webanwendung für Online-Immobilienfinanzierung einzusetzen, können wir annehmen, dass unsere potenziellen Benutzer keine Milliardäre sind, die eine Villa kaufen wollen.

Was also sollen wir tun, wenn Ausreißer vorhanden sind? Überlegen, warum sie Ausreißer sind, ein Endziel für die Daten im Auge haben und vor allem daran denken, dass die Entscheidung, Ausreißer nicht zu beachten, wiederum eine Entscheidung mit Konsequenzen ist.

Beachten Sie auch: Wenn es Ausreißer gibt, ist eine Standardisierung möglicherweise nicht sinnvoll, weil Mittelwert und Varianz erheblich von den Ausreißern beeinflusst werden. Verwenden Sie in diesem Fall eine Skalierungsmethode wie `RobustScaler`, die robuster gegenüber Ausreißern ist.

Siehe auch

- RobustScaler-Dokumentation (*http://bit.ly/2DcgyNT*)

4.8 Merkmale diskretisieren

Problem

Sie möchten ein numerisches Merkmal in getrennte Intervalle aufteilen.

Lösung

Abhängig davon, wie Sie die Daten aufteilen möchten, kommen vor allem zwei Techniken infrage. Erstens können Sie das Merkmal in Bezug auf einen bestimmten Schwellenwert binarisieren:

```
# Bibliotheken laden
import numpy as np
from sklearn.preprocessing import Binarizer

# Merkmal erzeugen
age = np.array([[6],
                [12],
                [20],
                [36],
                [65]])
```

```
# Binarisierer erzeugen
binarizer = Binarizer(18)

# Merkmal transformieren
binarizer.fit_transform(age)

array([[0],
       [0],
       [1],
       [1],
       [1]])
```

Zweitens lassen sich numerische Merkmale in Bezug auf mehrere Schwellenwerte aufteilen:

```
# Merkmal in Intervalle aufteilen
np.digitize(age, bins=[20,30,64])

array([[0],
       [0],
       [1],
       [2],
       [3]])
```

Beachten Sie, dass die Argumente für den Parameter `bins` den linken Rand jedes Intervalls kennzeichnen. So schließt zum Beispiel das Argument `20` nicht das Element mit dem Wert 20 ein, sondern nur die beiden Werte kleiner als 20. Dieses Verhalten lässt sich ändern, indem man den Parameter `right` auf `True` setzt:

```
# Merkmal auf Intervalle aufteilen
np.digitize(age, bins=[20,30,64], right=True)

array([[0],
       [0],
       [0],
       [2],
       [3]])
```

Diskussion

Diskretisierung kann eine erfolgreiche Strategie sein, wenn es Grund zur Annahme gibt, dass sich ein numerisches Merkmal eher wie ein kategorisches Merkmal verhalten sollte. Zum Beispiel könnten wir glauben, dass sich die Konsumgewohnheiten 19- und 20-Jähriger kaum unterscheiden, es aber einen signifikanten Unterschied gibt zwischen den 20- und 21-Jährigen (dem Alter in den USA, ab dem Jugendliche Alkohol konsumieren dürfen). In diesem Beispiel könnte es hilfreich sein, die Daten der Einzelpersonen aufzuteilen in zwei Gruppen – diejenigen, die Alkohol trinken dürfen, und diejenigen, die es nicht dürfen. In ähnlicher Weise könnte es in anderen Fällen zweckmäßig sein, die Daten in drei oder mehr Intervalle zu diskretisieren.

Die Lösung hat zwei Methoden der Diskretisierung gezeigt – die Methode Binarizer der Bibliothek scikit-learn für zwei Bereiche und die Methode digitize der Bibliothek NumPy für drei oder mehr Bereiche. Allerdings kommt auch digitize infrage, um genau wie Binarizer Merkmale zu binarisieren, indem man lediglich einen einzigen Schwellenwert angibt:

```
# Merkmal binarisieren
np.digitize(age, bins=[18])

array([[0],
       [0],
       [1],
       [1],
       [1]])
```

Siehe auch

- Dokumentation zu digitize (*http://bit.ly/2HSciFP*)

4.9 Beobachtungen durch Clustern gruppieren

Problem

Sie möchten Beobachtungen clustern, sodass ähnliche Beobachtungen zusammen gruppiert werden.

Lösung

Wenn Sie wissen, dass es *k* Gruppen gibt, können Sie mit dem *k*-Means-Algorithmus ähnliche Beobachtungen gruppieren und ein neues Merkmal ausgeben, das die Gruppenmitgliedschaft jeder Beobachtung enthält:

```
# Bibliotheken laden
import pandas as pd
from sklearn.datasets import make_blobs
from sklearn.cluster import KMeans

# Simulierte Merkmalsmatrix erzeugen
features, _ = make_blobs(n_samples = 50,
                         n_features = 2,
                         centers = 3,
                         random_state = 1)

# DataFrame erzeugen
dataframe = pd.DataFrame(features, columns=["feature_1", "feature_2"])

# k-Means-Clusterer erzeugen
clusterer = KMeans(3, random_state=0)
```

```
# Clusterer anpassen
clusterer.fit(features)

# Werte vorhersagen
dataframe["group"] = clusterer.predict(features)

# Die ersten Beobachtungen anzeigen
dataframe.head(5)
```

	feature_1	feature_2	group
0	–9.877554	–3.336145	0
1	–7.287210	–8.353986	2
2	–6.943061	–7.023744	2
3	–7.440167	–8.791959	2
4	–6.641388	–8.075888	2

Diskussion

Die Clustering-Algorithmen streifen wir hier nur kurz. Später im Buch gehen wir ausführlicher darauf ein. Momentan soll der Hinweis genügen, dass sich Clustern als Vorverarbeitungsschritt gut eignet. Insbesondere können wir nicht überwachte Lernalgorithmen wie *k*-Means verwenden, um Beobachtungen in Gruppen zu clustern. Das Ergebnis ist ein kategorisches Merkmal, bei dem ähnliche Beobachtungen zur selben Gruppe gehören.

Machen Sie sich keine Sorgen, sollten Sie noch nicht alles sofort verstanden haben: Lassen Sie erst einmal den Gedanken beiseite, dass Clustern bei der Vorverarbeitung verwendet werden kann. Und wenn Sie es wirklich nicht erwarten können, springen Sie einfach zu Kapitel 19.

4.10 Beobachtungen mit fehlenden Werten löschen

Problem

Beobachtungen, die fehlende Werte enthalten, sollen gelöscht werden.

Lösung

Beobachtungen mit fehlenden Werten lassen sich geschickt mit einer entsprechenden Zeile von NumPy löschen:

```
# Bibliothek laden
import numpy as np

# Merkmalsmatrix erzeugen
```

```
features = np.array([[1.1, 11.1],
                     [2.2, 22.2],
                     [3.3, 33.3],
                     [4.4, 44.4],
                     [np.nan, 55]])

# Nur Beobachtungen, die nicht als fehlend (mit ~ gekennzeichnet)
# markiert sind
features[~np.isnan(features).any(axis=1)]

array([[ 1.1, 11.1],
       [ 2.2, 22.2],
       [ 3.3, 33.3],
       [ 4.4, 44.4]])
```

Alternativ können Sie unvollständige Beobachtungen mithilfe von pandas löschen:

```
# Bibliothek laden
import pandas as pd

# Daten laden
dataframe = pd.DataFrame(features, columns=["feature_1", "feature_2"])

# Beobachtungen mit fehlenden Werten entfernen
dataframe.dropna()
```

	feature_1	feature_2
0	1.1	11.1
1	2.2	22.2
2	3.3	33.3
3	4.4	44.4

Diskussion

Die meisten Algorithmen für maschinelles Lernen sind nicht in der Lage, fehlende Werte im Ziel und in den Merkmalsarrays zu behandeln. Deshalb dürfen wir fehlende Werte in unseren Daten nicht ignorieren und müssen uns mit diesem Problem während der Vorverarbeitung auseinandersetzen.

Die einfachste Lösung löscht jede Beobachtung, die einen oder mehrere fehlende Werte enthält. Diese Aufgabe lässt sich schnell und einfach mit NumPy oder pandas bewerkstelligen.

Dennoch sollten Sie sehr vorsichtig sein, Beobachtungen mit fehlenden Werten zu löschen. Sie zu löschen, ist die »nukleare Option«, da unser Algorithmus den Zugriff auf die Informationen verliert, die in den nicht fehlenden Werten der Beobachtung enthalten sind.

Genauso wichtig ist es, dass das Löschen von Beobachtungen je nach Ursache für die fehlenden Werte zu Verzerrungen in den Daten führen kann. Man unterscheidet drei Typen fehlender Daten:

Missing Completely At Random (MCAR)
Die Wahrscheinlichkeit, dass ein Wert fehlt, ist von allen anderen Faktoren unabhängig. Beispielsweise könnte ein Umfrageteilnehmer seine Antwort auswürfeln: Wenn er eine Sechs würfelt, überspringt er diese Frage.

Missing At Random (MAR)
Die Wahrscheinlichkeit, dass ein Wert fehlt, ist nicht vollkommen zufällig, sondern hängt von den Informationen ab, die in anderen Merkmalen erfasst werden. Wenn etwa eine Umfrage nach Geschlechtszugehörigkeit und Jahresgehalt fragt, werden Frauen eher die Frage überspringen; allerdings hängt ihre Nichtbeantwortung nur von den Informationen ab, die wir in unserem Merkmal zur Geschlechtszugehörigkeit erfasst haben.

Missing Not At Random (MNAR)
Die Wahrscheinlichkeit, dass ein Wert fehlt, ist nicht zufällig und hängt von Informationen ab, die in unseren Merkmalen nicht erfasst worden sind. Zum Beispiel könnte eine Umfrage nach der Geschlechtszugehörigkeit fragen, und Frauen werden eher die Frage nach dem Gehalt übergehen, und wir haben kein Merkmal für Geschlechtsidentifikation in unseren Daten.

Manchmal ist es akzeptabel, Beobachtungen zu löschen, wenn sie vom Typ MCAR oder MAR sind. Wenn jedoch der Wert den Typ MNAR hat, ist die Tatsache, dass ein Wert fehlt, selbst eine Information. Das Löschen von MNAR-Beobachtungen kann die Verteilung der Daten verzerren, da wir Beobachtungen entfernen, die durch einen unbeobachteten systematischen Effekt hervorgerufen werden.

Siehe auch

- Die drei Typen fehlender Daten identifizieren (*http://bit.ly/2Fto4bx*)
- Imputation fehlender Daten (*http://bit.ly/2FAkKLI*)

4.11 Fehlende Werte imputieren

Problem

Es gibt fehlende Werte in den Daten, und Sie möchten diese Werte auffüllen oder vorhersagen.

Lösung

Wenn der Umfang der Daten gering ist, können Sie fehlende Werte mit dem *k*-nächste-Nachbarn-Algorithmus (KNN) vorhersagen:

```
# Bibliotheken laden
import numpy as np
from fancyimpute import KNN
```

```
from sklearn.preprocessing import StandardScaler
from sklearn.datasets import make_blobs

# Eine simulierte Merkmalsmatrix erzeugen
features, _ = make_blobs(n_samples = 1000,
                         n_features = 2,
                         random_state = 1)

# Die Merkmale standardisieren
scaler = StandardScaler()
standardized_features = scaler.fit_transform(features)

# Den ersten Wert des ersten Merkmals durch fehlenden Wert ersetzen
true_value = standardized_features[0,0]
standardized_features[0,0] = np.nan

# Die fehlenden Werte in der Merkmalsmatrix vorhersagen
features_knn_imputed = KNN(k=5, verbose=0).complete(standardized_features)

# Echte und imputierte Werte vergleichen
print("Echter Value:", true_value)
print("Imputierter Wert:", features_knn_imputed[0,0])

Echter Wert: 0.8730186114
Imputierter Wert: 1.09553327131
```

Alternativ können Sie das Modul `Imputer` der Bibliothek `scikit-learn` verwenden, um fehlende Werte mit dem Mittelwert, dem Median oder dem häufigsten Wert zu füllen. Die Ergebnisse sind in der Regel jedoch schlechter als mit KNN:

```
# Bibliothek laden
from sklearn.preprocessing import Imputer

# Imputer erzeugen
mean_imputer = Imputer(strategy="mean", axis=0)

# Werte imputieren
features_mean_imputed = mean_imputer.fit_transform(features)

# Echte und imputierte Werte vergleichen
print("Echter Wert:", true_value)
print("Imputierter Wert:", features_mean_imputed[0,0])

Echter Wert: 0.8730186114
Imputierter Wert: -3.05837272461
```

Diskussion

Es gibt zwei Hauptstrategien, um fehlende Daten gegen Ersatzwerte auszutauschen, jede mit Stärken und Schwächen. Erstens können wir mit maschinellem Lernen die Werte der fehlenden Daten vorhersagen. Dazu behandeln wir das Merkmal mit fehlenden Werten als Zielvektor und verwenden die verbleibende Teilmenge der Merkmale, um fehlende Werte vorherzusagen. Uns steht eine umfangreiche

Palette von Algorithmen für maschinelles Lernen zur Verfügung, um Werte zuzuschreiben, doch eine beliebte Wahl ist KNN. Kapitel 14 befasst sich ausführlicher mit KNN, hier sei nur kurz erwähnt, dass der Algorithmus anhand der *k* nächsten Beobachtungen (die nach einer Abstandsmetrik bestimmt werden) den fehlenden Wert vorhersagt. In unserer Lösung haben wir den fehlenden Wert anhand der fünf nächsten Beobachtungen bestimmt.

Allerdings hat KNN den Nachteil, dass die Abstände zwischen dem fehlenden Wert und jeder einzelnen Beobachtung berechnet werden müssen, um festzustellen, welche Beobachtungen dem fehlenden Wert am nächsten liegen. Bei kleineren Stichproben ist dies noch praktikabel, doch es wird problematisch, sobald eine Stichprobe Millionen von Beobachtungen umfasst.

Eine alternative und besser skalierbare Strategie füllt sämtliche fehlenden Werte mit einem Durchschnittswert. So haben wir in unserer Lösung `scikit-learn` verwendet, um die fehlenden Werte mit dem Mittelwert eines Merkmals zu füllen. Der zugeschriebene Wert liegt oftmals nicht so nahe am wahren Wert wie bei Verwendung von KNN, aber wir können das Auffüllen mit dem Mittelwert ohne Weiteres auf Daten mit Millionen von Beobachtungen skalieren.

Wenn Sie fehlende Werte ersetzen, sollten Sie ein binäres Merkmal einrichten und damit anzeigen, ob die Beobachtung imputierte Werte enthält oder nicht.

Siehe auch

- Eine Studie zu *k*-nächsten-Nachbarn als Imputationsmethode (*http://bit.ly/2HS9sAT*)

KAPITEL 5

Kategorische Daten behandeln

5.0 Einführung

Oftmals ist es zweckmäßig, Objekte nicht quantitativ, sondern in Form einer Qualität zu messen. Diese qualitative Information stellen wir häufig als Zugehörigkeit einer Beobachtung in einer diskreten Kategorie wie Geschlecht, Farbe oder Automarke dar. Allerdings sind nicht alle kategorischen Daten gleich. Gruppen von Kategorien ohne innere Ordnung nennt man *nominal*. Beispiele für nominale Kategorien sind:

- Blau, Rot, Grün
- Mann, Frau
- Bananen, Erdbeeren, Äpfel

Dagegen bezeichnet man eine Gruppe von Kategorien als *ordinal*, wenn eine gewisse natürliche Ordnung vorhanden ist, zum Beispiel:

- niedrig, mittel, hoch
- jung, alt
- zustimmend, neutral, ablehnend

Darüber hinaus werden kategorische Informationen oftmals in Daten als Vektor oder Spalte von Strings dargestellt (z.B. `"Maine"`, `"Texas"`, `"Delaware"`). Das Problem dabei ist, dass die meisten Algorithmen für maschinelles Lernen numerische Werte als Eingabe voraussetzen.

Der *k*-nächste-Nachbarn-Algorithmus liefert ein einfaches Beispiel. Ein Schritt im Algorithmus berechnet die Abstände zwischen Beobachtungen – oftmals nach dem euklidischen Abstand:

$$\sqrt{\sum_{i=1}^{n}(x_i - y_i)^2}$$

Hierin sind x und y zwei Beobachtungen, und der Index i bezeichnet den Wert für das i-te Merkmal der Beobachtung. Allerdings ist die Abstandsberechnung offenbar unmöglich, wenn der Wert von x_i ein String ist (z.B. "Texas"). Stattdessen müssen wir den String in ein numerisches Format konvertieren, damit sich der Wert als Eingabe für die euklidische Abstandsgleichung eignet. Die Transformation soll dabei in geeigneter Weise die Informationen in den Kategorien vermitteln (Ordinalität, relative Intervalle zwischen Kategorien usw.). Dieses Kapitel beschreibt Techniken, die diese Transformation realisieren und auch die Schwierigkeiten aus dem Weg räumen, die oftmals bei der Behandlung kategorischer Daten auftreten.

5.1 Nominale kategorische Merkmale codieren

Problem

Sie haben ein Merkmal mit nominalen Klassen, das keine innere Ordnung besitzt (z.B. Apfel, Birne, Banane).

Lösung

Codieren Sie das Merkmal mit dem LabelBinarizer der Bibliothek scikit-learn in Form eines 1-aus-n-Codes (auch *One-Hot-Codierung* genannt):

```
# Bibliotheken importieren
import numpy as np
from sklearn.preprocessing import LabelBinarizer, MultiLabelBinarizer

# Merkmal erzeugen
feature = np.array([["Texas"],
                    ["California"],
                    ["Texas"],
                    ["Delaware"],
                    ["Texas"]])

# One-Hot-Codierer erzeugen
one_hot = LabelBinarizer()

# Merkmal 1 aus n codieren
one_hot.fit_transform(feature)

array([[0, 0, 1],
       [1, 0, 0],
       [0, 0, 1],
       [0, 1, 0],
       [0, 0, 1]])
```

Mit der Methode classes_ können wir die Klassen ausgeben:

```
# Merkmalsklassen anzeigen
one_hot.classes_

array(['California', 'Delaware', 'Texas'],
      dtype='<U10')
```

Die 1-aus-n-Codierung lässt sich auch umkehren, und zwar mit der Methode inverse_transform:

```
# 1-aus-n-Codierung umkehren
one_hot.inverse_transform(one_hot.transform(feature))
```

```
array(['Texas', 'California', 'Texas', 'Delaware', 'Texas'],
      dtype='<U10')
```

Wir können sogar pandas verwenden, um das Merkmal 1 aus n zu codieren:

```
# Bibliothek importieren
import pandas as pd

# Dummy-Variablen vom Merkmal erzeugen
pd.get_dummies(feature[:,0])
```

	California	Delaware	Texas
0	0.0	0.0	1.0
1	1.0	0.0	0.0
2	0.0	0.0	1.0
3	0.0	1.0	0.0
4	0.0	0.0	1.0

Es ist hilfreich, dass die Bibliothek scikit-learn Situationen beherrscht, in denen jede Beobachtung mehrere Klassen auflistet:

```
# Merkmal mit mehreren Klassen erzeugen
multiclass_feature = [("Texas", "Florida"),
                      ("California", "Alabama"),
                      ("Texas", "Florida"),
                      ("Delaware", "Florida"),
                      ("Texas", "Alabama")]

# Einen One-Hot-Codierer für mehrere Klassen erstellen
one_hot_multiclass = MultiLabelBinarizer()

# Mehrklassiges Merkmal One-Hot-codieren
one_hot_multiclass.fit_transform(multiclass_feature)
```

```
array([[0, 0, 0, 1, 1],
       [1, 1, 0, 0, 0],
       [0, 0, 0, 1, 1],
       [0, 0, 1, 1, 0],
       [1, 0, 0, 0, 1]])
```

Auch hier können wir die Klassen mit der Methode classes_ anzeigen:

```
# Klassen anzeigen
one_hot_multiclass.classes_
```

```
array(['Alabama', 'California', 'Delaware', 'Florida', 'Texas'], dtype=object)
```

Diskussion

Man könnte annehmen, dass die richtige Strategie darin besteht, jeder Klasse einen numerischen Wert zuzuweisen (z.B. `Texas = 1`, `California = 2`). Wenn aber die Klassen keine innere Ordnung aufweisen (zum Beispiel ist `Texas` nicht »kleiner als« `California`), schaffen die numerischen Werte fälschlicherweise eine Ordnung, die gar nicht vorhanden ist.

Die richtige Strategie erzeugt ein binäres Merkmal für jede Klasse im ursprünglichen Merkmal. Dies wird auch als *1-aus-n-Codierung* oder *One-Hot-Codierung* (in der Literatur zum maschinellen Lernen) oder als *Dummying* (in der Statistik- und Forschungsliteratur) bezeichnet. Das Merkmal in unserer Lösung ist ein Vektor, der drei Klassen enthält (d.h. `Texas`, `California` und `Delaware`). In der One-Hot-Codierung wird jede Klasse zu ihrem eigenen Merkmal mit Einsen, wenn die Klasse erscheint, und andernfalls mit Nullen. Da unser Merkmal drei Klassen umfasst, hat die One-Hot-Codierung drei binäre Merkmale zurückgegeben (eines für jede Klasse). Per One-Hot-Codierung können wir die Zugehörigkeit einer Beobachtung zu einer Klasse erfassen und gleichzeitig das Prinzip bewahren, dass der Klasse jegliche Hierarchie fehlt.

Schließlich sei auf die Empfehlung hingewiesen, dass man nach der One-Hot-Codierung eines Merkmals eines der One-Hot-codierten Merkmale in der Ergebnismatrix löscht, um eine lineare Abhängigkeit zu vermeiden.

Siehe auch

- Dummy Variable Trap, Algosome (*http://bit.ly/2FvVJkC*)
- Bei One-Hot-Codierung eine der Spalten löschen, CrossValidated (*http://bit.ly/2FwrxG0*)

5.2 Ordinale kategorische Merkmale codieren

Problem

Sie haben ein ordinales kategorisches Merkmal (z.B. hoch, mittel, niedrig).

Lösung

Verwenden Sie die DataFrame-Methode `replace` von `pandas`, um String-Bezeichner in numerische Äquivalente zu transformieren:

```
# Bibliothek laden
import pandas as pd

# Merkmale erzeugen
dataframe = pd.DataFrame({"Score": ["Low", "Low", "Medium", "Medium", "High"]})
```

```
# Mapper erzeugen
scale_mapper = {"Low":1,
                "Medium":2,
                "High":3}

# Merkmalswerte durch Skala ersetzen
dataframe["Score"].replace(scale_mapper)
```

```
0    1
1    1
2    2
3    2
4    3
Name: Score, dtype: int64
```

Diskussion

Oftmals weist ein Merkmal Klassen auf, die eine Art natürliche Ordnung besitzen. Ein berühmtes Beispiel ist die *Likert-Skala*:

- Starke Zustimmung
- Zustimmung
- Neutral
- Ablehnung
- Starke Ablehnung

Wenn Sie das Merkmal codieren, um es im maschinellen Lernen zu verwenden, müssen Sie die ordinalen Klassen in numerische Werte transformieren, die das Ordnungsprinzip beibehalten. Meistens erzeugt man dazu ein Wörterbuch, das die String-Bezeichnung der Klasse einer Zahl zuordnet, und wendet dann diese Zuordnung auf das Merkmal an.

Es ist wichtig, dass unsere Auswahl der numerischen Werte auf unseren vorab gewonnenen Informationen über die ordinalen Klassen basiert. In unserer Lösung ist `high` buchstäblich dreimal größer als `low`. Das funktioniert in den meisten Fällen, allerdings nicht unbedingt, wenn die angenommenen Intervalle zwischen den Klassen ungleich groß sind:

```
dataframe = pd.DataFrame({"Score": ["Low",
                                    "Low",
                                    "Medium",
                                    "Medium",
                                    "High",
                                    "Barely More Than Medium"]})

scale_mapper = {"Low":1,
                "Medium":2,
                "Barely More Than Medium": 3,
                "High":4}
```

```
dataframe["Score"].replace(scale_mapper)

0    1
1    1
2    2
3    2
4    4
5    3
Name: Score, dtype: int64
```

In diesem Beispiel ist der Abstand zwischen `Low` und `Medium` gleich dem Abstand zwischen `Medium` und `Barely More Than Medium`, was ziemlich sicher nicht korrekt ist. Am besten ist es, sich die numerischen Werte klarzumachen, die den Klassen zugeordnet werden:

```
scale_mapper = {"Low":1,
                "Medium":2,
                "Barely More Than Medium": 2.1,
                "High":3}

dataframe["Score"].replace(scale_mapper)

0    1.0
1    1.0
2    2.0
3    2.0
4    3.0
5    2.1
Name: Score, dtype: float64
```

5.3 Wörterbücher von Merkmalen codieren

Problem

Sie verfügen über ein Wörterbuch und möchten es in eine Merkmalsmatrix konvertieren.

Lösung

Verwenden Sie `DictVectorizer`:

```
# Bibliothek importieren
from sklearn.feature_extraction import DictVectorizer

# Wörterbuch erzeugen
data_dict = [{"Red": 2, "Blue": 4},
             {"Red": 4, "Blue": 3},
             {"Red": 1, "Yellow": 2},
             {"Red": 2, "Yellow": 2}]

# Wörterbuch-Vektorisierer erstellen
dictvectorizer = DictVectorizer(sparse=False)
```

```
# Wörterbuch in Merkmalsmatrix konvertieren
features = dictvectorizer.fit_transform(data_dict)

# Merkmalsmatrix anzeigen
features
```

```
array([[ 4.,  2.,  0.],
       [ 3.,  4.,  0.],
       [ 0.,  1.,  2.],
       [ 0.,  2.,  2.]])
```

Standardmäßig gibt `DictVectorizer` eine dünn besetzte Matrix aus, die nur Elemente mit einem Wert ungleich 0 speichert. Das kann sehr hilfreich sein, wenn wir es mit massiven Matrizen zu tun haben (wie es oftmals bei der Verarbeitung natürlicher Sprache der Fall ist) und den Speicherbedarf minimieren möchten. Mit `sparse=False` können wir `DictVectorizer` dazu zwingen, eine dichte Matrix auszugeben.

Die Namen jedes generierten Merkmals lassen sich mit der Methode `get_feature_names` abrufen:

```
# Merkmalsnamen abrufen
feature_names = dictvectorizer.get_feature_names()

# Merkmalsnamen anzeigen
feature_names
```

```
['Blue', 'Red', 'Yellow']
```

Es ist zwar nicht notwendig, doch zur Veranschaulichung erzeugen wir einen pandas-DataFrame, um die Ausgabe besser darzustellen:

```
# Bibliothek importieren
import pandas as pd

# DataFrame aus Merkmalen erzeugen
pd.DataFrame(features, columns=feature_names)
```

	Blue	Red	Yellow
0	4.0	2.0	0.0
1	3.0	4.0	0.0
2	0.0	1.0	2.0
3	0.0	2.0	2.0

Diskussion

Ein Wörterbuch (Dictionary) ist eine beliebte Datenstruktur, die in vielen Programmiersprachen gebräuchlich ist; Algorithmen für maschinelles Lernen erwarten jedoch die Daten in Form einer Matrix. Dies lässt sich mit `dictvectorizer` der Bibliothek `scikit-learn` bewerkstelligen.

Diese Situation ist bei der Verarbeitung natürlicher Sprache häufig gegeben. Stellen Sie sich zum Beispiel eine Sammlung von Dokumenten vor, wobei für jedes Dokument ein Wörterbuch existiert mit der Angabe, wie oft jedes Wort im Dokument erscheint. Mit `dictvectorizer` können wir leicht eine Merkmalsmatrix erstellen, in der jedes Merkmal die Häufigkeit für ein Wort in jedem Dokument angibt:

```
# Wörterbücher zum Zählen von Wörtern für vier Dokumente erstellen
doc_1_word_count = {"Red": 2, "Blue": 4}
doc_2_word_count = {"Red": 4, "Blue": 3}
doc_3_word_count = {"Red": 1, "Yellow": 2}
doc_4_word_count = {"Red": 2, "Yellow": 2}

# Liste erstellen
doc_word_counts = [doc_1_word_count,
                   doc_2_word_count,
                   doc_3_word_count,
                   doc_4_word_count]

# Liste der Wörterbücher zum Wörterzählen in Merkmalsmatrix konvertieren
dictvectorizer.fit_transform(doc_word_counts)

array([[ 4.,  2.,  0.],
       [ 3.,  4.,  0.],
       [ 0.,  1.,  2.],
       [ 0.,  2.,  2.]])
```

In unserem Minibeispiel gibt es lediglich drei eindeutige Wörter (`Red`, `Yellow`, `Blue`), sodass die Matrix nur drei Merkmale umfasst. Wie Sie sich aber leicht vorstellen können, würde die Merkmalsmatrix sehr groß werden, wenn jedes Dokument tatsächlich ein Buch in einer Universitätsbibliothek wäre (und dann würde man auch `spare` auf `True` setzen).

Siehe auch

- Wie man Wörterbücher in Python verwendet (*http://bit.ly/2HReoWz*)
- SciPy Sparse Matrices (*http://bit.ly/2HReBZR*)

5.4 Fehlende Klassenwerte imputieren

Problem

In einem kategorischen Merkmal möchten Sie fehlende Werte durch vorhergesagte Werte ersetzen.

Lösung

Die ideale Lösung besteht darin, einen Klassifizierungsalgorithmus für maschinelles Lernen zu trainieren, um die fehlenden Werte vorherzusagen, gewöhnlich einen *k*-nächste-Nachbarn-(KNN-)Klassifikator:

```
# Bibliotheken laden
import numpy as np
from sklearn.neighbors import KNeighborsClassifier

# Merkmalsmatrix mit kategorischem Merkmal erstellen
X = np.array([[0, 2.10, 1.45],
              [1, 1.18, 1.33],
              [0, 1.22, 1.27],
              [1, -0.21, -1.19]])

# Merkmalsmatrix mit den Werten erstellen, die im kategorischen Merkmal fehlen
X_with_nan = np.array([[np.nan, 0.87, 1.31],
                       [np.nan, -0.67, -0.22]])

# KNN-Lerner trainieren
clf = KNeighborsClassifier(3, weights='distance')
trained_model = clf.fit(X[:,1:], X[:,0])

# Klasse der fehlenden Werte vorhersagen
imputed_values = trained_model.predict(X_with_nan[:,1:])

# Spalte der vorhergesagten Klasse mit ihren anderen Merkmalen verknüpfen
X_with_imputed = np.hstack((imputed_values.reshape(-1,1), X_with_nan[:,1:]))

# Die beiden Merkmalsmatrizen verknüpfen
np.vstack((X_with_imputed, X))

array([[ 0.  ,  0.87,  1.31],
       [ 1.  , -0.67, -0.22],
       [ 0.  ,  2.1 ,  1.45],
       [ 1.  ,  1.18,  1.33],
       [ 0.  ,  1.22,  1.27],
       [ 1.  , -0.21, -1.19]])
```

Als alternative Lösung kann man die fehlenden Werte mit dem am häufigsten vorkommenden Wert des Merkmals auffüllen:

```
from sklearn.preprocessing import Imputer

# Die beiden Merkmalsmatrizen verknüpfen
X_complete = np.vstack((X_with_nan, X))

imputer = Imputer(strategy='most_frequent', axis=0)

imputer.fit_transform(X_complete)

array([[ 0.  ,  0.87,  1.31],
       [ 0.  , -0.67, -0.22],
       [ 0.  ,  2.1 ,  1.45],
       [ 1.  ,  1.18,  1.33],
       [ 0.  ,  1.22,  1.27],
       [ 1.  , -0.21, -1.19]])
```

Diskussion

Wenn es in einem kategorischen Merkmal fehlende Werte gibt, öffnen wir am besten unseren Werkzeugkasten mit Algorithmen für maschinelles Lernen, um die Werte der fehlenden Beobachtungen vorherzusagen. Hierzu behandeln wir das Merkmal mit den fehlenden Werten als Zielvektor und die anderen Merkmale als die Merkmalsmatrix. Ein häufig verwendeter Algorithmus ist KNN (Details dazu später in diesem Buch), der dem fehlenden Wert die Median-Klasse der *k* nächsten Beobachtungen zuweist.

Alternativ können wir fehlende Werte mit der häufigsten Klasse des Merkmals füllen. Dieser Algorithmus ist zwar weniger anspruchsvoll als KNN, aber besser skalierbar auf größere Stichproben. In jedem Fall empfiehlt es sich, ein binäres Merkmal einzubinden, das anzeigt, welche Beobachtungen imputierte Werte enthalten.

Siehe auch

- Overcoming Missing Values in a Random Forest Classifier (*http://bit.ly/2HSsNBF*)
- A Study of K-Nearest Neighbour as an Imputation Method (*http://bit.ly/2HS9sAT*)

5.5 Umgang mit unausgewogenen Klassen

Problem

Sie haben einen Zielvektor mit stark unausgewogenen Klassen.

Lösung

Sammeln Sie mehr Daten. Ist das nicht möglich, ändern Sie die Metriken, mit denen Sie Ihr Modell bewerten. Funktioniert das nicht, kommen die in ein Modell integrierten Klassengewichtsparameter (falls vorhanden) Downsampling oder Upsampling infrage.

Um unsere Lösungen zu demonstrieren, müssen wir einige Daten mit unausgewogenen Klassen erzeugen. Der Iris-Datensatz von Fisher enthält drei ausgewogene Klassen mit 50 Beobachtungen, die drei Arten von Schwertlilien kennzeichnen (*Iris setosa*, *Iris virginica* und *Iris versicolor*). Um die Stichprobe unausgewogen zu machen, entfernen wir 40 der 50 Beobachtungen von *Iris setosa* und führen dann die Klassen *Iris virginica* und *Iris versicolor* zusammen. Es entsteht ein binärer Zielvektor, der anzeigt, ob eine Beobachtung eine *Iris setosa* ist oder nicht. Das Ergebnis sind 10 Beobachtungen von *Iris setosa* (Klasse 0) und 100 Beobachtungen, die keine *Iris setosa* darstellen (Klasse 1):

```
# Bibliotheken laden
import numpy as np
from sklearn.ensemble import RandomForestClassifier
from sklearn.datasets import load_iris

# Iris-Daten laden
iris = load_iris()

# Merkmalsmatrix erstellen
features = iris.data

# Zielvektor erzeugen
target = iris.target

# Die ersten 40 Beobachtungen entfernen
features = features[40:,:]
target = target[40:]

# Binären Zielvektor erzeugen, der anzeigt, ob Klasse 0
target = np.where((target == 0), 0, 1)

# Den unausgewogenen Zielvektor anzeigen
target
```

```
array([0, 0, 0, 0, 0, 0, 0, 0, 0, 0, 1, 1, 1, 1, 1, 1, 1, 1, 1, 1, 1, 1, 1,
       1, 1, 1, 1, 1, 1, 1, 1, 1, 1, 1, 1, 1, 1, 1, 1, 1, 1, 1, 1, 1, 1, 1,
       1, 1, 1, 1, 1, 1, 1, 1, 1, 1, 1, 1, 1, 1, 1, 1, 1, 1, 1, 1, 1, 1, 1,
       1, 1, 1, 1, 1, 1, 1, 1, 1, 1, 1, 1, 1, 1, 1, 1, 1, 1, 1, 1, 1, 1, 1,
       1, 1, 1, 1, 1, 1, 1, 1, 1, 1, 1, 1, 1, 1, 1, 1, 1, 1])
```

Viele Algorithmen in `scikit-learn` bieten einen Parameter, über den sich Klassen während des Trainings gewichten lassen, um ihrer Unausgewogenheit entgegenzuwirken. Der (noch nicht besprochene) `RandomForestClassifier` ist ein bekannter Klassifizierungsalgorithmus, der einen Parameter `class_weight` beinhaltet. So können Sie ein Argument übergeben, das die gewünschten Klassengewichte explizit festlegt:

```
# Gewichte erzeugen
weights = {0: .9, 1: 0.1}

# Random-Forest-Klassifikator mit Gewichten erzeugen
RandomForestClassifier(class_weight=weights)
```

```
RandomForestClassifier(bootstrap=True, class_weight={0: 0.9, 1: 0.1},
            criterion='gini', max_depth=None, max_features='auto',
            max_leaf_nodes=None, min_impurity_decrease=0.0,
            min_impurity_split=None, min_samples_leaf=1,
            min_samples_split=2, min_weight_fraction_leaf=0.0,
            n_estimators=10, n_jobs=1, oob_score=False, random_state=None,
            verbose=0, warm_start=False)
```

Wenn Sie balanced übergeben, werden die Gewichte automatisch umgekehrt zu Klassenhäufigkeiten erzeugt:

```
# Einen Random Forest mit ausgewogenen Klassengewichten trainieren
RandomForestClassifier(class_weight="balanced")

RandomForestClassifier(bootstrap=True, class_weight='balanced',
            criterion='gini', max_depth=None, max_features='auto',
            max_leaf_nodes=None, min_impurity_decrease=0.0,
            min_impurity_split=None, min_samples_leaf=1,
            min_samples_split=2, min_weight_fraction_leaf=0.0,
            n_estimators=10, n_jobs=1, oob_score=False, random_state=None,
            verbose=0, warm_start=False)
```

Alternativ können wir die Anzahl der Intervalle in der Mehrheitsklasse verringern (Downsampling) oder in der Minderheitsklasse erhöhen (Upsampling). Beim Downsampling entnehmen wir zufällige Stichproben ohne Zurücklegen aus der Mehrheitsklasse (d.h. der Klasse mit mehr Beobachtungen), um eine neue Teilmenge der Beobachtungen zu erzeugen, die genauso groß ist wie die Minderheitsklasse. Umfasst zum Beispiel die Minderheitsklasse 10 Beobachtungen, wählen wir zufällig 10 Beobachtungen aus der Mehrheitsklasse aus und verwenden diese 20 Beobachtungen als unsere Daten. Im folgenden Code geschieht genau das unter Verwendung unserer unausgewogenen Iris-Daten:

```
# Indizes der Beobachtungen jeder Klasse
i_class0 = np.where(target == 0)[0]
i_class1 = np.where(target == 1)[0]

# Anzahl der Beobachtungen in jeder Klasse
n_class0 = len(i_class0)
n_class1 = len(i_class1)

# Für jede Beobachtung der Klasse 0 zufällige Probe
# aus Klasse 1 entnehmen, ohne sie zu ersetzen
i_class1_downsampled = np.random.choice(i_class1, size=n_class0, replace=False)

# Zielvektor von Klasse 0 mit dem downgesampelten Zielvektor
# der Klasse 1 verknüpfen
np.hstack((target[i_class0], target[i_class1_downsampled]))

array([0, 0, 0, 0, 0, 0, 0, 0, 0, 0, 1, 1, 1, 1, 1, 1, 1, 1, 1, 1])

# Die Merkmalsmatrix der Klasse 0 mit der Merkmalsmatrix
# der downgesampelten Klasse 1 verknüpfen
np.vstack((features[i_class0,:], features[i_class1_downsampled,:]))[0:5]

array([[ 5. ,  3.5,  1.3,  0.3],
       [ 4.5,  2.3,  1.3,  0.3],
       [ 4.4,  3.2,  1.3,  0.2],
       [ 5. ,  3.5,  1.6,  0.6],
       [ 5.1,  3.8,  1.9,  0.4]])
```

Unsere andere Option ist das Upsampling der Minderheitsklasse. Beim Upsampling wählen wir für jede Beobachtung in der Mehrheitsklasse zufällig eine Beobachtung aus der Minderheitsklasse mit Zurücklegen aus. Das Ergebnis ist die gleiche Anzahl von Beobachtungen aus den Minderheits- und Mehrheitsklassen. Upsampling wird fast wie Downsampling implementiert, nur umgekehrt:

```
# Für jede Beobachtung in Klasse 1 zufällig eine Probe aus Klasse 0 auswählen und
# zurücklegen
i_class0_upsampled = np.random.choice(i_class0, size=n_class1, replace=True)

# Den upgesampelten Zielvektor der Klasse 0 mit dem Zielvektor von Klasse 1
# verknüpfen
np.concatenate((target[i_class0_upsampled], target[i_class1]))

array([0, 0, 0, 0, 0, 0, 0, 0, 0, 0, 0, 0, 0, 0, 0, 0, 0, 0, 0, 0, 0, 0, 0,
       0, 0, 0, 0, 0, 0, 0, 0, 0, 0, 0, 0, 0, 0, 0, 0, 0, 0, 0, 0, 0, 0, 0,
       0, 0, 0, 0, 0, 0, 0, 0, 0, 0, 0, 0, 0, 0, 0, 0, 0, 0, 0, 0, 0, 0, 0,
       0, 0, 0, 0, 0, 0, 0, 0, 0, 0, 0, 0, 0, 0, 0, 0, 0, 0, 0, 0, 0, 0, 0,
       0, 0, 0, 0, 0, 0, 0, 0, 1, 1, 1, 1, 1, 1, 1, 1, 1, 1, 1, 1, 1, 1, 1,
       1, 1, 1, 1, 1, 1, 1, 1, 1, 1, 1, 1, 1, 1, 1, 1, 1, 1, 1, 1, 1, 1, 1,
       1, 1, 1, 1, 1, 1, 1, 1, 1, 1, 1, 1, 1, 1, 1, 1, 1, 1, 1, 1, 1, 1, 1,
       1, 1, 1, 1, 1, 1, 1, 1, 1, 1, 1, 1, 1, 1, 1, 1, 1, 1, 1, 1, 1, 1, 1,
       1, 1, 1, 1, 1, 1, 1, 1, 1, 1, 1, 1, 1, 1, 1, 1])

# Die upgesampelte Merkmalsmatrix von Klasse 0 mit der Merkmalsmatrix der Klasse 1
# verknüpfen
np.vstack((features[i_class0_upsampled,:], features[i_class1,:]))[0:5]

array([[ 5. ,  3.5,  1.6,  0.6],
       [ 5. ,  3.5,  1.6,  0.6],
       [ 5. ,  3.3,  1.4,  0.2],
       [ 4.5,  2.3,  1.3,  0.3],
       [ 4.8,  3. ,  1.4,  0.3]])
```

Diskussion

In der realen Welt sind unausgewogene Klassen allgegenwärtig – die meisten Besucher klicken nicht auf die *Kaufen*-Schaltfläche, und viele Arten von Krebs sind glücklicherweise selten. Deshalb ist der Umgang mit unausgewogenen Klassen Alltag im maschinellen Lernen.

Unsere beste Strategie besteht einfach darin, mehr Beobachtungen zu sammeln – insbesondere Beobachtungen aus der Minderheitsklasse. Allerdings ist dies oftmals nicht möglich, sodass wir uns anderen Optionen zuwenden müssen.

Eine zweite Strategie verwendet eine Modellauswertungsmetrik, die für unausgewogene Klassen besser geeignet ist. Oftmals wird Genauigkeit als Metrik für die Leistung eines Modells herangezogen, doch wenn unausgewogene Klassen vorhanden sind, ist Genauigkeit möglicherweise schlecht geeignet. Wenn zum Beispiel nur 0,5 % der Beobachtungen einen seltenen Krebsfall zeigen, wird selbst ein naives

Modell, das »niemand hat Krebs« vorhersagt, zu 99,5 % genau sein. Zweifellos ist das nicht ideal. Einige bessere Metriken, auf die wir in späteren Kapiteln eingehen, sind Konfusionsmatrizen (Wahrheitsmatrizen), Genauigkeit, Trefferquote, F1-Maße und ROC-Kurven.

Bei einer dritten Strategie verwendet man die Klassengewichtsparameter, die in den Implementierungen mancher Modelle enthalten sind. Damit ist es möglich, den Algorithmus für unausgewogene Klassen anpassen zu lassen. Erfreulicherweise haben viele `scikit-learn`-Klassifikator einen Parameter `class_weight`, was diese Strategie zu einer guten Alternative macht.

Die Strategien vier und fünf sind verwandt: Downsampling und Upsampling. Beim Downsampling erzeugen wir eine zufällige Teilmenge der Mehrheitsklasse von gleicher Größe wie die Minderheitsklasse. Beim Upsampling entnehmen wir wiederholt Proben aus der Minderheitsklasse mit Zurücklegen, um sie genauso groß wie die Mehrheitsklasse zu machen. Die Entscheidung zwischen Downsampling und Upsampling ist kontextspezifisch, und im Allgemeinen sollten wir beide Strategien ausprobieren und feststellen, welche die besseren Ergebnisse liefert.

KAPITEL 6

Text verarbeiten

6.0 Einführung

Unstrukturierte Textdaten, wie zum Beispiel der Inhalt eines Buchs oder eines Tweets, gehören sowohl zu den interessantesten Quellen für Merkmale als auch zu den komplexesten im Umgang. Dieses Kapitel beschreibt Strategien, um Text in informationsreiche Merkmale zu überführen. Das soll nicht heißen, dass die hier behandelten Rezepte alle Möglichkeiten umfassen. Es gibt ganze akademische Zweige, die sich auf den Umgang mit diesen und ähnlichen Datentypen konzentrieren – allein die Inhaltsverzeichnisse aller ihrer Techniken würden eine kleine Bibliothek füllen. Dennoch gibt es einige häufig eingesetzte Techniken, und wenn Sie wissen, wie Sie sie nutzen, bekommen Sie wertvolle Werkzeuge für die Vorverarbeitung.

6.1 Text bereinigen

Problem

Unstrukturierte Textdaten sollen grundlegend bereinigt werden.

Lösung

Die meisten Textbereinigungsoperationen sollten mit den Kernoperationen für Strings in Python auskommen, insbesondere mit `strip`, `replace` und `split`:

```
# Text erzeugen
text_data = ["   Interrobang. By Aishwarya Henriette     ",
             "Parking And Going. By Karl Gautier",
             "    Today Is The night. By Jarek Prakash   "]

# Whitespaces entfernen
strip_whitespace = [string.strip() for string in text_data]

# Text anzeigen
```

```
strip_whitespace

['Interrobang. By Aishwarya Henriette',
 'Parking And Going. By Karl Gautier',
 'Today Is The night. By Jarek Prakash']

# Punkte entfernen
remove_periods = [string.replace(".", "") for string in strip_whitespace]

# Text anzeigen
remove_periods

['Interrobang By Aishwarya Henriette',
 'Parking And Going By Karl Gautier',
 'Today Is The night By Jarek Prakash']
```

Es ist auch möglich, eine benutzerdefinierte Transformationsfunktion zu erstellen und anzuwenden:

```
# Funktion erstellen
def capitalizer(string: str) -> str:
    return string.upper()

# Funktion anwenden
[capitalizer(string) for string in remove_periods]

['INTERROBANG BY AISHWARYA HENRIETTE',
 'PARKING AND GOING BY KARL GAUTIER',
 'TODAY IS THE NIGHT BY JAREK PRAKASH']
```

Schließlich können Sie mit regulären Ausdrücken leistungsfähige String-Operationen durchführen:

```
# Bibliothek importieren
import re

# Funktion erzeugen
def replace_letters_with_X(string: str) -> str:
    return re.sub(r"[a-zA-Z]", "X", string)

# Funktion anwenden
[replace_letters_with_X(string) for string in remove_periods]

['XXXXXXXXXXX XX XXXXXXXXX XXXXXXXXX',
 'XXXXXXX XXX XXXXX XX XXXX XXXXXXX',
 'XXXXX XX XXX XXXXX XX XXXXX XXXXXXX']
```

Diskussion

Die meisten Textdaten müssen Sie bereinigen, bevor Sie damit Merkmale aufbauen können. Die einfachste Textbereinigung lässt sich mit den Standardoperationen für Strings in Python bewerkstelligen. In der Praxis werden Sie aber höchstwahrscheinlich eine eigene Bereinigungsfunktion definieren (z.B. `capitalizer`), in der Sie Aufgaben der Bereinigung kombinieren, und diese auf die Textdaten anwenden.

Siehe auch

- Beginners Tutorial for Regular Expressions in Python (*http://bit.ly/2HTGZuu*)

6.2 HTML parsen und bereinigen

Problem

Aus Textdaten mit HTML-Elementen möchten Sie nur den Text extrahieren.

Lösung

Verwenden Sie die umfangreichen Optionen von Beautiful Soup, um HTML zu parsen und Text zu extrahieren:

```
# Bibliothek laden
from bs4 import BeautifulSoup

# Etwas HTML-Code generieren
html = """
       <div class='full_name'><span style='font-weight:bold'>
       Masego</span> Azra</div>"
       """

# HTML parsen
soup = BeautifulSoup(html, "lxml")

# Das div-Element mit der Klasse "full_name" suchen, Text anzeigen
soup.find("div", { "class" : "full_name" }).text

'Masego Azra'
```

Diskussion

Trotz des seltsamen Namens ist *Beautiful Soup* eine leistungsfähige Python-Bibliothek, die für das Scraping[1] von HTML konzipiert ist. In der Regel setzt man Beautiful Soup ein, um Text aus Webseiten auszulesen, doch wir können es genauso einfach einsetzen, um in HTML eingebettete Textdaten zu extrahieren. Die volle Palette der Beautiful-Soup-Operationen zu beschreiben, würde über den Rahmen dieses Buchs hinausgehen, doch selbst die wenigen Methoden, die in unserer Lösung vorkommen, zeigen, wie leicht sich HTML-Code parsen lässt, um die gewünschten Daten herauszuziehen.

Siehe auch

- Beautiful Soup (*http://bit.ly/2pwZcYs*)

1 Scraping – Text oder Daten mit einem Computerprogramm aus der Ausgabe eines anderen Programms extrahieren. (Anm. d. Übers.)

6.3 Satzzeichen entfernen

Problem

Aus einem Merkmal mit Textdaten möchten Sie die Satzzeichen entfernen.

Lösung

Definieren Sie eine Funktion, die `translate` mit einem Wörterbuch der Satzzeichen verwendet:

```
# Bibliotheken laden
import unicodedata
import sys

# Text erzeugen
text_data = ['Hi!!!! I. Love. This. Song....',
             '10000% Agree!!!! #LoveIT',
             'Right?!?!']

# Ein Wörterbuch mit Satzzeichen erstellen
punctuation = dict.fromkeys(i for i in range(sys.maxunicode)
                            if unicodedata.category(chr(i)).startswith('P'))

# Für jeden String alle Satzzeichen entfernen
[string.translate(punctuation) for string in text_data]

['Hi I Love This Song', '10000 Agree LoveIT', 'Right']
```

Diskussion

Die Python-Methode `translate` ist für ihre beeindruckende Geschwindigkeit berühmt. Der Code unserer Lösung erzeugt zuerst das Wörterbuch `punctuation` mit sämtlichen Satzzeichen, wobei der Unicode als Schlüssel dient und die Werte mit `None` initialisiert werden. Als Nächstes übersetzt der Code alle Zeichen des Strings, die in `punctuation` vorkommen, in `None` und entfernt sie damit praktisch. Es gibt einfachere Verfahren, Satzzeichen zu entfernen, doch hat diese etwas trickreiche Lösung den Vorteil, dass sie weitaus schneller ist als die Alternativen.

Seien Sie sich der Tatsache bewusst, dass Satzzeichen Informationen enthalten (z. B. »Richtig?« versus »Richtig!«). Oftmals ist es ein notwendiges Übel, Satzzeichen zu entfernen, um Merkmale zu erzeugen, doch wenn Satzzeichen wichtig sind, sollten Sie das unbedingt berücksichtigen.

6.4 Text in Tokens zerlegen

Problem

Text soll in einzelne Wörter zerlegt werden.

Lösung

Das *Natural Language Toolkit for Python* (NLTK) besitzt einen leistungsfähigen Satz an Operationen für die Textmanipulation, unter anderem auch zum Tokenisieren (Zerlegen) in einzelne Wörter:

```
# Bibliothek laden
from nltk.tokenize import word_tokenize

# Text erzeugen
string = "The science of today is the technology of tomorrow"

# Zerlegen in Wörter
word_tokenize(string)
```

```
['The', 'science', 'of', 'today', 'is', 'the', 'technology', 'of', 'tomorrow']
```

Ebenso ist das Zerlegen in Sätze möglich:

```
# Bibliothek laden
from nltk.tokenize import sent_tokenize

# Text erzeugen
string = "The science of today is the technology of tomorrow. Tomorrow is today."

# Zerlegen in Sätze
sent_tokenize(string)
```

```
['The science of today is the technology of tomorrow.', 'Tomorrow is today.']
```

Diskussion

Das Zerlegen in einzelne Elemente (Tokenization), insbesondere in Wörter, schließt sich häufig an die Bereinigung des Texts an, denn dies ist der erste Schritt, um den Text in Daten zu überführen, mit denen sich brauchbare Merkmale konstruieren lassen.

6.5 Stoppwörter entfernen

Problem

Aus den zerlegten Textdaten möchten Sie häufig genutzte Wörter, die nur einen geringen Informationswert besitzen, entfernen (z. B. *a*, *is*, *of*, *on* im Englischen oder *die*, *der*, *und*, *in*, *zu* im Deutschen).

Lösung

Verwenden Sie die Stoppwörter des NLTK:

```
# Bibliothek laden
from nltk.corpus import stopwords

# Den Satz der Stoppwörter müssen Sie beim ersten Mal herunterladen
# import nltk
nltk.download('stopwords')

# Wort-Tokens erzeugen
tokenized_words = ['i',
                   'am',
                   'going',
                   'to',
                   'go',
                   'to',
                   'the',
                   'store',
                   'and',
                   'park']

# Stoppwörter laden
stop_words = stopwords.words('english')

# Stoppwörter entfernen
[word for word in tokenized_words if word not in stop_words]

['going', 'go', 'store', 'park']
```

Diskussion

Obwohl man mit dem Begriff »Stoppwörter« gelegentlich alle Wörter meint, die vor der Verarbeitung zu entfernen sind, bezieht sich der Begriff meistens auf äußerst häufig gebrauchte Wörter, die an sich nur wenig Informationswert besitzen. Das NLTK bietet eine Liste gebräuchlicher Stoppwörter, die wir nutzen können, um Stoppwörter in unseren tokenisierten Wörtern zu suchen und zu entfernen:

```
# Stoppwörter anzeigen
stop_words[:5]

['i', 'me', 'my', 'myself', 'we']
```

Beachten Sie, dass für die Stoppwörter des NLTK angenommen wird, dass die tokenisierten Wörter durchgängig kleingeschrieben sind.

6.6 Stemming

Problem

Als Token vorliegende Wörter sollen auf ihre Stammformen reduziert werden. Diese Stammformreduktion wird in der linguistischen Informatik als *Stemming* bezeichnet.

Lösung

Verwenden Sie PorterStemmer des NLTK:

```
# Bibliothek laden
from nltk.stem.porter import PorterStemmer

# Wort-Tokens erzeugen
tokenized_words = ['i', 'am', 'humbled', 'by', 'this', 'traditional , 'meeting']

# Stemmer erzeugen
porter = PorterStemmer()

# Stemmer anwenden
[porter.stem(word) for word in tokenized_words]

['i', 'am', 'humbl', 'by', 'thi', 'tradit', 'meet']
```

Diskussion

Stemming reduziert ein Wort auf seinen Stamm. Der Algorithmus erkennt und entfernt Affixe (zum Beispiel Gerundien), bewahrt dabei aber die Bedeutung des Wortstamms. So haben sowohl »tradition« als auch »traditional« das Morphem »tradit« als Stamm, was darauf hinweist, dass die Wörter zwar verschieden sind, aber das gleiche allgemeine Konzept verkörpern. Indem wir die Wörter in unseren Textdaten auf die Stämme reduzieren, transformieren wir sie in eine etwas weniger verständliche Form, die aber näher an der grundlegenden Bedeutung ist und sich somit für Vergleiche über Beobachtungen hinweg besser eignet. Die Methode PorterStemmer des NLTK implementiert den weithin verwendeten *Porter-Stemmer-Algorithmus*, um häufige Suffixe zu entfernen oder zu ersetzen und so den Wortstamm zu erzeugen.

Siehe auch

- Porter-Stemmer-Algorithmus (*http://bit.ly/2FB5ZZb*)

6.7 Wortarten markieren

Problem

In Ihren Textdaten möchten Sie jedes Wort oder Zeichen mit der zugehörigen Wortart markieren (engl. *Part-of-Speech-Tagging*).

Lösung

Verwenden Sie den vorab trainierten Parts-of-Speech-Tagger des NLTK:

```
# Bibliotheken laden
from nltk import pos_tag
from nltk import word_tokenize

# Text erzeugen
text_data = "Chris loved outdoor running"

# Den vorab trainierten Part-of-Speech-Tagger verwenden
text_tagged = pos_tag(word_tokenize(text_data))

# Wortarten anzeigen
text_tagged
```

```
[('Chris', 'NNP'), ('loved', 'VBD'), ('outdoor', 'RP'), ('running', 'VBG')]
```

Die Ausgabe ist eine Liste von Tupeln, die aus dem Wort und dem Tag für die Wortart bestehen. Das NLTK verwendet die Wortarten der Penn Treebank. Die folgende Tabelle zeigt einige Beispiele für die Tags der Penn Treebank.

Tag	Wortart
NNP	Eigenname, Singular
NN	Nomen, Singular oder Plural
RB	Adverb
VBD	Verb, Imperfekt
VBG	Verb, Gerundium oder Präsenspartizip
JJ	Adjektiv
PRP	Personalpronomen

Ist der Text markiert, können wir anhand der Tags bestimmte Wortarten suchen. Zum Beispiel zeigt der folgende Code alle Nomen:

```
# Wörter filtern
[word for word, tag in text_tagged if tag in ['NN','NNS','NNP','NNPS'] ]
```

```
['Chris']
```

In einer realistischeren Situation verfügen wir über Daten mit Beobachtungen, die jeweils einen Tweet enthalten, und möchten diese Sätze in Merkmale für einzelne Wortarten konvertieren (z.B. ein Merkmal mit `1`, wenn ein Eigenname vorhanden ist, und andernfalls `0`):

```
# Text erzeugen
tweets = ["I am eating a burrito for breakfast",
          "Political science is an amazing field",
          "San Francisco is an awesome city"]

# Liste erstellen
tagged_tweets = []
```

```
# Jedes Wort und jeden Tweet markieren
for tweet in tweets:
    tweet_tag = nltk.pos_tag(word_tokenize(tweet))
    tagged_tweets.append([tag for word, tag in tweet_tag])

# Per One-Hot-Codierung die Tags in Merkmale konvertieren
one_hot_multi = MultiLabelBinarizer()
one_hot_multi.fit_transform(tagged_tweets)

array([[1, 1, 0, 1, 0, 1, 1, 1, 0],
       [1, 0, 1, 1, 0, 0, 0, 0, 1],
       [1, 0, 1, 1, 1, 0, 0, 0, 1]])
```

Mit der Methode `classes_` lässt sich zeigen, dass jedes Merkmal ein Wortart-Tag ist:

```
# Merkmalsnamen anzeigen
one_hot_multi.classes_

array(['DT', 'IN', 'JJ', 'NN', 'NNP', 'PRP', 'VBG', 'VBP', 'VBZ'], dtype=object)
```

Diskussion

Handelt es sich um normalen (englischen) Text und kein spezialisiertes Thema (wie zum Beispiel Medizin), ist es am einfachsten, den vorab trainierten Parts-of-Speech-Tagger des NLTK zu verwenden. Wenn aber `pos_tag` keine genauen Ergebnisse liefert, bietet uns das NLTK die Möglichkeit, einen eigenen Tagger zu trainieren. Allerdings hat das Trainieren eines Taggers den großen Nachteil, dass ein umfangreicher Textkorpus erforderlich ist, bei dem die Tags aller Wörter bekannt sind. Es ist offensichtlich sehr arbeitsintensiv, diesen getaggten Korpus zu erstellen, und wahrscheinlich der letzte Ausweg.

Nehmen wir einmal an, wir haben einen getaggten Korpus und wollen einen Tagger trainieren. Das folgende Beispiel zeigt, wie sich das bewerkstelligen lässt. Wir stützen uns auf den Brown Corpus, eine der beliebtesten Quellen für getaggten Text. Hier verwenden wir einen Backoff-*N*-Gramm-Tagger, wobei *N* die Anzahl der vorherigen Wörter angibt, die wir bei der Vorhersage einer Wortart berücksichtigen. Zu Beginn betrachten wir die beiden vorherigen Wörter mittels `TrigramTagger`. Falls keine zwei Wörter vorhanden sind, »schalten wir zurück« (Backoff) und beziehen das vorherige Wort mittels `BigramTagger` ein. Und sollte schließlich auch das scheitern, sehen wir uns nur das Wort selbst mittels `UnigramTagger` an. Um die Genauigkeit unseres Taggers zu untersuchen, teilen wir die Textdaten in zwei Teile, trainieren den Tagger auf dem einen Teil und testen auf dem anderen, wie gut der Tagger die Tags vorhersagt:

```
# Bibliotheken laden
from nltk.corpus import brown
from nltk.tag import UnigramTagger
from nltk.tag import BigramTagger
from nltk.tag import TrigramTagger
```

```
# Etwas Text aus dem Brown Corpus abrufen, in Sätze aufgeteilt
sentences = brown.tagged_sents(categories='news')

# In 4.000 Sätze für das Training und 623 für das Testen aufteilen
train = sentences[:4000]
test = sentences[4000:]

# Backoff-Tagger erzeugen
unigram = UnigramTagger(train)
bigram = BigramTagger(train, backoff=unigram)
trigram = TrigramTagger(train, backoff=bigram)

# Genauigkeit anzeigen
trigram.evaluate(test)

0.8179229731754832
```

Siehe auch

- Penn Treebank (*http://bit.ly/2HROPo5*)
- Brown Corpus (*http://bit.ly/2FzgMTx*)

6.8 Text als Bag of Words codieren

Problem

Aus Ihren Textdaten möchten Sie einen Satz von Merkmalen erzeugen, die angeben, wie oft der Text einer Beobachtung ein bestimmtes Wort enthält.

Lösung

Verwenden Sie `CountVectorizer` von `scikit-learn`:

```
# Bibliothek laden
import numpy as np
from sklearn.feature_extraction.text import CountVectorizer

# Text erzeugen
text_data = np.array(['I love Brazil. Brazil!',
                      'Sweden is best',
                      'Germany beats both'])

# Die Bag-of-Words-Merkmalsmatrix erzeugen
count = CountVectorizer()
bag_of_words = count.fit_transform(text_data)

# Merkmalsmatrix anzeigen
bag_of_words

<3x8 sparse matrix of type '<class 'numpy.int64'>'
    with 8 stored elements in Compressed Sparse Row format>
```

Diese Ausgabe ist ein dünn besetztes Array, das bei großen Textmengen oftmals erforderlich ist. In unserem Minibeispiel können wir aber toarray verwenden, um eine Matrix für die Worthäufigkeiten für jede Beobachtung anzuzeigen:

```
bag_of_words.toarray()

array([[0, 0, 0, 2, 0, 0, 1, 0],
       [0, 1, 0, 0, 0, 1, 0, 1],
       [1, 0, 1, 0, 1, 0, 0, 0]], dtype=int64)
```

Mit der Methode vocabulary_ lässt sich das Wort anzeigen, das jedem Merkmal zugeordnet ist:

```
# Merkmalsnamen anzeigen
count.get_feature_names()

['beats', 'best', 'both', 'brazil', 'germany', 'is', 'love', 'sweden']
```

Die Merkmalsmatrix lässt sich übersichtlicher darstellen, wenn man die Wörter als Spaltennamen verwendet (jede Zeile ist eine Beobachtung):

beats	best	both	brazil	germany	is	love	sweden
0	0	0	2	0	0	1	0
0	1	0	0	0	1	0	1
1	0	1	0	1	0	0	0

Diskussion

Bei der Überführung von Text in Merkmale verwendet man in der Regel ein Bag-of-Words-Modell. Derartige Modelle geben für jedes eindeutige Wort in den Textdaten ein Merkmal aus, wobei jedes Merkmal mit einem Zähler angibt, wie oft das Wort in Beobachtungen vorkommt. So hat in unserer Lösung der Satz `I love Brazil. Brazil!` im Merkmal »brazil« den Wert 2, weil das Wort *brazil* zweimal erscheint.

Der Umfang der Textdaten in unserer Lösung ist bewusst gering gehalten. In der Praxis könnte eine einzelne Beobachtung von Textdaten den Inhalt eines ganzen Buchs ausmachen! Da unser Bag-of-Words-Modell ein Merkmal für jedes eindeutige Wort in den Daten erzeugt, kann die resultierende Matrix Tausende von Merkmalen enthalten. Das heißt, dass die Größe der Matrix manchmal sehr viel Hauptspeicher belegt. Glücklicherweise können wir jedoch eine allgemeine Eigenschaft von Bag-of-Words-Merkmalsmatrizen ausnutzen, um die Datenmenge zu reduzieren, die wir speichern müssen.

Im Großteil der Beobachtungen dürften die meisten Wörter ohnehin nicht auftreten, und deshalb werden Bag-of-Words-Merkmalsmatrizen überwiegend Nullen als Werte enthalten. Bei solchen Matrizen spricht man von »dünn besetzten« Matrizen. Anstatt alle Werte der Matrix zu speichern, können wir nur die Werte ungleich null speichern und für alle anderen Matrixelemente 0 annehmen. Das senkt den Speicherbedarf insbesondere bei großen Merkmalsmatrizen. Zu den komfortablen Eigenschaften von `CountVectorizer` gehört, dass die Ausgabe standardmäßig eine dünn besetzte Matrix ist.

Die Methode `CountVectorizer` übernimmt eine Reihe nützlicher Parameter, um das Erstellen von Bag-of-Words-Merkmalsmatrizen zu erleichtern. Erstens ist zwar jedes Merkmal standardmäßig ein Wort (Monogramm), doch das muss nicht unbedingt so sein. Stattdessen können wir jedes Merkmal als Kombination von zwei Wörtern (als sogenanntes *Bigramm*) oder sogar drei Wörtern (*Trigramm*) festlegen. Mit dem Parameter `ngram_range` legen Sie die minimale und maximale Größe der *N*-Gramme fest. Zum Beispiel gibt `(2, 3)` alle Bigramme und Trigramme zurück. Zweitens können wir Füllwörter, die nur einen geringen Informationsgehalt haben, leicht mithilfe von `stop_words` und entweder einer integrierten Liste oder einer benutzerdefinierten Liste entfernen. Schließlich ist es möglich, die zu berücksichtigenden Wörter oder Phrasen per `vocabulary` auf eine bestimmte Liste von Wörtern einzuschränken. So könnten wir eine Bag-of-Words-Merkmalsmatrix erstellen, die nur Vorkommen von Ländernamen berücksichtigt:

```
# Merkmalsmatrix mit Argumenten erstellen
count_2gram = CountVectorizer(ngram_range=(1,2),
                              stop_words="english",
                              vocabulary=['brazil'])

bag = count_2gram.fit_transform(text_data)

# Merkmalsmatrix anzeigen
bag.toarray()

array([[2],
       [0],
       [0]])

# Die Monogramme und Bigramme anzeigen
count_2gram.vocabulary_

{'brazil': 0}
```

Siehe auch

- n-Gramme (*https://en.wikipedia.org/wiki/N-gram*)
- Bag of Words Meets Bags of Popcorn (*http://bit.ly/2HRba5v*)

6.9 Wortbedeutung gewichten

Problem

Sie möchten eine Bag of Words anlegen, wobei aber die Wörter nach ihrer Bedeutung für eine Beobachtung gewichtet sind.

Lösung

Vergleichen Sie die Häufigkeit des Worts in einem Dokument (einem Tweet, einer Filmkritik, einer Transkription usw.) mit der Häufigkeit des Worts in allen anderen Dokumenten mit dem *Tf-idf-Maß*[2]. Die Bibliothek scikit-learn erleichtert diese Aufgabe mit TfidfVectorizer:

```
# Bibliotheken laden
import numpy as np
from sklearn.feature_extraction.text import TfidfVectorizer

# Text erstellen
text_data = np.array(['I love Brazil. Brazil!',
                      'Sweden is best',
                      'Germany beats both'])

# Die Tf-idf-Merkmalsmatrix erstellen
tfidf = TfidfVectorizer()
feature_matrix = tfidf.fit_transform(text_data)

# Die Tf-idf-Merkmalsmatrix anzeigen
feature_matrix

<3x8 sparse matrix of type '<class 'numpy.float64'>'
    with 8 stored elements in Compressed Sparse Row format>
```

Die Ausgabe ist genau wie in Rezept 6.8 eine dünn besetzte Matrix. Wenn wir jedoch die Ausgabe als normale Matrix anzeigen möchten, können wir .toarray verwenden:

```
# Tf-idf-Merkmalsmatrix als dichte Matrix anzeigen
feature_matrix.toarray()

array([[ 0.        , 0.        , 0.        , 0.89442719, 0.        ,
         0.        , 0.4472136 , 0.        ],
       [ 0.        , 0.57735027, 0.        , 0.        , 0.        ,
         0.57735027, 0.        , 0.57735027],
       [ 0.57735027, 0.        , 0.57735027, 0.        , 0.57735027,
         0.        , 0.        , 0.        ]])
```

Die Methode vocabulary_ zeigt das Wort für jedes Merkmal:

```
# Merkmalsnamen anzeigen
tfidf.vocabulary_

{'beats': 0,
 'best': 1,
 'both': 2,
 'brazil': 3,
 'germany': 4,
```

2 tf-idf – term frequency-inverse document frequency; Vorkommenshäufigkeit, inverse Dokumenthäufigkeit.

```
'is': 5,
'love': 6,
'sweden': 7}
```

Diskussion

Je öfter ein Wort in einem Dokument erscheint, desto wahrscheinlicher ist es auch wichtig für dieses Dokument. Wenn zum Beispiel das Wort »Wirtschaft« häufig auftaucht, ist das ein Beweis dafür, dass es im Dokument um Wirtschaft geht. Wir bezeichnen dies als *Vorkommenshäufigkeit* (*term frequency*, *tf*).

Wenn dagegen ein Wort in vielen Dokumenten erscheint, ist es für ein einzelnes Dokument wahrscheinlich weniger wichtig. Enthält zum Beispiel jedes Dokument in bestimmten Textdaten das Wort »after«, ist es wahrscheinlich ein unwichtiges Wort. Dies bezeichnen wir als *Dokumenthäufigkeit* (*document frequency*, *df*).

Indem man diese beiden statistischen Kenndaten kombiniert, kann man jedem Wort eine Punktzahl zuweisen, die angibt, wie wichtig dieses Wort in einem Dokument ist. Wir multiplizieren insbesondere *tf* mit der inversen Dokumenthäufigkeit (*idf*):

$$\text{tf-idf}(t, d) = tf(t, d) \times idf(t)$$

Hierin bezeichnen *t* ein Wort und *d* ein Dokument. Es gibt eine Reihe von Varianten, wie *tf* und *idf* berechnet werden. In `scikit-learn` ist *tf* einfach die Anzahl, wie oft ein Wort im Dokument erscheint, und *idf* wird wie folgt berechnet:

$$\text{idf}(t) = log\frac{1 + n_d}{1 + \text{df}(d, t)} + 1$$

In dieser Formel ist n_d die Anzahl der Dokumente und df(*d*, *t*) ist die Dokumenthäufigkeit des Terms *t* (d.h. die Anzahl der Dokumente, in denen der Begriff erscheint).

Standardmäßig normalisiert `scikit-learn` dann die Tf-idf-Vektoren nach der euklidischen Norm (L2-Norm). Je höher der resultierende Wert, desto wichtiger ist das Wort für ein Dokument.

Siehe auch

- scikit-learn documentation: tf–idf term weighting (*http://bit.ly/2HT2wmW*)

KAPITEL 7

Datum und Uhrzeit

7.0 Einführung

Datum und Uhrzeit sind bei der Vorverarbeitung für maschinelles Lernen häufig zu berücksichtigen – ob es sich nun um die Uhrzeit eines bestimmten Verkaufs handelt oder um das Jahr einer Gesundheitsstatistik. In diesem Kapitel bauen wir eine Werkzeugsammlung von Strategien auf, mit denen sich Zeitreihendaten verarbeiten lassen. Dazu gehören auch der Umgang mit Zeitzonen und das Erstellen von zeitlich verzögerten Merkmalen. Insbesondere konzentrieren wir uns auf die Tools für Zeitreihen in der pandas-Bibliothek, die die Funktionalität vieler anderer Bibliotheken zentralisiert.

7.1 Strings in Datumswerte konvertieren

Problem

Strings, die Datums- und Uhrzeitwerte darstellen, möchten Sie in Zeitreihendaten transformieren.

Lösung

Verwenden Sie die Methode `to_datetime` von pandas, wobei Sie das Format für das Datum und/oder die Uhrzeit im Parameter `format` spezifizieren:

```
# Bibliotheken laden
import numpy as np
import pandas as pd

# Strings erzeugen
date_strings = np.array(['03-04-2005 11:35 PM',
                         '23-05-2010 12:01 AM',
                         '04-09-2009 09:09 PM'])

# In Datums-/Zeitwerte konvertieren
```

```
[pd.to_datetime(date, format='%d-%m-%Y %I:%M %p') for date in date_strings]

[Timestamp('2005-04-03 23:35:00'),
 Timestamp('2010-05-23 00:01:00'),
 Timestamp('2009-09-04 21:09:00')]
```

Um Probleme zu behandeln, können Sie dem errors-Parameter auch ein Argument hinzufügen:

```
# In Datums-/Zeitwerte konvertieren
[pd.to_datetime(date, format="%d-%m-%Y %I:%M %p", errors="coerce")
for date in date_strings]

[Timestamp('2005-04-03 23:35:00'),
 Timestamp('2010-05-23 00:01:00'),
 Timestamp('2009-09-04 21:09:00')]
```

Wenn errors="coerce" gesetzt ist, lösen auftretende Probleme keinen Fehler aus (was das Standardverhalten wäre), sondern setzen den Wert, der den Fehler verursacht hat, auf NaT (d.h. einen fehlenden Wert).

Diskussion

Wenn Datums- und Zeitwerte in Strings enthalten sind, müssen Sie sie in einen Datentyp konvertieren, den Python versteht. Es gibt zwar eine Reihe von Python-Tools für das Konvertieren von Strings in Datums-/Zeitwerte, doch wenn wir uns an der Verwendung von pandas in anderen Rezepten orientieren, können wir die Transformation auch mit to_date vornehmen. Hinderlich bei Strings, die Datum und Uhrzeit darstellen, ist, dass das Format der Strings je nach Datenquelle verschieden ist. So könnte ein Vektor von Daten den 23. März 2015 als »03-23-15« darstellen, während ein anderer vielleicht »3|23|2015« verwendet. Mit dem Parameter format können Sie das genaue Format des Strings spezifizieren. Hierfür sind Formatcodes definiert, wie sie die folgende Tabelle für gebräuchliche Formate angibt.

Code	Beschreibung	Beispiel
%Y	Jahr, vierstellig	2001
%m	Monat mit führender Null	04
%d	Tag des Monats mit führender Null	09
%I	Stunde (12-Stunden-Format) mit führender Null	02
%p	AM oder PM	AM
%M	Minute mit führender Null	05
%S	Sekunde mit führender Null	09

Siehe auch

- Complete List of Python String Time Codes (*http://strftime.org*)

7.2 Umgang mit Zeitzonen

Problem

Bei vorhandenen Zeitreihendaten möchten Sie Zeitzoneninformationen hinzufügen oder ändern.

Lösung

Sofern sie nicht spezifiziert ist, haben pandas-Objekte keine Zeitzone. Allerdings können Sie mit dem Parameter tz während der Objekterstellung eine Zeitzone hinzufügen:

```
# Bibliothek laden
import pandas as pd

# Datum und Uhrzeit erzeugen
pd.Timestamp('2017-05-01 06:00:00', tz='Europe/London')

Timestamp('2017-05-01 06:00:00+0100', tz='Europe/London')
```

Einem bereits erzeugten Datums-/Zeitwert können Sie mit der Methode tz_localize eine Zeitzone hinzufügen:

```
# Datum und Uhrzeit erzeugen
date = pd.Timestamp('2017-05-01 06:00:00')

# Zeitzone festlegen
date_in_london = date.tz_localize('Europe/London')

# Datum und Uhrzeit anzeigen
date_in_london

Timestamp('2017-05-01 06:00:00+0100', tz='Europe/London')
```

Eine Zeitzone lässt sich auch in eine andere Zeitzone umwandeln:

```
# Zeitzone ändern
date_in_london.tz_convert('Africa/Abidjan')

Timestamp('2017-05-01 05:00:00+0000', tz='Africa/Abidjan')
```

Schließlich können Series-Objekte von pandas die Methoden tz_localize und tz_convert auf jedes Element anwenden:

```
# Drei Daten erzeugen
dates = pd.Series(pd.date_range('2/2/2002', periods=3, freq='M'))

# Zeitzone festlegen
dates.dt.tz_localize('Africa/Abidjan')

0   2002-02-28 00:00:00+00:00
1   2002-03-31 00:00:00+00:00
2   2002-04-30 00:00:00+00:00
dtype: datetime64[ns, Africa/Abidjan]
```

Diskussion

Die Bibliothek pandas unterstützt zwei Gruppen von Strings, die Zeitzonen darstellen. Ich schlage aber vor, die Strings der Bibliothek pytz zu verwenden. Wenn Sie all_timezones importieren, können Sie alle Strings sehen, mit denen Zeitzonen dargestellt werden:

```
# Bibliothek laden
from pytz import all_timezones

# Zwei Zeitzonen anzeigen
all_timezones[0:2]

['Africa/Abidjan', 'Africa/Accra']
```

7.3 Datum und Uhrzeit auswählen

Problem

In einem Vektor aus Datums-/Zeitwerten möchten Sie einen oder mehrere Werte auswählen.

Lösung

Verwenden Sie zwei boolesche Bedingungen als Start- und Enddatum:

```
# Bibliothek laden
import pandas as pd

# DataFrame erzeugen
dataframe = pd.DataFrame()

# Datums-/Zeitwerte erzeugen
dataframe['date'] = pd.date_range('1/1/2001', periods=100000, freq='H')

# Beobachtungen zwischen zwei Datums-/Zeitwerten auswählen
dataframe[(dataframe['date'] > '2002-1-1 01:00:00') &
          (dataframe['date'] <= '2002-1-1 04:00:00')]
```

	date
8762	2002-01-01 02:00:00
8763	2002-01-01 03:00:00
8764	2002-01-01 04:00:00

Alternativ können Sie die date-Spalte als Index für den DataFrame festlegen und dann mithilfe von loc eine Scheibe des Arrays abrufen (Slicing):

```
# Index festlegen
dataframe = dataframe.set_index(dataframe['date'])
```

```
# Beobachtungen zwischen zwei Datums-/Zeitwerten auswählen
dataframe.loc['2002-1-1 01:00:00':'2002-1-1 04:00:00']
```

date	date
2002-01-01 01:00:00	2002-01-01 01:00:00
2002-01-01 02:00:00	2002-01-01 02:00:00
2002-01-01 03:00:00	2002-01-01 03:00:00
2002-01-01 04:00:00	2002-01-01 04:00:00

Diskussion

Ob Sie boolesche Bedingungen oder Index-Slicing verwenden, ist von der konkreten Situation abhängig. Wenn Sie eine komplexe Zeitreihenmanipulation planen, lohnt sich der Mehraufwand, die `date`-Spalte als Index für den DataFrame festzulegen, doch wenn Sie lediglich einige simple Datenoperationen ausführen, könnten boolesche Bedingungen einfacher sein.

7.4 Datumsdaten in mehrere Merkmale aufgliedern

Problem

Aus einer Spalte mit Datums-/Zeitwerten möchten Sie Merkmale für Jahr, Monat, Tag, Stunde und Minute erzeugen.

Lösung

Verwenden Sie die Zeit-Eigenschaften von `Series.dt`:

```
# Bibliothek laden
import pandas as pd

# Dataframe erstellen
dataframe = pd.DataFrame()

# Fünf Datumswerte erzeugen
dataframe['date'] = pd.date_range('1/1/2001', periods=150, freq='W')

# Merkmale für Jahr, Monat, Tag, Stunde und Minute erzeugen
dataframe['year'] = dataframe['date'].dt.year
dataframe['month'] = dataframe['date'].dt.month
dataframe['day'] = dataframe['date'].dt.day
dataframe['hour'] = dataframe['date'].dt.hour
dataframe['minute'] = dataframe['date'].dt.minute

# Drei Zeilen anzeigen
dataframe.head(3)
```

	date	year	month	day	hour	minute
0	2001-01-07	2001	1	7	0	0
1	2001-01-14	2001	1	14	0	0
2	2001-01-21	2001	1	21	0	0

Diskussion

Manchmal ist es zweckmäßig, eine Spalte mit Datums-/Zeitwerten in die einzelnen Komponenten aufzuteilen. So könnte beispielsweise ein Merkmal erforderlich sein, das lediglich das Jahr der Beobachtung berücksichtigt, oder wir sind nur am Monat einer Beobachtung interessiert, sodass wir die Beobachtungen unabhängig vom Jahr vergleichen können.

7.5 Die Differenz zwischen Datumswerten bilden

Problem

Sie verfügen über zwei Merkmale mit Datums-/Zeitwerten und möchten den zeitlichen Abstand für jede Beobachtung berechnen.

Lösung

Subtrahieren Sie die beiden Datumsmerkmale per pandas:

```
# Bibliothek laden
import pandas as pd

# Dataframe erstellen
dataframe = pd.DataFrame()

# Zwei Datums-/Zeitmerkmale erzeugen
dataframe['Arrived'] = [pd.Timestamp('01-01-2017'), pd.Timestamp('01-04-2017')]
dataframe['Left'] = [pd.Timestamp('01-01-2017'), pd.Timestamp('01-06-2017')]

# Dauer zwischen Merkmalen berechnen
dataframe['Left'] - dataframe['Arrived']

0        0 days
1        2 days
dtype: timedelta64[ns]
```

Oftmals werden Sie die Ausgabe days unterdrücken und nur den numerischen Wert behalten wollen:

```
# Dauer zwischen Merkmalen berechnen
pd.Series(delta.days for delta in (dataframe['Left'] - dataframe['Arrived']))

0        0
1        2
dtype: int64
```

Diskussion

Hin und wieder benötigt man ein Merkmal, das die Änderung zwischen zwei Zeitpunkten angibt. Zum Beispiel könnten die Zeitpunkte erfasst werden, an denen ein Kunde in ein Hotel eincheckt und auscheckt, das Merkmal soll aber die Dauer seines Aufenthalts widerspiegeln. Die Bibliothek pandas erleichtert diese Berechnung mit dem Datentyp `TimeDelta`.

Siehe auch

- Pandas documentation: Time Deltas (*http://bit.ly/2HOS3sJ*)

7.6 Wochentage codieren

Problem

Sie verfügen über einen Vektor mit Datums-/Zeitwerten und möchten für jedes Datum den Wochentag wissen.

Lösung

Verwenden Sie die Eigenschaft `weekday_name` des pandas-Objekts `Series.dt`:

```
# Bibliothek laden
import pandas as pd

# Daten erzeugen
dates = pd.Series(pd.date_range("2/2/2002", periods=3, freq="M"))

# Wochentage anzeigen
dates.dt.weekday_name

0     Thursday
1       Sunday
2      Tuesday
dtype: object
```

Wenn die Ausgabe einen numerischen Wert liefern soll, weil dieser sich als Merkmal beim maschinellen Lernen besser verarbeiten lässt, verwenden Sie die Eigenschaft `weekday`, die die Wochentage als Ganzzahl darstellt (Montag ist 0):

```
# Wochentage anzeigen
dates.dt.weekday

0    3
1    6
2    1
dtype: int64
```

Diskussion

Den Wochentag zu kennen, ist zum Beispiel hilfreich, wenn Sie die Gesamtumsätze an Sonntagen für die letzten drei Jahre vergleichen möchten. Mit pandas ist es leicht, einen Merkmalsvektor mit den Wochentagsinformationen zu erzeugen.

Siehe auch

- pandas Series datetimelike properties (*http://bit.ly/2HShhq1*)

7.7 Ein verzögertes Merkmal erstellen

Problem

Sie möchten ein Merkmal erstellen, das *n* Zeitintervalle verzögert ist.

Lösung

Verwenden Sie die pandas-Methode `shift`:

```
# Bibliothek laden
import pandas as pd

# Dataframe erzeugen
dataframe = pd.DataFrame()

# Daten erzeugen
dataframe["dates"] = pd.date_range("1/1/2001", periods=5, freq="D")
dataframe["stock_price"] = [1.1,2.2,3.3,4.4,5.5]

# Um eine Zeile verzögerte Werte
dataframe["previous_days_stock_price"] = dataframe["stock_price"].shift(1)

# Dataframe DataFrame anzeigen
dataframe
```

	dates	stock_price	previous_days_stock_price
0	2001-01-01	1.1	NaN
1	2001-01-02	2.2	1.1
2	2001-01-03	3.3	2.2
3	2001-01-04	4.4	3.3
4	2001-01-05	5.5	4.4

Diskussion

Daten basieren sehr oft auf regelmäßigen Zeitintervallen (z.B. jeder Tag, jede Stunde, alle drei Stunden), und wir wollen anhand der Vergangenheitswerte Voraussagen treffen (was auch als *Verzögern* eines Merkmals bezeichnet wird). So könnten wir einen Aktienkurs anhand des Kurses von vor einem Tag vorhersagen wollen. Mit der pandas-Methode `shift` lassen sich Werte um eine Zeile verzögern. Damit erzeugen wir ein neues Merkmal, das vergangene Werte enthält.

In unserer Lösung ist die erste Zeile für `previous_days_stock_price` ein fehlender Wert, da es keinen vorherigen `stock_price`-Wert gibt.

7.8 Gleitende Zeitfenster verwenden

Problem

Für vorhandene Zeitreihendaten möchten Sie statistische Kenndaten für gleitende Zeitwerte berechnen.

Lösung

```
# Bibliothek laden
import pandas as pd

# Datums-/Zeitwerte erzeugen
time_index = pd.date_range("01/01/2010", periods=5, freq="M")

# Dataframe erzeugen, Index festlegen
dataframe = pd.DataFrame(index=time_index)

# Merkmal erzeugen
dataframe["Stock_Price"] = [1,2,3,4,5]

# Gleitenden Mittelwert berechnen
dataframe.rolling(window=2).mean()
```

	Stock_Price
2010-01-31	NaN
2010-02-28	1.5
2010-03-31	2.5
2010-04-30	3.5
2010-05-31	4.5

Diskussion

Gleitende Zeitfenster sind konzeptionell einfach, können aber zunächst schwer verständlich sein. Stellen Sie sich monatliche Beobachtungen für einen Aktienkurs vor. Oftmals ist es nützlich, eine bestimmte Anzahl von Monaten in einem Zeitfenster zusammenzufassen und es dann über den Beobachtungen zu verschieben. Dabei werden für alle Beobachtungen im Zeitfenster statistische Kennwerte berechnet.

Wenn wir zum Beispiel für ein Zeitfenster von drei Monaten den gleitenden Mittelwert ermitteln wollen, sind folgende Berechnungen anzustellen:

1. `mean(January, February, March)`
2. `mean(February, March, April)`
3. `mean(March, April, May)`
4. etc.

Anders ausgedrückt: Unser dreimonatiges Zeitfenster »wandert« über die Beobachtungen, wobei in jedem Schritt der Mittelwert des Fensters berechnet wird.

In der pandas-Methode `rolling` können Sie mit `window` die Größe des Fensters festlegen und dann schnell einige gängige statistische Kennwerte berechnen, unter anderem Größtwert (`max()`), Mittelwert (`mean()`), Anzahl der Werte (`count()`) und gleitende Korrelation (`corr()`).

Gleitende Mittelwerte setzt man häufig ein, um Zeitreihendaten zu glätten, weil der Mittelwert des gesamten Zeitfensters die Wirkung von kurzfristigen Schwankungen dämpft.

Siehe auch

- pandas documentation: Rolling Windows (*http://bit.ly/2HTIicA*)
- What are Moving Average or Smoothing Techniques? (*http://bit.ly/2HRRHBn*)

7.9 Fehlende Daten in Zeitreihen behandeln

Problem

In Ihren Zeitreihendaten gibt es fehlende Werte.

Lösung

Neben den bislang beschriebenen Strategien für die Behandlung fehlender Daten können wir bei Zeitreihendaten die Lücken aufgrund fehlender Werte durch Interpolation füllen:

```
# Bibliotheken laden
import pandas as pd
import numpy as np

# Datums-/Zeitwerte erzeugen
time_index = pd.date_range("01/01/2010", periods=5, freq="M")

# Dataframe erstellen, Index festlegen
dataframe = pd.DataFrame(index=time_index)

# Merkmal mit einer Lücke von fehlenden Werten erzeugen
```

```
dataframe["Sales"] = [1.0,2.0,np.nan,np.nan,5.0]

# Fehlende Werte interpolieren
dataframe.interpolate()
```

	Sales
2010-01-31	1.0
2010-02-28	2.0
2010-03-31	3.0
2010-04-30	4.0
2010-05-31	5.0

Alternativ können Sie die fehlenden Werte durch den letzten bekannten Wert ersetzen (d. h. vorwärts füllen):

```
# Vorwärts auffüllen
dataframe.ffill()
```

	Sales
2010-01-31	1.0
2010-02-28	2.0
2010-03-31	2.0
2010-04-30	2.0
2010-05-31	5.0

Außerdem lassen sich fehlende Werte durch den neuesten bekannten Wert ersetzen (d. h. rückwärts füllen):

```
# Rückwärts füllen
dataframe.bfill()
```

	Sales
2010-01-31	1.0
2010-02-28	2.0
2010-03-31	5.0
2010-04-30	5.0
2010-05-31	5.0

Diskussion

Durch Interpolation lassen sich Lücken füllen, die durch fehlende Werte entstanden sind. Praktisch zeichnet man dabei eine Gerade oder Kurve über die bekannten Werte, die an die Lücke angrenzen, um mithilfe dieser Linie oder Kurve vernünftige Werte vorauszusagen. Interpolation erweist sich besonders dann als nützlich, wenn die Zeitintervalle konstant, die Daten gegenüber verrauschten Schwankungen nicht anfällig und die Lücken durch fehlende Werte klein sind. So wird in unserer Lösung eine Lücke von zwei fehlenden Werten durch 2,0 und 5,0 begrenzt. Wenn man eine passende Linie von 2,0 nach 5,0 zeichnet, kann man vernünftige Schätzungen für die beiden fehlenden Werte zwischen 3,0 und 4,0 ableiten.

Wenn Sie annehmen, dass die Linie zwischen den beiden bekannten Punkten nicht linear ist, können Sie mit dem Parameter `method` der Methode `interpolate` die Interpolationsmethode spezifizieren:

```
# Fehlende Werte interpolieren
dataframe.interpolate(method="quadratic")
```

	Sales
2010-01-31	1.000000
2010-02-28	2.000000
2010-03-31	3.059808
2010-04-30	4.038069
2010-05-31	5.000000

Schließlich kann es vorkommen, dass Sie bei großen Lücken von fehlenden Werten nicht über die gesamte Lücke interpolieren möchten. In diesen Fällen können Sie mit `limit` die Anzahl der interpolierten Werte einschränken und mit `limit_direction` festlegen, ob Werte ausgehend vom letzten bekannten Wert vor der Lücke (vorwärts) interpoliert werden sollen oder umgekehrt:

```
# Fehlende Werte interpolieren
dataframe.interpolate(limit=1, limit_direction="forward")
```

	Sales
2010-01-31	1.0
2010-02-28	2.0
2010-03-31	3.0
2010-04-30	NaN
2010-05-31	5.0

Das Füllen in Rückwärts- und Vorwärtsrichtung kann man sich als eine Form von naiver Interpolation vorstellen, wobei man eine Gerade von einem bekannten Wert aus zeichnet und sie heranzieht, um fehlende Werte aufzufüllen. Rückwärts- und Vorwärtsfüllen haben gegenüber Interpolation den (kleinen) Vorteil, dass keinerlei Werte auf beiden Seiten der fehlenden Werte/des fehlenden Werts bekannt sein müssen.

KAPITEL 8

Bilder verarbeiten

8.0 Einführung

Bildklassifizierung gehört zu den spannendsten Teilgebieten des maschinellen Lernens. Die Fähigkeit von Computern, Muster und Objekte auf Bildern zu erkennen, ist ein unglaublich mächtiges Tool in unserem Toolkit. Bevor wir jedoch maschinelles Lernen auf Bilder anwenden können, müssen wir oftmals die Rohdaten der Bilder in Merkmale überführen, die sich für unsere Lernalgorithmen eignen.

Um mit Bildern zu arbeiten, nutzen wir die *Open Source Computer Vision Library* (OpenCV). Es gibt zwar noch eine Reihe weiterer geeigneter Bibliotheken, doch OpenCV ist die beliebteste und am besten dokumentierte Bibliothek für den Umgang mit Bildern. Eine der größten Hürden beim Einsatz von OpenCV ist ihre Installation. Wenn Sie aber mit Python 3 arbeiten (zum Zeitpunkt der Veröffentlichung funktioniert OpenCV noch nicht mit Python 3.6+), können Sie OpenCV mit dem Paketmanager conda von Anaconda in einer einzigen Codezeile im Terminal installieren:

```
conda install --channel https://conda.anaconda.org/menpo opencv3
```

Anschließend lässt sich die Installation überprüfen, indem Sie ein Notebook öffnen, OpenCV importieren und die Versionsnummer (3.1.0) kontrollieren:

```
import cv2

cv2.__version__
```

Sollte die Installation von OpenCV per conda nicht funktionieren, ziehen Sie am besten eine der zahlreichen online verfügbaren Anleitungen zurate.

Schließlich verwenden wir das gesamte Kapitel hindurch einen Satz von Beispielbildern, die Sie von GitHub (*https://github.com/chrisalbon/simulated_datasets*) herunterladen können.

8.1 Bilder laden

Problem

Sie möchten ein Bild zur Vorverarbeitung laden.

Lösung

Verwenden Sie die Methode `imread` von `OpenCV`:

```
# Bibliotheken laden
import cv2
import numpy as np
from matplotlib import pyplot as plt

# Bild im Graustufenformat laden
image = cv2.imread("images/plane.jpg", cv2.IMREAD_GRAYSCALE)
```

Mithilfe der Python-Plotting-Bibliothek `matplotlib` können Sie das Bild auch anzeigen:

```
# Bild anzeigen
plt.imshow(image, cmap="gray"), plt.axis("off")
plt.show()
```

Diskussion

Bilder sind prinzipiell nichts anderes als Daten, und wenn Sie `imread` verwenden, konvertieren Sie diese Daten in einen Datentyp, mit dem Sie bereits vertraut sind – ein `NumPy`-Array:

```
# Datentyp anzeigen
type(image)

numpy.ndarray
```

Wir haben das in eine Matrix transformiert, deren Elemente den einzelnen Pixeln entsprechen. Sie können sich sogar die eigentlichen Werte der Matrix ansehen:

```
# Bilddaten anzeigen
image
```

```
array([[140, 136, 146, ..., 132, 139, 134],
       [144, 136, 149, ..., 142, 124, 126],
       [152, 139, 144, ..., 121, 127, 134],
       ...,
       [156, 146, 144, ..., 157, 154, 151],
       [146, 150, 147, ..., 156, 158, 157],
       [143, 138, 147, ..., 156, 157, 157]], dtype=uint8)
```

Die Auflösung des Bilds beträgt 3.600 × 2.270, dies entspricht damit genau den Dimensionen der Matrix:

```
# Dimensionen anzeigen
image.shape
```

```
(2270, 3600)
```

Was stellt jedes Element in der Matrix tatsächlich dar? In Graustufenbildern ist der Wert eines einzelnen Elements die Bildpunktintensität. Die Intensitätswerte reichen von Schwarz (0) bis Weiß (255). So hat zum Beispiel die Intensität des Pixels ganz rechts oben in unserem Bild den Wert 140:

```
# Erstes Pixel anzeigen
image[0,0]
```

```
140
```

In der Matrix enthält jedes Element drei Werte, die den Farben Blau, Grün und Rot (BGR) entsprechen:

```
# Bild in Farbe laden
image_bgr = cv2.imread("images/plane.jpg", cv2.IMREAD_COLOR)

# Pixel anzeigen
image_bgr[0,0]
```

```
array([195, 144, 111], dtype=uint8)
```

Die Sache hat aber einen kleinen Haken: `OpenCV` verwendet standardmäßig BGR, doch viele Grafikanwendungen – einschließlich `matplotlib` – halten sich an die Reihenfolge Rot, Grün, Blau (RGB), d.h., die roten und blauen Werte sind vertauscht. Um `OpenCV`-Farbbilder in `matplotlib` ordnungsgemäß anzuzeigen, müssen Sie zuerst die Farbe in das RGB-Format konvertieren (die Leser der gedruckten Schwarz-Weiß-Ausgabe bitten wir um Nachsicht.):

```
# In RGB konvertieren
image_rgb = cv2.cvtColor(image_bgr, cv2.COLOR_BGR2RGB)

# Bild anzeigen
plt.imshow(image_rgb), plt.axis("off")
plt.show()
```

Siehe auch

- Difference between RGB and BGR (*http://bit.ly/2Fws76E*)
- RGB color model (*http://bit.ly/2FxZjKZ*)

8.2 Bilder speichern

Problem

Sie möchten ein Bild zur Vorverarbeitung speichern.

Lösung

Verwenden Sie die Methode `imwrite` von `OpenCV`:

```
# Bibliotheken laden
import cv2
import numpy as np
from matplotlib import pyplot as plt

# Bild im Graustufenformat laden
image = cv2.imread("images/plane.jpg", cv2.IMREAD_GRAYSCALE)

# Bild speichern
cv2.imwrite("images/plane_new.jpg", image)

True
```

Diskussion

Die Methode `imwrite` von `OpenCV` speichert Bilder im angegebenen Dateipfad. Das Format des Bilds wird durch die Dateierweiterung (*.jpg*, *.png* usw.) definiert. Achtung: Die Methode `imwrite` überschreibt vorhandene Dateien, ohne eine Fehlermeldung auszugeben oder eine Bestätigung anzufordern.

8.3 Bilder in der Größe ändern

Problem

Zur weiteren Vorverarbeitung möchten Sie die Größe eines Bilds ändern.

Lösung

Mit der Methode `resize` lässt sich die Größe eines Bilds ändern:

```
# Bild laden
import cv2
import numpy as np
from matplotlib import pyplot as plt

# Bild im Graustufenformat laden
image = cv2.imread("images/plane_256x256.jpg", cv2.IMREAD_GRAYSCALE)

# Größe des Bilds auf 50 Pixel x 50 Pixel ändern
image_50x50 = cv2.resize(image, (50, 50))

# Bild anzeigen
plt.imshow(image_50x50, cmap="gray"), plt.axis("off")
plt.show()
```

Diskussion

Bei der Vorverarbeitung von Bildern ist es regelmäßig erforderlich, die Bilder in der Größe zu ändern, und zwar aus zwei Gründen. Erstens liegen Bilder in allen Formen und Größen vor, und um brauchbare Merkmale zu erhalten, müssen die Bilder die gleichen Abmessungen haben. Diese Standardisierung der Bildgröße ist aber nicht umsonst zu haben: Bilder sind Informationen in Matrixform, und wenn man Bilder verkleinert, wird auch die Matrix kleiner und enthält dann weniger Informationen. Zweitens können beim maschinellen Lernen Hunderte oder Tausende Bilder erforderlich sein. Wenn diese Bilder sehr groß sind, ist auch ihr Speicherbedarf sehr groß, und indem wir die Bilder verkleinern, können wir auch den Speicherbedarf drastisch reduzieren. Übliche Bildgrößen für maschinelles Lernen sind 32 × 32, 64 × 64, 96 × 96 und 256 × 256.

8.4 Bilder beschneiden

Problem

Sie möchten den äußeren Teil des Bilds entfernen, um seine Abmessungen zu ändern.

Lösung

Das Bild wird als zweidimensionales NumPy-Array codiert, sodass sich das Bild durch Slicing des Arrays leicht beschneiden lässt:

```
# Bild laden
import cv2
import numpy as np
from matplotlib import pyplot as plt

# Bild im Graustufenformat laden
image = cv2.imread("images/plane_256x256.jpg", cv2.IMREAD_GRAYSCALE)

# Erste Hälfte der Spalten und alle Zeilen auswählen
image_cropped = image[:,:128]

# Bild anzeigen
plt.imshow(image_cropped, cmap="gray"), plt.axis("off")
plt.show()
```

Diskussion

Da OpenCV Bilder als Matrix von Elementen darstellt, lässt sich ein Bild leicht beschneiden, indem man die Zeilen und Spalten auswählt, die beibehalten werden sollen. Beschneiden kann besonders dann nützlich sein, wenn bekannt ist, dass nur ein bestimmter Teil jedes Bilds benötigt wird.

Stammen beispielsweise die Bilder von einer stationären Sicherheitskamera, kann man sämtliche Bilder beschneiden, damit sie nur den uns interessierenden Bereich enthalten.

Siehe auch

- Slicing NumPy Arrays (*http://bit.ly/2FrVNBV*)

8.5 Bilder weichzeichnen

Problem

Sie möchten ein Bild unschärfer (weicher, sanfter) erscheinen lassen.

Lösung

Um ein Bild weichzuzeichnen, wird jedes Pixel in den Mittelwert seiner Nachbarn transformiert. Dieser Nachbar und die ausgeführte Operation werden mathematisch als *Kernel* dargestellt. (Es ist nicht weiter schlimm, wenn Sie nicht wissen, was ein Kernel ist.) Die Größe dieses Kernels bestimmt den Umfang der Weichzeichnung, wobei größere Kernels sanftere Bilder ergeben. Der folgende Code glättet ein Bild, indem die Werte eines 5 × 5-Kernels um jedes Pixel gemittelt werden:

```
# Bibliotheken laden
import cv2
import numpy as np
from matplotlib import pyplot as plt

# Bild im Graustufenformat laden
image = cv2.imread('images/plane_256x256.jpg', cv2.IMREAD_GRAYSCALE)

# Bild weichzeichnen
image_blurry = cv2.blur(image, (5,5))

# Bild anzeigen
plt.imshow(image_blurry, cmap="gray"), plt.axis("off")
plt.show()
```

Um deutlich zu machen, wie sich die Größe des Kernels auswirkt, führt der folgende Code die gleiche Weichzeichnung mit einem 100 × 100-Kernel durch:

```
# Bild weichzeichnen
image_very_blurry = cv2.blur(image, (100,100))

# Bild anzeigen
plt.imshow(image_very_blurry, cmap="gray"), plt.xticks([]), plt.yticks([])
plt.show()
```

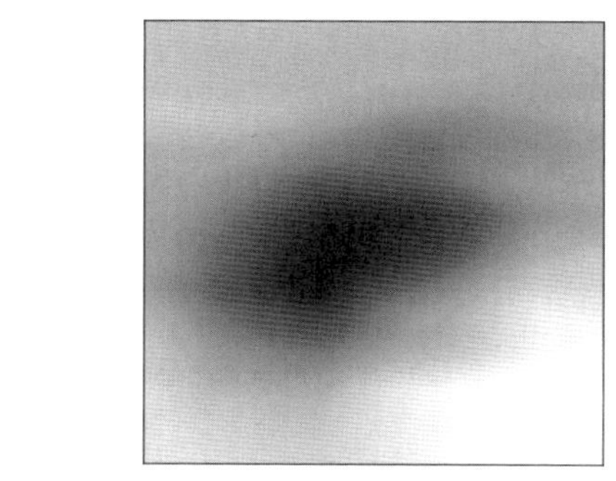

Diskussion

Kernels sind insbesondere in der Bildverarbeitung gebräuchlich, um alle nur denkbaren Operationen auszuführen, angefangen beim Scharfzeichnen bis hin zur Kantenerkennung. In diesem Kapitel werden Sie Ihnen wiederholt begegnen. Der Kernel, den wir zum Weichzeichnen verwendet haben, sieht folgendermaßen aus:

```
# Kernel erzeugen
kernel = np.ones((5,5)) / 25.0

# Kernel anzeigen
kernel

array([[ 0.04,  0.04,  0.04,  0.04,  0.04],
```

```
[ 0.04,  0.04,  0.04,  0.04,  0.04],
[ 0.04,  0.04,  0.04,  0.04,  0.04],
[ 0.04,  0.04,  0.04,  0.04,  0.04],
[ 0.04,  0.04,  0.04,  0.04,  0.04]])
```

Das mittlere Element im Kernel ist das zu untersuchende Pixel, die übrigen Elemente sind dessen Nachbarn. Da alle Elemente den gleichen Wert haben (auf 1 normiert), hat jeder Wert die gleiche Wirkung auf den resultierenden Wert des uns interessierenden Pixels. Mit `filter2D` können wir einen Filter manuell auf ein Bild anwenden, um einen ähnlichen Unschärfeeffekt zu erzeugen:

```
# Kernel anwenden
image_kernel = cv2.filter2D(image, -1, kernel)

# Bild anzeigen
plt.imshow(image_kernel, cmap="gray"), plt.xticks([]), plt.yticks([])
plt.show()
```

Siehe auch

- Bilder-Kernels visuell erklärt (*http://setosa.io/ev/image-kernels/*)
- Gängige Bilder-Kernels (*http://bit.ly/2FxZCFD*)

8.6 Bilder scharfzeichnen

Problem

Sie möchten einem Bild mehr Schärfe verleihen.

Lösung

Erzeugen Sie einen Kernel, der das Zielpixel hervorhebt. Wenden Sie ihn dann mit `filter2D` auf das Bild an:

```
# Bibliotheken laden
import cv2
import numpy as np
from matplotlib import pyplot as plt

# Bild im Graustufenformat laden
image = cv2.imread('images/plane_256x256.jpg', cv2.IMREAD_GRAYSCALE)

# Kernel erzeugen
kernel = np.array([[0, -1, 0],
                   [-1, 5,-1],
                   [0, -1, 0]])

# Bild scharfzeichnen
image_sharp = cv2.filter2D(image, -1, kernel)

# Bild anzeigen
plt.imshow(image_sharp, cmap="gray"), plt.axis("off")
plt.show()
```

Diskussion

Das Scharfzeichnen funktioniert ähnlich wie das Weichzeichnen, außer dass wir mit dem Kernel nicht den Mittelwert der benachbarten Werte bilden, sondern einen Kernel konstruieren, der das Pixel selbst hervorhebt. Im Endeffekt ist der Kontrast an den Kanten stärker als im übrigen Bild.

8.7 Kontrast erhöhen

Problem

Zwischen den Pixeln eines Bilds soll der Kontrast erhöht werden.

Lösung

Histogrammäquivilation oder *Histogrammausgleich* ist ein Tool für die Bildverarbeitung, mit dem sich Objekte und Figuren herausheben lassen. Bei einem Graustufenbild können wir die Methode `equalizeHist` von `OpenCV` direkt auf das Bild anwenden:

```
# Bibliotheken laden
import cv2
import numpy as np
from matplotlib import pyplot as plt

# Bild laden
image = cv2.imread("images/plane_256x256.jpg", cv2.IMREAD_GRAYSCALE)

# Bild verbessern
image_enhanced = cv2.equalizeHist(image)

# Bild anzeigen
plt.imshow(image_enhanced, cmap="gray"), plt.axis("off")
plt.show()
```

Handelt es sich jedoch um ein Farbbild, müssen wir es zunächst in das YUV-Farbformat konvertieren, das aus zwei Komponenten besteht: der *Luminanz* bzw. *Helligkeit* Y und der *Chrominanz*, die ihrerseits die beiden Farbanteile U und V umfasst. Nach der Umwandlung können wir `equalizeHist` auf das Bild anwenden und es dann wieder zurück nach BGR oder RGB konvertieren:

```
# Bild laden
image_bgr = cv2.imread("images/plane.jpg")

# Nach YUV konvertieren
image_yuv = cv2.cvtColor(image_bgr, cv2.COLOR_BGR2YUV)

# Histogrammausgleich anwenden
image_yuv[:, :, 0] = cv2.equalizeHist(image_yuv[:, :, 0])

# Nach RGB konvertieren
```

```
image_rgb = cv2.cvtColor(image_yuv, cv2.COLOR_YUV2RGB)

# Bild anzeigen
plt.imshow(image_rgb), plt.axis("off")
plt.show()
```

Diskussion

Eine ausführliche Erklärung, wie der Histogrammausgleich funktioniert, ginge über den Rahmen dieses Buchs hinaus. Kurz gesagt, das Bild wird so transformiert, dass es einen breiteren Bereich von Pixelintensitäten verwendet.

Auch wenn das resultierende Bild oftmals nicht »realistisch« aussieht, müssen wir daran denken, dass das Bild lediglich eine visuelle Darstellung der zugrunde liegenden Daten ist. Wenn Histogrammausgleich in der Lage ist, die für uns interessanten Objekte besser von anderen Objekten oder Hintergründen unterscheidbar zu machen (was nicht immer der Fall ist), kann dieses Tool eine wertvolle Ergänzung zu unserer Pipeline der Vorverarbeitung von Bildern sein.

8.8 Farben isolieren

Problem

Sie möchten eine Farbe in einem Bild isolieren.

Lösung

Definieren Sie einen Farbbereich und wenden Sie dann eine Maske auf das Bild an:

```
# Bibliotheken laden
import cv2
import numpy as np
from matplotlib import pyplot as plt
```

```
# Bild laden
image_bgr = cv2.imread('images/plane_256x256.jpg')

# BGR in HSV konvertieren
image_hsv = cv2.cvtColor(image_bgr, cv2.COLOR_BGR2HSV)

# Bereich von blauen Werten in HSV definieren
lower_blue = np.array([50,100,50])
upper_blue = np.array([130,255,255])

# Maske erzeugen
mask = cv2.inRange(image_hsv, lower_blue, upper_blue)

# Bild maskieren
image_bgr_masked = cv2.bitwise_and(image_bgr, image_bgr, mask=mask)

# BGR in RGB konvertieren
image_rgb = cv2.cvtColor(image_bgr_masked, cv2.COLOR_BGR2RGB)

# Bild anzeigen
plt.imshow(image_rgb), plt.axis("off")
plt.show()
```

Diskussion

In `OpenCV` ist es recht einfach, Farben zu isolieren. Zunächst konvertieren Sie das Bild in das *HSV*-Format (H – Hue/Farbwert, S – Saturation/Sättigung, V – Value/Hellwert). Zweitens definieren Sie einen Bereich von Werten, den Sie isolieren möchten, was wahrscheinlich der schwierigste und zeitaufwendigste Teil ist. Drittens erstellen Sie eine Maske für das Bild (es sollen nur die weißen Bereiche beibehalten werden):

```
# Bild anzeigen
plt.imshow(mask, cmap='gray'), plt.axis("off")
plt.show()
```

Schließlich wenden Sie die Maske mit `bitwise_and` auf das Bild an und konvertieren es in das gewünschte Ausgabeformat.

8.9 Binärbilder erzeugen

Problem

Ein Bild soll in einer vereinfachten Version ausgegeben werden.

Lösung

Das *Schwellenwertverfahren* ordnet Pixeln mit einer Intensität, die größer ist als ein bestimmter Wert, die Farbe Weiß und Pixeln mit einer Intensität, die kleiner ist als der Wert, die Farbe Schwarz zu. Eine verbesserte Technik ist das *adaptive Schwellenwertverfahren*, das den Schwellenwert für ein Pixel aus den Pixelhelligkeiten seiner Nachbarn bestimmt. Dies kann hilfreich sein, wenn sich die Beleuchtungsbedingungen über verschiedene Bereiche in einem Bild ändern:

```
# Bibliotheken laden
import cv2
import numpy as np
from matplotlib import pyplot as plt

# Bild im Graustufenformat laden
image_grey = cv2.imread('images/plane_256x256.jpg', cv2.IMREAD_GRAYSCALE)

# Adaptives Schwellenwertverfahren anwenden
max_output_value = 255
neighborhood_size = 99
subtract_from_mean = 10
image_binarized = cv2.adaptiveThreshold(image_grey,
                                        max_output_value,
                                        cv2.ADAPTIVE_THRESH_GAUSSIAN_C,
                                        cv2.THRESH_BINARY,
                                        neighborhood_size,
                                        subtract_from_mean)
```

```
# Bild anzeigen
plt.imshow(image_binarized, cmap="gray"), plt.axis("off")
plt.show()
```

Diskussion

In unserer Lösung gibt es vier wichtige Argumente in der Methode `adaptive Threshold`. Der Wert für `max_output_value` bestimmt einfach die maximale Intensität der Ausgabepixel. Mit `cv2.ADAPTIVE_THRESH_GAUSSIAN_C` wird der Schwellenwert eines Pixels als gewichtete Summe der Intensitäten benachbarter Pixel festgelegt. Die Gewichte werden durch ein gaußsches Fenster bestimmt. Alternativ dazu könnten wir mit `cv2.ADAPTIVE_THRESH_MEAN_C` den Schwellenwert einfach auf den Mittelwert der benachbarten Pixel setzen:

```
# cv2.ADAPTIVE_THRESH_MEAN_C anwenden
image_mean_threshold = cv2.adaptiveThreshold(image_grey,
                                             max_output_value,
                                             cv2.ADAPTIVE_THRESH_MEAN_C,
                                             cv2.THRESH_BINARY,
                                             neighborhood_size,
                                             subtract_from_mean)

# Bild anzeigen
plt.imshow(image_mean_threshold, cmap="gray"), plt.axis("off")
plt.show()
```

Die letzten beiden Parameter sind die Blockgröße (die Größe der Nachbarschaft, mit der der Schwellenwert eines Pixels bestimmt wird) und eine Konstante, die vom berechneten Schwellenwert subtrahiert wird (um den Schwellenwert manuell zu optimieren).

Das Schwellenwertverfahren hat den großen Vorteil, dass es das Bildrauschen verringert – wobei nur die wichtigsten Elemente beibehalten werden. Zum Beispiel wendet man das Schwellenwertverfahren oftmals auf Fotos von gedrucktem Text an, um die Buchstaben von der Seite zu trennen.

8.10 Hintergründe entfernen

Problem

Sie möchten den Vordergrund eines Bilds isolieren.

Lösung

Markieren Sie ein Rechteck um den gewünschten Vordergrund und führen Sie dann den `GrabCut`-Algorithmus aus:

```
# Bibliothek laden
import cv2
import numpy as np
from matplotlib import pyplot as plt

# Bild laden und in RGB konvertieren
image_bgr = cv2.imread('images/plane_256x256.jpg')

image_rgb = cv2.cvtColor(image_bgr, cv2.COLOR_BGR2RGB)

# Rechteckwerte: start x, start y, width, height
rectangle = (0, 56, 256, 150)

# Anfängliche Maske erzeugen
mask = np.zeros(image_rgb.shape[:2], np.uint8)

# Temporäre Arrays erzeugen, die von grabCut verwendet werden
bgdModel = np.zeros((1, 65), np.float64)
fgdModel = np.zeros((1, 65), np.float64)

# grabCut ausführen
cv2.grabCut(image_rgb, # unser Bild
            mask, # die Maske
            rectangle, # unser Rechteck
            bgdModel, # temporäres Array für Hintergrund
            fgdModel, # temporäres Array für Hintergrund
            5, # Anzahl der Iterationen
            cv2.GC_INIT_WITH_RECT) # Initiative, die unser Rechteck verwendet

# Maske erzeugen, in der sichere und wahrscheinliche Hintergründe auf 0 und sonst
# 1 gesetzt werden
mask_2 = np.where((mask==2) | (mask==0), 0, 1).astype('uint8')
```

```
# Bild mit der neuen Maske multiplizieren, um es vom Hintergrund zu subtrahieren
image_rgb_nobg = image_rgb * mask_2[:, :, np.newaxis]

# Bild anzeigen
plt.imshow(image_rgb_nobg), plt.axis("off")
plt.show()
```

Diskussion

Zuerst fällt auf, dass GrabCut zwar ziemlich gut gearbeitet hat, im Bild aber immer noch Hintergrundbereiche verblieben sind. Wir könnten nun zurückgehen und diese Bereiche manuell als Hintergrund markieren, doch da wir es in der Praxis oftmals mit Tausenden von Bildern zu tun haben, ist manuelles Korrigieren keine Option. Deshalb sollten wir besser akzeptieren, dass die Bilddaten immer noch etwas Hintergrundrauschen enthalten.

In unserer Lösung haben wir zunächst ein Rechteck um den Bereich gelegt, der den Vordergrund enthält. GrabCut nimmt an, dass alles außerhalb dieses Rechtecks zum Hintergrund gehört, und versucht, anhand dieser Informationen herauszufinden, was innerhalb dieses Rechtecks wahrscheinlich wirklich Hintergrund ist (wie der Algorithmus das bewerkstelligt, erläutern die am Ende dieser Lösung genannten Quellen). Dann wird eine Maske erstellt, die die verschiedenen definitiven/wahrscheinlichen Hintergrund-/Vordergrundbereiche kennzeichnet:

```
# Maske anzeigen
plt.imshow(mask, cmap='gray'), plt.axis("off")
plt.show()
```

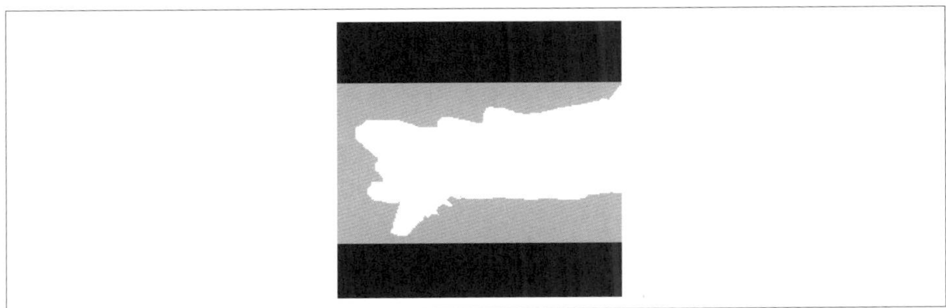

Der schwarze Bereich ist die Fläche außerhalb unseres Rechtecks, die definitiv als Hintergrund angenommen wird. Den grauen Bereich betrachtet `GrabCut` als wahrscheinlichen Hintergrund und den weißen Bereich als wahrscheinlichen Vordergrund.

Diese Maske wird dann herangezogen, um eine zweite Maske zu erzeugen, die die schwarzen und grauen Bereiche zusammenführt:

```
# Maske anzeigen
plt.imshow(mask_2, cmap='gray'), plt.axis("off")
plt.show()
```

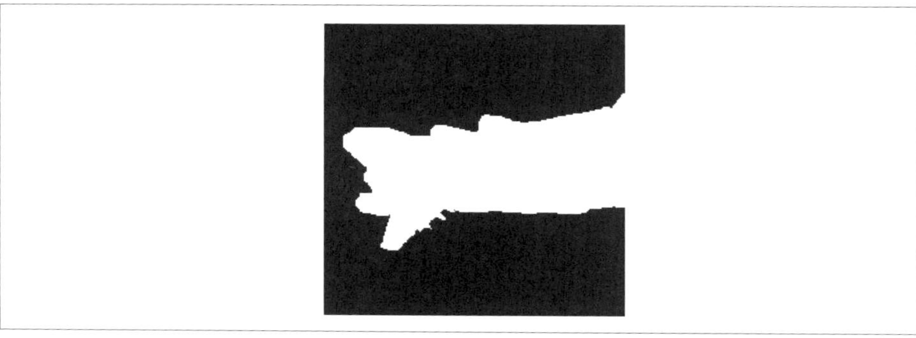

Die zweite Maske wird dann auf das Bild angewendet, sodass nur noch der Vordergrund übrig bleibt.

8.11 Kantendetektion

Problem

Sie möchten die Kanten in einem Bild ermitteln.

Lösung

Verwenden Sie eine Technik zur Kantendetektion wie zum Beispiel den Canny-Algorithmus:

```
# Bibliothek laden
import cv2
import numpy as np
from matplotlib import pyplot as plt

# Bild im Graustufenformat laden
image_gray = cv2.imread("images/plane_256x256.jpg", cv2.IMREAD_GRAYSCALE)

# Median-Intensität berechnen
median_intensity = np.median(image_gray)
```

```
# Schwellenwerte mit einer Standardabweichung ober- und unterhalb der
# Median-Intensität festlegen
lower_threshold = int(max(0, (1.0 - 0.33) * median_intensity))
upper_threshold = int(min(255, (1.0 + 0.33) * median_intensity))

# Canny-Algorithmus anwenden
image_canny = cv2.Canny(image_gray, lower_threshold, upper_threshold)

# Bild anzeigen
plt.imshow(image_canny, cmap="gray"), plt.axis("off")
plt.show()
```

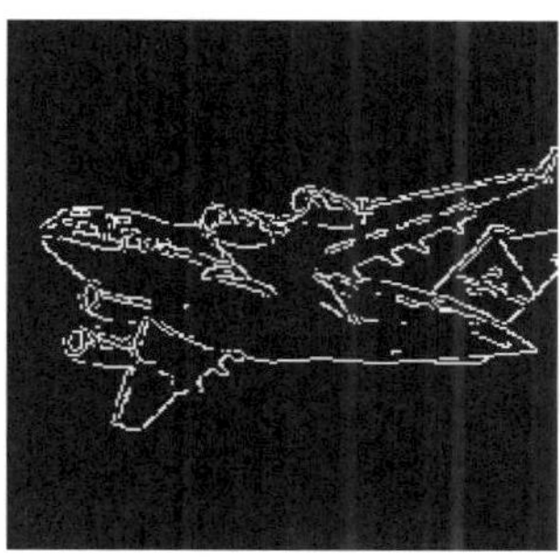

Diskussion

Kantendetektion gehört zu den Themen von besonderem Interesse in der Computervision. Kanten sind wichtig, weil sie Bereiche einer hohen Informationsdichte sind. So sieht zum Beispiel in unserem Bild ein Fleck im Himmel fast genauso aus wie ein anderer, und es ist unwahrscheinlich, dass er einzigartige oder interessante Informationen enthält. Dagegen enthalten die Stellen, an denen der Hintergrundhimmel auf das Flugzeug trifft, jede Menge Informationen (z.B. die Form eines Objekts). Durch Kantendetektion sind wir in der Lage, die Bereiche mit den meisten Informationen zu isolieren.

Es gibt viele Techniken für die Kantendetektion (Sobel-Filter, Laplace-Filter usw.) Unsere Lösung verwendet jedoch den gebräuchlichen Canny-Algorithmus. Es ginge über den Rahmen dieses Buchs hinaus, die Details des Canny-Algorithmus zu erläutern, doch wir sollten zumindest einen Punkt genauer betrachten. Der Canny-Algorithmus benötigt zwei Parameter, die die unteren und oberen Gradienten-Schwellenwerte angeben. Potenzielle Kantenpixel zwischen den unteren und oberen Schwellenwerten gelten als *schwache Kantenpixel*, während diejenigen Pixel oberhalb des oberen Schwellenwerts als *starke Kantenpixel* betrachtet werden. Die Methode `Canny` von `OpenCV` beinhaltet die unteren und oberen Schwellenwerte als erforderliche Parameter. In unserer Lösung haben wir die unteren und oberen Schwellenwerte auf eine Standardabweichung unterhalb und oberhalb der Median-

Pixelintensität des Bilds gesetzt. Oftmals lassen sich aber bessere Ergebnisse erzielen, wenn man ein gutes Paar von unteren und oberen Schwellenwerten über manuelles Trial-and-Error-Vorgehen anhand einiger Bilder ermittelt, bevor man Canny auf der gesamten Bildersammlung ausführt.

Siehe auch

- Canny Edge Detector (*http://bit.ly/2FzDXNt*)
- Canny Edge Detection Auto Thresholding (*http://bit.ly/2nmQERq*)

8.12 Eckenerkennung

Problem

Sie möchten markante Punkte in einem Bild erkennen.

Lösung

Verwenden Sie die OpenCV-Implementierung des Harris-Corner-Detektors cornerHarris:

```
# Bibliotheken laden
import cv2
import numpy as np
from matplotlib import pyplot as plt

# Bild im Graustufenformat laden
image_bgr = cv2.imread('images/plane_256x256.jpg')
image_gray = cv2.cvtColor(image_bgr, cv2.COLOR_BGR2GRAY)
image_gray = np.float32(image_gray)

# Parameter für Eckenerkennung festlegen
block_size = 2
aperture = 29
free_parameter = 0.04

# Punkte erkennen
detector_responses = cv2.cornerHarris(image_gray,
                                      block_size,
                                      aperture,
                                      free_parameter)

# Markierungen für große Punkte
detector_responses = cv2.dilate(detector_responses, None)

# Nur Detektorantworten größer als Schwellenwert behalten, als Weiß markieren
threshold = 0.02
```

```
image_bgr[detector_responses >
          threshold *
          detector_responses.max()] = [255,255,255]

# In Graustufen konvertieren
image_gray = cv2.cvtColor(image_bgr, cv2.COLOR_BGR2GRAY)

# Bild anzeigen
plt.imshow(image_gray, cmap="gray"), plt.axis("off")
plt.show()
```

Diskussion

Der *Harris-Algorithmus* zur Eckenerkennung wird häufig eingesetzt, um den Schnittpunkt zweier Kanten zu ermitteln. Unser Interesse an der Erkennung von Ecken hat den gleichen Grund wie das an der Erkennung von Kanten: Ecken sind Punkte mit einem besonderen Informationsgehalt. Für eine vollständige Erklärung des Harris-Corner-Detektors sei auf die Literatur am Ende dieses Rezepts verwiesen. Vereinfacht dargestellt, sucht der Algorithmus nach Fenstern (auch als *Nachbarschaften* oder *Patches* bezeichnet), bei denen kleine Verschiebungen des Fensters (stellen Sie sich ein zitterndes Fenster vor) große Änderungen bei den Inhalten der Pixel innerhalb des Fensters hervorrufen. Die Methode `cornerHarris` übernimmt drei wichtige Parameter, mit denen sich die Kantenerkennung steuern lässt. Erstens gibt `block_size` die Größe des Pixelnachbarn an, der für die Eckenerkennung herangezogen wird. Zweitens liefert `aperture` die Größe des verwendeten Sobel-Kernels (es ist nicht schlimm, wenn Sie nicht wissen, was sich dahinter verbirgt), und schließlich gibt es einen freien Parameter, bei dem größere Werte dem Identifizieren weicherer Ecken entsprechen.

Als Ausgabe erscheint ein Graustufenbild, in dem die potenziellen Ecken markiert sind:

```
# Potenzielle Ecken anzeigen
plt.imshow(detector_responses, cmap='gray'), plt.axis("off")
plt.show()
```

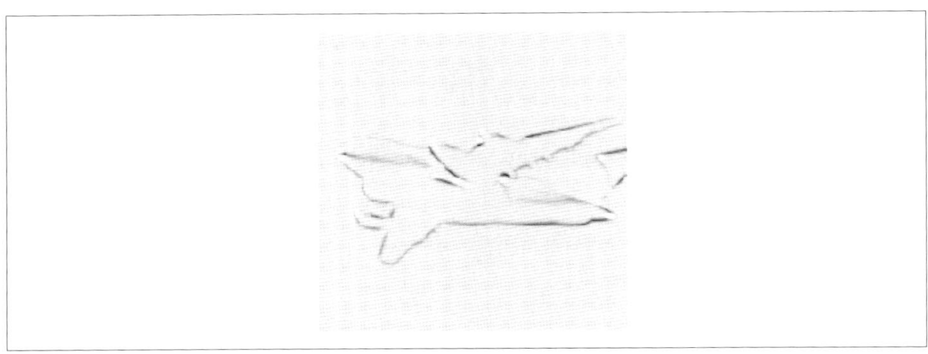

Wir wenden dann ein Schwellenwertverfahren an, um nur die wahrscheinlichsten Ecken beizubehalten. Alternativ können Sie den Shi-Tomasi-Eckendetektor nutzen, der ähnlich wie der Harris-Detektor (goodFeaturesToTrack) eine festgelegte Anzahl von starken Ecken ermittelt. Die Methode goodFeaturesToTrack übernimmt drei wichtige Parameter – die Anzahl der zu erkennenden Ecken, die Mindestqualität der Ecke (0 bis 1) und den euklidischen Mindestabstand zwischen den Ecken:

```
# Bibliotheken laden
import cv2
import numpy as np
from matplotlib import pyplot as plt

# Bilder laden
image_bgr = cv2.imread('images/plane_256x256.jpg')
image_gray = cv2.cvtColor(image_bgr, cv2.COLOR_BGR2GRAY)

# Anzahl der zu erkennenden Ecken
corners_to_detect = 10
minimum_quality_score = 0.05
minimum_distance = 25

# Ecken erkennen
corners = cv2.goodFeaturesToTrack(image_gray,
                                  corners_to_detect,
                                  minimum_quality_score,
                                  minimum_distance)

corners = np.float32(corners)

# Um jede Ecke einen weißen Kreis zeichnen
for corner in corners:
    x, y = corner[0]
    cv2.circle(image_bgr, (x,y), 10, (255,255,255), -1)

# In Graustufen konvertieren
image_rgb = cv2.cvtColor(image_bgr, cv2.COLOR_BGR2GRAY)

# Bild anzeigen
plt.imshow(image_rgb, cmap='gray'), plt.axis("off")
plt.show()
```

Siehe auch

- OpenCV's cornerHarris (*http://bit.ly/2HQXwz6*)
- OpenCV's goodFeaturesToTrack (*http://bit.ly/2HRSVwF*)

8.13 Merkmale für maschinelles Lernen erzeugen

Problem

Sie möchten ein Bild in eine Beobachtung für maschinelles Lernen konvertieren.

Lösung

Verwenden Sie die NumPy-Methode `flatten`, um das mehrdimensionale Array, das die Bilddaten enthält, in einen Vektor zu überführen, der die Werte der Beobachtung enthält:

```
# Bild laden
import cv2
import numpy as np
from matplotlib import pyplot as plt

# Bild im Graustufenformat laden
image = cv2.imread("images/plane_256x256.jpg", cv2.IMREAD_GRAYSCALE)

# Bildgröße auf 10 x 10 Pixel ändern
image_10x10 = cv2.resize(image, (10, 10))

# Bilddaten in eindimensionalen Vektor konvertieren
image_10x10.flatten()

array([133, 130, 130, 129, 130, 129, 129, 128, 128, 127, 135, 131, 131,
       131, 130, 130, 129, 128, 128, 128, 134, 132, 131, 131, 130, 129,
       129, 128, 130, 133, 132, 158, 130, 133, 130,  46,  97,  26, 132,
       143, 141,  36,  54,  91,   9,   9,  49, 144, 179,  41, 142,  95,
        32,  36,  29,  43, 113, 141, 179, 187, 141, 124,  26,  25, 132,
```

```
135, 151, 175, 174, 184, 143, 151,  38, 133, 134, 139, 174, 177,
169, 174, 155, 141, 135, 137, 137, 152, 169, 168, 168, 179, 152,
139, 136, 135, 137, 143, 159, 166, 171, 175], dtype=uint8)
```

Diskussion

Bilder werden als Pixelraster dargestellt. Bei einem Bild im Graustufenformat ist jedem Pixel ein Wert zugeordnet (d.h. für die Pixelhelligkeit: `1` für weiß, `0` für schwarz). Angenommen, wir haben ein Bild von 10 × 10 Pixeln:

```
plt.imshow(image_10x10, cmap="gray"), plt.axis("off")
plt.show()
```

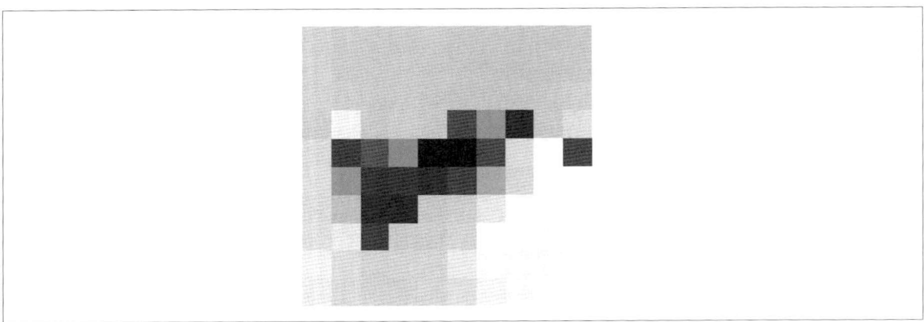

In diesem Fall betragen die Dimensionen der Bilddaten 10 × 10:

```
image_10x10.shape
```

```
(10, 10)
```

Und wenn wir das Array abflachen, erhalten wir einen Vektor der Länge 100 (10 multipliziert mit 10):

```
image_10x10.flatten().shape
```

```
(100,)
```

Dies sind die Merkmalsdaten für unser Bild, die sich mit den Vektoren von anderen Bildern verknüpfen lassen, um die Daten zu erzeugen, die als Eingangsdaten für unsere Algorithmen des maschinellen Lernens dienen.

Demgegenüber wird bei einem Farbbild jedes Pixel nicht nur durch einen Wert, sondern durch mehrere Werte (meistens drei) dargestellt. Sie repräsentieren die Farbkanäle (Rot, Grün, Blau usw.), die zur endgültigen Farbe dieses Pixels gemischt werden. Wenn also unser 10 × 10-Bild farbig ist, haben wir 300 Merkmalswerte für jede Beobachtung:

```
# Bild in Farbe laden
image_color = cv2.imread("images/plane_256x256.jpg", cv2.IMREAD_COLOR)

# Bildgröße auf 10 Pixel mal 10 Pixel ändern
image_color_10x10 = cv2.resize(image_color, (10, 10))
```

```
# Bilddaten in eindimensionalen Vektor konvertieren, Dimensionen anzeigen
image_color_10x10.flatten().shape
```

```
(300,)
```

Da jede Pixelposition in einer Sammlung von Bildern ein Merkmal ist, zählt es zu den wesentlichen Herausforderungen der Bildverarbeitung und Computervision, dass die Anzahl der Merkmale bei größeren Bildern explosionsartig zunimmt:

```
# Bild im Graustufenmodus laden
image_256x256_gray = cv2.imread("images/plane_256x256.jpg", cv2.IMREAD_GRAYSCALE)

# Bilddaten in eindimensionalen Vektor konvertieren, Dimensionen anzeigen
image_256x256_gray.flatten().shape
```

```
(65536,)
```

Die Anzahl der Merkmale nimmt nur dann zu, wenn es sich um ein Farbbild handelt:

```
# Bild im Farbmodus laden
image_256x256_color = cv2.imread("images/plane_256x256.jpg", cv2.IMREAD_COLOR)

# Bilddaten in eindimensionalen Vektor konvertieren, Dimensionen anzeigen
image_256x256_color.flatten().shape
```

```
(196608,)
```

Wie die Ausgabe zeigt, besitzt selbst ein kleines Farbbild nahezu 200.000 Merkmale. Das bereitet möglicherweise Probleme beim Trainieren unserer Modelle, weil die Anzahl der Merkmale die Anzahl der Beobachtungen bei Weitem überschreiten kann.

Dieses Problem motiviert zur Entwicklung von Dimensionalitätsstrategien (mehr dazu in einem der folgenden Kapitel), die die Anzahl der Merkmale zu verringern versuchen, dabei aber möglichst wenig Informationen verlieren wollen, die in den Daten enthalten sind.

8.14 Die mittlere Farbe als Merkmal codieren

Problem

Gesucht ist ein Merkmal, das auf den Farben eines Bilds basiert.

Lösung

Jedes Pixel in einem Bild wird durch die Kombination mehrerer Farbkanäle (oftmals drei: Rot, Grün und Blau) dargestellt. Berechnen Sie die mittleren roten, grünen und blauen Kanalwerte für ein Bild, um drei Farbmerkmale zu erzeugen, die die mittleren Farben in diesem Bild darstellen:

```
# Bibliotheken laden
import cv2
```

```
import numpy as np
from matplotlib import pyplot as plt

# Bild im BGR-Format laden
image_bgr = cv2.imread("images/plane_256x256.jpg", cv2.IMREAD_COLOR)

# Den Mittelwert jedes Kanals berechnen
channels = cv2.mean(image_bgr)

# Blaue und rote Werte vertauschen (BGR zu RGB machen)
observation = np.array([(channels[2], channels[1], channels[0])])

# Mittlere Kanalwerte anzeigen
observation

array([[ 90.53204346, 133.11735535, 169.03074646]])
```

Die mittleren Kanalwerte können wir direkt anzeigen (die Leser der Printausgabe bitten wir wieder um Nachsicht):

```
# Bild anzeigen
plt.imshow(observation), plt.axis("off")
plt.show()
```

Diskussion

Die Ausgabe liefert drei Merkmalswerte für eine Beobachtung, je eine für jeden Farbkanal im Bild. Diese Merkmale lassen sich genau wie beliebige andere Merkmale in Lernalgorithmen verwenden, um Bilder anhand ihrer Farben zu klassifizieren.

8.15 Farbhistogramme als Merkmale codieren

Problem

Es soll ein Satz von Merkmalen erzeugt werden, der die Farben darstellt, die in einem Bild erscheinen.

Lösung

Berechnen Sie die Histogramme für jeden Farbkanal:

```
# Bibliotheken laden
import cv2
import numpy as np
```

```
from matplotlib import pyplot as plt

# Bild laden
image_bgr = cv2.imread("images/plane_256x256.jpg", cv2.IMREAD_COLOR)

# Nach RGB konvertieren
image_rgb = cv2.cvtColor(image_bgr, cv2.COLOR_BGR2RGB)

# Eine Liste für Merkmalswerte erzeugen
features = []

# Das Histogramm für jeden Farbkanal berechnen
colors = ("r","g","b")

# Für jeden Kanal: Histogramm berechnen und zur Liste der Merkmalswerte hinzufügen
for i, channel in enumerate(colors):
    histogram = cv2.calcHist([image_rgb], # Bild
                        [i], # Index des Kanals
                        None, # keine Maske
                        [256], # Histogrammgröße
                        [0,256]) # Bereich
    features.extend(histogram)

# Einen Vektor für die Merkmalswerte einer Beobachtung berechnen
observation = np.array(features).flatten()

# Den Wert der Beobachtung für die ersten fünf Merkmale anzeigen
observation[0:5]

array([ 1008.,    217.,    184.,    165.,    116.], dtype=float32)
```

Diskussion

Im RGB-Farbmodell ist jede Farbe die Kombination aus drei Farbkanälen (d.h. Rot, Grün und Blau). Jeder Farbkanal kann wiederum einen von 256 Werten annehmen (die durch eine Ganzzahl zwischen 0 und 255 dargestellt werden). Zum Beispiel hat das Pixel ganz links oben in unserem Bild die folgenden Kanalwerte:

```
# RGB-Kanalwerte anzeigen
image_rgb[0,0]

array([107, 163, 212], dtype=uint8)
```

Ein Histogramm stellt die Verteilung von Werten in den Daten dar. Hier ein einfaches Beispiel:

```
# pandas importieren
import pandas as pd

# Einige Daten erzeugen
data = pd.Series([1, 1, 2, 2, 3, 3, 3, 4, 5])

# Das Histogramm anzeigen
data.hist(grid=False)
plt.show()
```

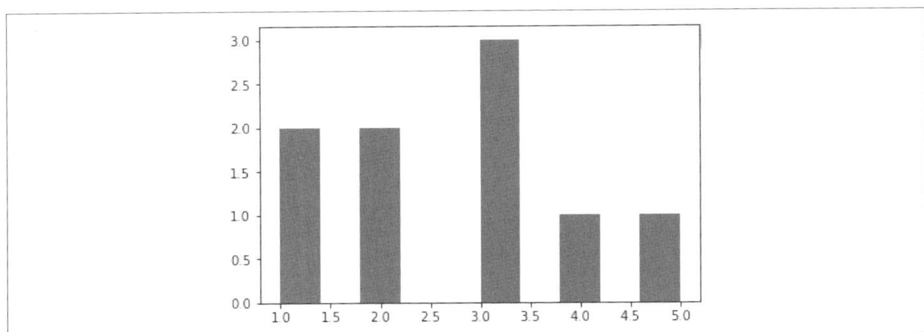

In diesem Beispiel haben wir einige Daten mit zwei Einsen, zwei Zweien, drei Dreien, einer Vier und einer Fünf. Im Histogramm stellt jede Säule dar, wie oft jeder Wert (1, 2 usw.) in unseren Daten erscheint.

Die gleiche Technik können wir auf die einzelnen Farbkanäle anwenden. Statt der fünf möglichen Werte haben wir jetzt 256 (den Bereich der möglichen Werte für einen Kanalwert). Die x-Achse stellt die 256 möglichen Kanalwerte dar und die y-Achse zeigt, wie oft ein bestimmter Kanalwert über alle Pixel in einem Bild erscheint:

```
# Das Histogramm für jeden Farbkanal berechnen
colors = ("r","g","b")

# Für jeden Kanal: Histogramm berechnen, Diagramm erzeugen
for i, channel in enumerate(colors):
    histogram = cv2.calcHist([image_rgb], # Bild
                             [i], # Index des Kanals
                             None, # keine Maske
                             [256], # Histogrammgröße
                             [0,256]) # Bereich
    plt.plot(histogram, color = channel)
    plt.xlim([0,256])

# Diagramm anzeigen
plt.show()
```

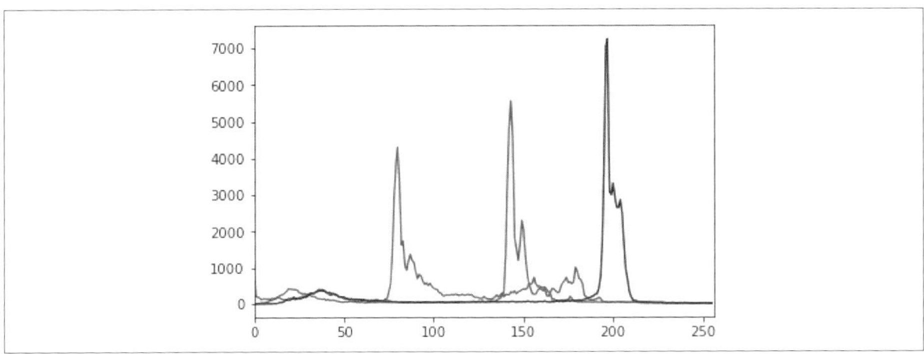

Wie das Histogramm zeigt, enthalten nur wenige Pixel die blauen Kanalwerte zwischen 0 und ~180, viele Pixel weisen jedoch blaue Kanalwerte zwischen ~190 und ~210 auf. Die Verteilung der Kanalwerte ist für alle drei Kanäle zu sehen. Allerdings ist das Histogramm keine einfache Visualisierung; es verkörpert 256 Merkmale für jeden Farbkanal, was insgesamt 768 Merkmale ergibt, die die Verteilung von Farben in einem Bild darstellen.

Siehe auch

- Histogram (*https://en.wikipedia.org/wiki/Histogram*)
- pandas Histogram documentation (*http://bit.ly/2HT4Fz0*)
- OpenCV Histogram tutorial (*http://bit.ly/2HSyoYH*)

KAPITEL 9

Verringerung der Dimensionalität durch Merkmalsextraktion

9.0 Einführung

Üblicherweise hat man Zugriff auf Tausende und sogar Hunderttausende von Merkmalen. Zum Beispiel haben wir in Kapitel 8 ein Farbbild mit 256 × 256 Pixeln in 196.608 Merkmale überführt. Da zudem jedes dieser Pixel einen von 256 möglichen Werten annehmen kann, haben wir es letztlich mit 256^{196608} verschiedenen Konfigurationen unserer Beobachtung zu tun. Dies ist problematisch, weil wir praktisch niemals in der Lage sind, genügend Beobachtungen zu sammeln, um überhaupt einen kleinen Bruchteil dieser Konfigurationen abzudecken, und unsere Lernalgorithmen verfügen nicht über genügend Daten, um ordnungsgemäß zu arbeiten.

Zum Glück werden nicht alle Merkmale gleichermaßen erzeugt, und die Merkmalsextraktion zur Reduzierung der Dimensionalität zielt darauf ab, die Menge der Merkmale $p_{original}$ so zu transformieren, dass eine neue Menge p_{neu} entsteht, wobei $p_{original} > p_{neu}$ ist und ein großer Teil der zugrunde liegenden Informationen erhalten bleibt. Anders ausgedrückt, reduzieren wir die Anzahl der Merkmale, ohne die Fähigkeit einzubüßen, hoch qualitative Vorhersagen aus unseren Daten zu generieren. Dieses Kapitel befasst sich mit einer Reihe von Techniken zur Merkmalsextraktion, um genau dies zu bewerkstelligen.

Ein Nachteil der hier diskutierten Techniken zur Merkmalsextraktion besteht darin, dass die neu generierten Merkmale vom Menschen nicht interpretierbar sind. Zwar beinhalten sie die gleiche oder fast die gleiche Fähigkeit, unsere Modelle zu trainieren, doch für den Menschen sehen sie wie eine Sammlung von Zufallszahlen aus. Wenn wir weiterhin in der Lage sein wollen, unsere Modelle zu interpretieren, ist die Reduzierung der Dimensionalität durch Merkmalsselektion eine bessere Option.

9.1 Merkmale mithilfe von Hauptkomponenten reduzieren

Problem

Für einen Satz von Merkmalen möchten Sie die Anzahl der Merkmale reduzieren und dabei gleichzeitig die Varianz in den Daten beibehalten.

Lösung

Verwenden Sie die *Hauptkomponentenanalyse* mit der Methode `PCA` von `scikit`:

```
# Bibliotheken laden
from sklearn.preprocessing import StandardScaler
from sklearn.decomposition import PCA
from sklearn import datasets

# Die Daten laden
digits = datasets.load_digits()

# Die Merkmalsmatrix standardisieren
features = StandardScaler().fit_transform(digits.data)

# Eine PCA erzeugen, die 99 % der Varianz beibehält
pca = PCA(n_components=0.99, whiten=True)

# Hauptkomponentenanalyse durchführen
features_pca = pca.fit_transform(features)

# Ergebnisse anzeigen
print("Ursprüngliche Anzahl an Merkmalen:", features.shape[1])
print("Reduzierte Anzahl an Merkmalen:", features_pca.shape[1])

Ursprüngliche Anzahl an Merkmalen: 64
Reduzierte Anzahl an Merkmalen: 54
```

Diskussion

Die Hauptkomponentenanalyse (engl. *Principal Component Analysis*, PCA) ist eine beliebte Technik zur Reduzierung der Dimensionalität. PCA projiziert Beobachtungen auf die (hoffentlich wenigeren) Hauptkomponenten der Merkmalsmatrix, sodass die meiste Varianz erhalten bleibt. Es handelt sich um eine nicht überwachte Technik, die keine Informationen vom Zielvektor verwendet, sondern nur die Merkmalsmatrix betrachtet.

Für eine mathematische Beschreibung der Funktionsweise von PCA sei auf die Quellen am Ende dieses Rezepts verwiesen. Immerhin lässt sich die Idee hinter PCA anhand eines einfachen Beispiels verstehen. In Abbildung 9-1 enthalten unsere Daten die beiden Merkmale x_1 und x_2. Die Visualisierung zeigt deutlich, dass die Beobachtungen in Form einer Zigarre verteilt sind, also mit großer Längenausdehnung und geringer Höhe. Konkret ist es so, dass die Varianz der »Länge« signifikant größer als die Varianz der »Höhe« ist. Statt Länge und Höhe bezeichnen wir die »Richtung« mit der größten Varianz als erste Hauptkomponente und die »Richtung« mit der nächstgrößeren Varianz als zweite Hauptkomponente (usw.).

Um die Merkmale zu reduzieren, könnte man alle Beobachtungen in unserem zweidimensionalen Raum auf die eindimensionale Hauptkomponente projizieren. Dabei gingen zwar die Informationen verloren, die in der zweiten Hauptkomponente erfasst sind, doch in manchen Situationen ist dies ein akzeptabler Kompromiss. Darum geht es bei der Hauptkomponentenanalyse.

PCA wird in `scikit-learn` mit der Methode `pca` implementiert. Der Parameter `n_components` hat zwei »Betriebsarten«, die vom übergebenen Argument abhängig sind. Ist das Argument größer als 1, gibt `pca` diese Anzahl an Merkmalen zurück. Das führt uns zu der Frage, wie man die optimale Anzahl der Merkmale auswählt. Dabei kommt uns entgegen, dass `pca` die minimale Anzahl von Merkmalen zurückgibt, die diese große Varianz bewahren, wenn das Argument an `n_components` zwischen 0 und 1 liegt. Üblicherweise verwendet man Werte von 0,95 und 0,99, d.h., 95 % bzw. 99 % der Varianz der ursprünglichen Merkmale sind beibehalten worden. Mit `whiten=True` transformiert die Methode die Werte jeder Hauptkomponente, sodass sich der Mittelwert 0 und die Einheitsvarianz ergeben. Eine weitere Parameter-Argument-Kombination ist `svd_solver="randomized"`, was einen stochastischen Algorithmus implementiert, um die ersten Hauptkomponenten in oftmals erheblich kürzerer Zeit zu finden.

Die Ausgabe unserer Lösung zeigt, dass sich mit PCA unsere Dimensionalität um zehn Merkmale verringert hat, wobei gleichzeitig 99 % der Informationen (Varianz) in der Merkmalsmatrix verblieben sind.

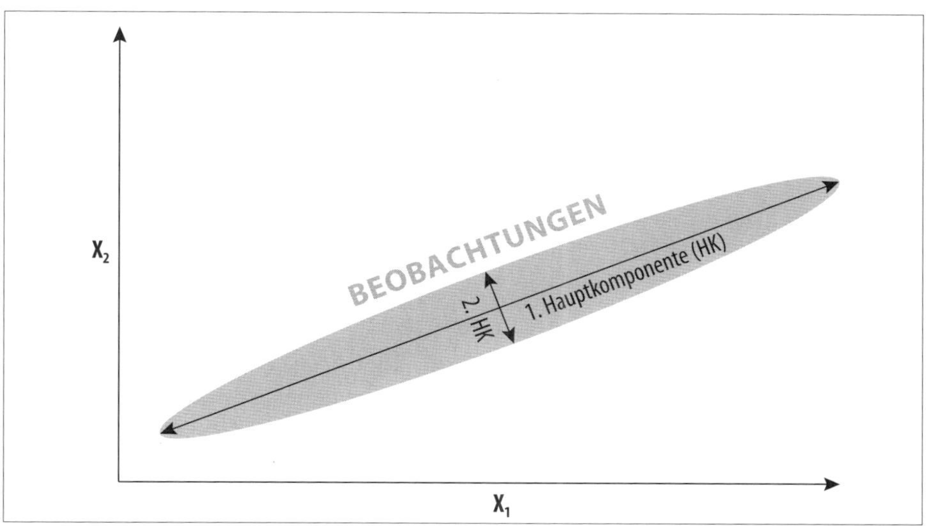

Abbildung 9-1: Verteilung der Beobachtungen im Beispiel für die Hauptkomponentenanalyse

Siehe auch

- Dokumentation von `scikit-learn` zu PCA (*http://bit.ly/2FrSvyx*)
- Die Anzahl der Hauptkomponenten auswählen (*http://bit.ly/2FrSGtH*)
- Hauptkomponentenanalyse mit linearer Algebra (*http://bit.ly/2FuzdIW*)

9.2 Merkmale reduzieren, wenn Daten nicht linear separierbar sind

Problem

Sie vermuten, dass Ihre Daten nicht linear separierbar sind, und möchten die Dimensionen reduzieren.

Lösung

Verwenden Sie eine Erweiterung der Hauptkomponentenanalyse, die mit Kernels arbeitet, um nichtlineare Dimensionalitätsreduzierung zu ermöglichen:

```
# Bibliotheken laden
from sklearn.decomposition import PCA, KernelPCA
from sklearn.datasets import make_circles

# Linear separierbare Daten
features, _ = make_circles(n_samples=1000, random_state=1, noise=0.1, factor=0.1)

# Kernel-PCA mit Kernel Radius Basis Function (RBF) anwenden
kpca = KernelPCA(kernel="rbf", gamma=15, n_components=1)
features_kpca = kpca.fit_transform(features)

print("Ursprüngliche Anzahl an Merkmalen:", features.shape[1])
print("Reduzierte Anzahl an Merkmalen:", features_kpca.shape[1])

Ursprüngliche Anzahl an Merkmalen: 2
Reduzierte Anzahl an Merkmalen: 1
```

Diskussion

PCA ist in der Lage, die Dimensionalität der Merkmalsmatrix (z.B. die Anzahl der Merkmale) zu reduzieren. Standard-PCA reduziert die Merkmale durch lineare Projektion. Wenn die Daten linear separierbar sind (d.h., Sie können eine Gerade oder Hyperebene zwischen verschiedene Klassen zeichnen), funktioniert PCA gut. Sind jedoch Ihre Daten nicht linear separierbar (d.h., Sie können Klassen nur mithilfe einer gekrümmten Entscheidungsgrenze trennen), funktioniert die lineare Transformation nicht in gleichem Maße. In unserer Lösung haben wir mit `make_circles` von `scikit-learn` einen simulierten Datensatz mit einem Zielvektor aus zwei Klassen und zwei Merkmalen generiert. Die Funktion `make_circles` erzeugt nicht linear separierbare Daten; insbesondere ist die eine Klasse auf allen Seiten von der anderen Klasse umgeben.

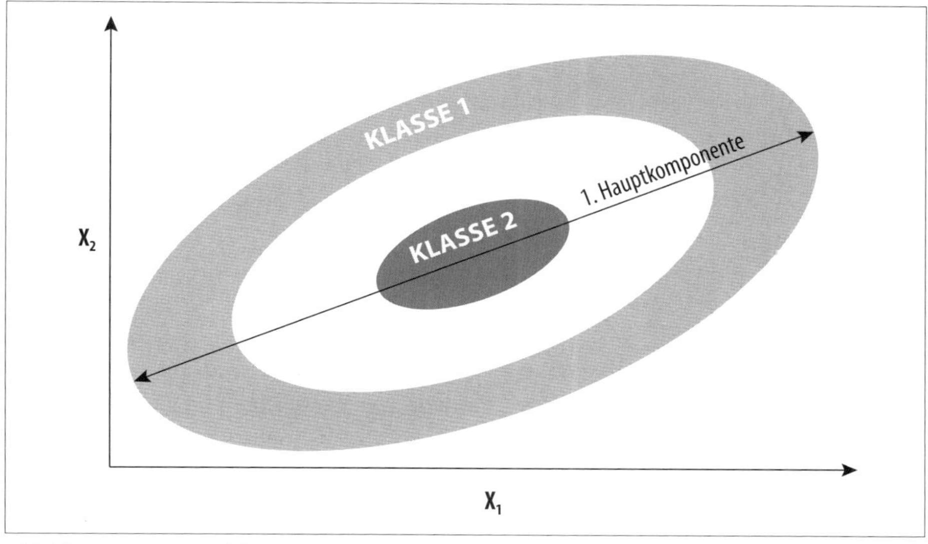

Abbildung 9-2: Beispiel für Daten, die nicht linear separierbar sind

Hätten wir die Dimensionen unserer Daten mit linearer Hauptkomponentenanalyse reduziert, würden die beiden Klassen linear auf die erste Hauptkomponente projiziert werden, sodass sie miteinander verschränkt wären (siehe Abbildung 9-3).

Abbildung 9-3: Lineare Hauptkomponentenanalyse, auf die Beispieldaten angewendet

Der Idealfall wäre eine Transformation, die sowohl die Dimensionen verringert als auch die Daten linear separierbar macht. Kernel-PCA kann beides erledigen (siehe Abbildung 9-4).

Abbildung 9-4: Kernel-PCA, auf die Beispieldaten angewendet

Kernels erlauben es uns, die nicht linear separierbaren Daten in eine höhere Dimension zu projizieren, in der sie linear separierbar sind – das ist der sogenannte *Kernel-Trick*. Keine Sorge, wenn Sie die Details des Kernel-Tricks noch nicht verstehen;

stellen Sie sich Kernels einfach als verschiedene Verfahren vor, die Daten zu projizieren. In kernelPCA von scikit-learn gibt es eine Reihe von Kernels, die Sie über den Parameter kernel spezifizieren können. Ein gängiger Kernel ist die gaußsche radiale Basisfunktion rbf, andere Optionen sind der polynomiale Kernel (poly) und der sigmoide Kernel (sigmoid). Wir können sogar eine lineare Projektion (linear) spezifizieren, die die gleichen Ergebnisse wie Standard-PCA liefert.

Nachteilig bei Kernel-PCA ist unter anderem, dass wir eine Reihe von Parametern spezifizieren müssen. Zum Beispiel haben wir in Rezept 9.1 den Parameter n_components auf 0.99 gesetzt, damit PCA die Anzahl der Komponenten so auswählt, dass 99 % der Varianz erhalten bleibt. In Kernel-PCA haben Sie diese Möglichkeit nicht. Die Anzahl der Parameter müssen Sie hier selbst definieren (z.B. mit n_components=1). Darüber hinaus bringen die Kernels ihre eigenen Hyperparameter mit, die festzulegen sind. Beispielsweise verlangt die radiale Basisfunktion einen gamma-Wert.

Woher wissen wir also, welche Werte zu verwenden sind? Durch Versuch und Irrtum. Insbesondere können wir unsere Modelle zum maschinellen Lernen mehrfach trainieren, und zwar jedes Mal mit einem anderen Kernel oder einem anderem Parameterwert. Haben wir die Kombination von Werten gefunden, mit der sich Werte mit der höchsten Qualität vorhersagen lassen, ist es geschafft. Kapitel 12 befasst sich ausführlicher mit dieser Strategie.

Siehe auch

- Dokument von scikit-learn zur Kernel-PCA (*http://bit.ly/2HRkxC3*)
- Kernel-Tricks und nichtlineare Dimensionalitätsreduzierung via RBF-Kernel-PCA (*http://bit.ly/2HReP3f*)

9.3 Merkmale durch Maximierung der Klassenseparierbarkeit reduzieren

Problem

Die zu verwendenden Merkmale möchten Sie mithilfe eines Klassifikators reduzieren.

Lösung

Projizieren Sie per *linearer Diskriminanzanalyse* (LDA) die Merkmale auf Komponentenachsen, die die Separation von Klassen maximieren:

```
# Bibliotheken laden
from sklearn import datasets
from sklearn.discriminant_analysis import LinearDiscriminantAnalysis
```

```
# Iris-Datensatz laden:
iris = datasets.load_iris()
features = iris.data
target = iris.target

# LDA erzeugen und ausführen, dann damit die Merkmale transformieren
lda = LinearDiscriminantAnalysis(n_components=1)
features_lda = lda.fit(features, target).transform(features)

# Die Anzahl der Merkmale ausgeben
print("Ursprüngliche Anzahl an Merkmalen:", features.shape[1])
print("Reduzierte Anzahl an Merkmalen:", features_lda.shape[1])
```

```
Ursprüngliche Anzahl an Merkmalen: 4
Reduzierte Anzahl an Merkmalen: 1
```

Wir können mit `explained_variance_ratio_` die Größe der Varianz anzeigen, die von jeder Komponente erklärt wird. In unserer Lösung hat die einzige Komponente über 99 % der Varianz erklärt:

```
lda.explained_variance_ratio_
```

```
array([ 0.99147248])
```

Diskussion

LDA ist eine Klassifizierung, die man gern auch für die Reduzierung der Dimensionalität einsetzt. Die Funktionsweise von LDA ähnelt der Hauptkomponentenanalyse (PCA) in dem Sinne, dass sie den Merkmalsraum auf einen Raum mit weniger Dimensionen projiziert.

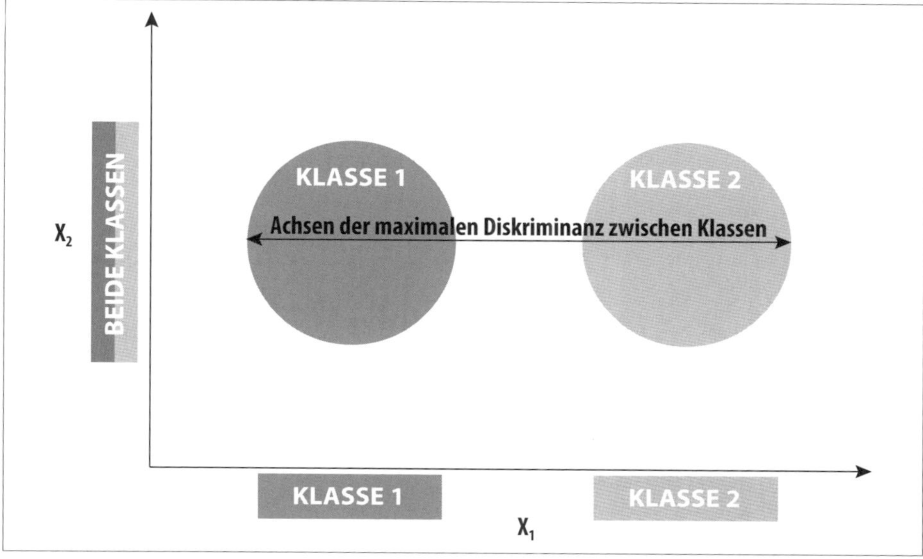

Abbildung 9-5: Lineare Diskriminanzanalyse mit Projektion der Daten auf die x_1-Achse, um maximale Separierbarkeit der Klassen zu erreichen

Allerdings sind wir in der PCA nur an den Komponentenachsen interessiert, die die Varianz in den Daten maximieren, während es in der LDA zusätzlich darum geht, die Unterschiede zwischen Klassen zu maximieren. In diesem bildhaften Beispiel umfassen die Daten zwei Zielklassen und zwei Merkmale. Wenn wir die Daten auf die x_2-Achse projizieren, lassen sich die beiden Klassen nicht ohne Weiteres separieren (d.h., sie überlappen sich). Projizieren wir aber die Daten auf die x_1-Achse, bekommen wir einen Merkmalsvektor (d.h., wir haben die Dimensionalität um 1 reduziert), der die Separierbarkeit der Klassen bewahrt. In der Praxis werden natürlich die Beziehungen zwischen den Klassen komplexer und die Dimensionalität höher sein, doch das Konzept bleibt das gleiche.

In `scikit-learn` wird LDA mittels `LinearDiscriminantAnalysis` implementiert. Der Parameter `n_components` dieser Klasse gibt die Anzahl der Merkmale an, die zurückgegeben werden sollen. Um herauszufinden, welcher Argumentwert für `n_components` infrage kommt (beispielsweise wie viele Parameter beizubehalten sind), können wir von der Tatsache profitieren, dass `explained_variance_ratio_` die Varianzen, die jedes ausgegebene Merkmal erklärt hat, in einem sortierten Array bereitstellt, zum Beispiel:

```
lda.explained_variance_ratio_
```

```
array([ 0.99147248])
```

Speziell können wir `LinearDiscriminantAnalysis` ausführen, wobei `n_components` auf `None` gesetzt ist, um das Verhältnis der Varianz, die von jedem Komponentenmerkmal erklärt wird, zurückzugeben, und dann berechnen, wie viele Komponenten erforderlich sind, um über einen bestimmten Schwellenwert der erklärten Varianz zu kommen (oftmals 0,95 oder 0,99):

```
# LDA erzeugen und ausführen
lda = LinearDiscriminantAnalysis(n_components=None)
features_lda = lda.fit(features, target)

# Array der erklärten Varianzverhältnisse erstellen
lda_var_ratios = lda.explained_variance_ratio_

# Funktion erzeugen
def select_n_components(var_ratio, goal_var: float) -> int:
    # Anfangswert der erklärten Varianz setzen
    total_variance = 0.0

    # Anfängliche Anzahl an Merkmalen setzen
    n_components = 0

    # Für die erklärte Varianz jedes Merkmals:
    for explained_variance in var_ratio:

        # Die erklärte Varianz zur Gesamtsumme addieren
        total_variance += explained_variance

        # Die Anzahl der Komponenten um 1 erhöhen
        n_components += 1
```

```
        # Wenn das Zielniveau der erklärten Varianz erreicht ist
        if total_variance >= goal_var:
            # Die Schleife beenden
            break

    # Die Anzahl der Komponenten zurückgeben
    return n_components

# Funktion ausführen
select_n_components(lda_var_ratios, 0.95)
```

```
1
```

Siehe auch

- Vergleich von LDA- und PCA-2D-Projektion des Iris-Datensatzes (*http://bit.ly/2Fs4cWe*)
- Lineare Diskriminanzanalyse (*http://bit.ly/2FtiKEL*)

9.4 Merkmale durch Matrixfaktorisierung reduzieren

Problem

Sie möchten die Dimensionalität einer Merkmalsmatrix mit nichtnegativen Werten reduzieren.

Lösung

Die Dimensionalität der Merkmalsmatrix können Sie mit nichtnegativer Matrixfaktorisierung (NMF) reduzieren:

```
# Bibliotheken laden
from sklearn.decomposition import NMF
from sklearn import datasets

# Daten laden
digits = datasets.load_digits()

# Merkmalsmatrix laden
features = digits.data

# NMF erstellen, anpassen und anwenden
nmf = NMF(n_components=10, random_state=1)
features_nmf = nmf.fit_transform(features)

# Ergebnisse anzeigen
print("Ursprüngliche Anzahl an Merkmalen:", features.shape[1])
print("Reduzierte Anzahl an Merkmalen:", features_nmf.shape[1])
```

```
Ursprüngliche Anzahl an Merkmalen: 64
Reduzierte Anzahl an Merkmalen: 10
```

Diskussion

NMF ist eine nicht überwachte Technik zur linearen Dimensionalitätsreduzierung. Sie faktorisiert die Merkmalsmatrix in Matrizen (d. h., sie zerlegt die Merkmalsmatrix in mehrere Matrizen, deren Produkt der ursprünglichen Matrix entspricht), die die latente Beziehung zwischen Beobachtungen und ihren Merkmalen darstellen. Es ist leicht einzusehen, dass NMF die Dimensionalität reduzieren kann, weil die beiden Faktoren in der Matrixmultiplikation (die zu multiplizierenden Matrizen) deutlich weniger Dimensionen haben können als die Produktmatrix. Für eine gewünschte Anzahl von zurückzugebenden Merkmalen r faktorisiert NMF die Merkmalsmatrix formal wie folgt:

$$\mathbf{V} \approx \mathbf{WH}$$

Hierin ist $\mathbf{V}$ unsere $d \times n$-Merkmalsmatrix (d. h. d Merkmale, n Beobachtungen), $\mathbf{W}$ ist eine $d \times r$- und $\mathbf{H}$ eine $r \times n$-Matrix. Indem man den Wert von r anpasst, kann man den Umfang der gewünschten Dimensionalitätsreduzierung festlegen.

Wie aus dem Namen hervorgeht, ist es eine Hauptforderung von NMA, dass die Merkmalsmatrix keine negativen Werte enthalten darf. Darüber hinaus bietet uns NMA im Unterschied zu PCA und anderen hier untersuchten Techniken keine erklärte Varianz der ausgegebenen Merkmale. Um also den optimalen Wert für `n_components` zu finden, ist es am besten, einen Bereich von Werten auszuprobieren, bis einer dieser Werte das beste Ergebnis im endgültigen Modell erzeugt (siehe Kapitel 12).

Siehe auch

- Nichtnegative Matrixfaktorisierung (NMF) (*http://bit.ly/2FvtWRj*)

9.5 Merkmale auf schwach besetzten Daten reduzieren

Problem

Sie möchten die Dimensionalität einer schwach besetzten Merkmalsmatrix reduzieren.

Lösung

Verwenden Sie *abgeschnittene Singulärwertzerlegung* (*Truncated Singular Value Decomposition*, TSVD):

```
# Bibliotheken laden
from sklearn.preprocessing import StandardScaler
from sklearn.decomposition import TruncatedSVD
from scipy.sparse import csr_matrix
from sklearn import datasets
import numpy as np

# Daten laden
digits = datasets.load_digits()

# Merkmalsmatrix standardisieren
features = StandardScaler().fit_transform(digits.data)

# Schwach besetzte Matrix erstellen
features_sparse = csr_matrix(features)

# Eine TSVD erzeugen
tsvd = TruncatedSVD(n_components=10)

# TSVD auf schwach besetzter Matrix durchführen
features_sparse_tsvd = tsvd.fit(features_sparse).transform(features_sparse)

# Ergebnisse anzeigen
print("Ursprüngliche Anzahl an Merkmalen:", features_sparse.shape[1])
print("Reduzierte Anzahl an Merkmalen:", features_sparse_tsvd.shape[1])

Ursprüngliche Anzahl an Merkmalen: 64
Reduzierte Anzahl an Merkmalen: 10
```

Diskussion

TSVD ist PCA ähnlich, und tatsächlich verwendet PCA oftmals die nicht abgeschnittene Singulärwertzerlegung (SVD) in einem der Verarbeitungsschritte. Bei der normalen Singulärwertzerlegung erzeugt SVD bei d Merkmale $d \times d$-Faktormatrizen, während TSVD $n \times n$-Faktoren zurückgibt, wobei n vorher durch einen Parameter festgelegt wird. Der praktische Vorteil von TSVD ergibt sich gegenüber PCA darin, dass das Verfahren auf schwach besetzten Matrizen arbeitet.

Da aber TSVD einen Zufallszahlengenerator verwendet, weist das Verfahren das Problem auf, dass die Vorzeichen der Ausgabe zwischen den Anpassungen wechseln können. Dies lässt sich leicht umgehen, indem man `fit` nur einmal pro Vorverarbeitungspipeline und dann `transform` mehrmals verwendet.

Wie bei der linearen Diskriminanzanalyse müssen Sie die Anzahl der Merkmale (Komponenten) spezifizieren, die ausgegeben werden sollen. Hierzu verwenden Sie den Parameter `n_components`. Natürlich stellt sich sofort die Frage: Welche Anzahl an Komponenten ist optimal? Eine Strategie bindet `n_components` als Hyperparameter ein, um eine Optimierung während der Modellauswahl vorzunehmen (d. h. den Wert für `n_components` zu wählen, der das am besten trainierte Modell ergibt). Da TSVD uns das Verhältnis der von jeder Komponente erklärten Varianz der ursprünglichen Merkmalsmatrix liefert, können wir die Anzahl der Komponenten, die eine angestrebte Größe der Varianz erklären (95 % oder 99 % sind gängige Werte), auswählen. Zum Beispiel erklären in unserer Lösung die ersten drei ausgegebenen Komponenten etwa 30 % der Varianz der Originaldaten:

```
# Summe der erklärten Varianzverhältnisse der ersten drei Komponenten
tsvd.explained_variance_ratio_[0:3].sum()
```

```
0.30039385386597783
```

Der Vorgang lässt sich automatisieren mit einer Funktion, die TSVD ausführt, wobei n_components auf die Anzahl der ursprünglichen Merkmale minus 1 gesetzt wird. Dann wird die Anzahl der Komponenten berechnet, die eine gewünschte Größe der Varianz der ursprünglichen Daten erklären:

```
# Eine TSVD mit einer Anzahl der Merkmale minus 1 erstellen und ausführen
tsvd = TruncatedSVD(n_components=features_sparse.shape[1]-1)
features_tsvd = tsvd.fit(features)

# Liste der erklärten Varianzen
tsvd_var_ratios = tsvd.explained_variance_ratio_

# Eine Funktion erzeugen
def select_n_components(var_ratio, goal_var):
    # Summe der erklärten Varianzen initialisieren
    total_variance = 0.0

    # Anzahl der Merkmale initialisieren
    n_components = 0

    # Für die erklärte Varianz jedes Merkmals ausführen:
    for explained_variance in var_ratio:

        # Die erklärte Varianz zur Gesamtsumme addieren
        total_variance += explained_variance

        # Zur Anzahl der Komponenten 1 addieren
        n_components += 1

        # Wenn wir unser Zielniveau der erklärten Varianz erreichen
        if total_variance >= goal_var:
            # Schleife beenden
            break

    # Die Anzahl der Komponenten zurückgeben
    return n_components

# Funktion ausführen
select_n_components(tsvd_var_ratios, 0.95)
```

```
40
```

Siehe auch

- Dokumentation von scikit-learn zu TruncatedSVD (*http://bit.ly/2GTfxvh*)

KAPITEL 10

Dimensionalität durch Merkmalsauswahl reduzieren

10.0 Einführung

Kapitel 9 hat sich damit beschäftigt, wie man die Dimensionalität der Merkmalsmatrix reduziert, indem man neue Merkmale erzeugt, die (im Idealfall) ähnliche Fähigkeiten besitzen, um Qualitätsmodelle mit deutlich weniger Dimensionen zu trainieren. Das ist die sogenannte *Merkmalsextraktion*. In diesem Kapitel geht es um einen alternativen Ansatz: hoch qualitative, informative Merkmale auswählen und weniger nützliche Merkmale fallen lassen. Dies wird als *Merkmalsselektion* bezeichnet.

Man unterscheidet drei Arten von Merkmalsselektionsmethoden: Filter, Wrapper und Embedded. Filtermethoden wählen die besten Merkmale aus, indem sie deren statistische Eigenschaften untersuchen. Wrapper versuchen, nach der Trial-and-Error-Methode die Teilmenge der Merkmale zu finden, die Modelle mit Vorhersagen höchster Qualität ergibt. Schließlich wählen Embedded-Methoden die beste Merkmalsteilmenge als Teil oder als Erweiterung im Trainingsprozess eines Lernalgorithmus aus.

Idealerweise würden wir in diesem Kapitel alle drei Methoden beschreiben. Da Embedded-Methoden jedoch eng mit spezifischen Lernalgorithmen verflochten sind, lassen sie sich nur schwer erklären, bevor wir tiefer in die Algorithmen selbst eingedrungen sind. Deshalb behandeln wir in diesem Kapitel nur die Merkmalsselektion mit Filter- und Wrapper-Methoden und verweisen für die Diskussion über bestimmte Embedded-Methoden auf die Kapitel, in denen diese Lernalgorithmen ausführlich erläutert werden.

10.1 Numerische Merkmale nach dem Schwellenwert von Varianzen auswählen

Problem

Aus einem Satz numerischer Merkmale möchten Sie diejenigen Merkmale mit geringer Varianz entfernen (d.h. Merkmale, die wahrscheinlich nur wenige Informationen enthalten).

Lösung

Wählen Sie eine Teilmenge der Merkmale aus, deren Varianzen über einem bestimmten Schwellenwert liegen:

```
# Bibliotheken laden
from sklearn import datasets
from sklearn.feature_selection import VarianceThreshold

# Einige Daten zum Experimentieren laden
iris = datasets.load_iris()

# Merkmale und Ziel erstellen
features = iris.data
target = iris.target

# Schwellenwertobjekt erstellen
thresholder = VarianceThreshold(threshold=.5)

# Merkmalsmatrix mit hoher Varianz erzeugen
features_high_variance = thresholder.fit_transform(features)

# Merkmalsmatrix mit hoher Varianz anzeigen
features_high_variance[0:3]

array([[ 5.1,  1.4,  0.2],
       [ 4.9,  1.4,  0.2],
       [ 4.7,  1.3,  0.2]])
```

Diskussion

Die Methode des *Varianzschwellenwerts* (*Variance Thresholding*, VT) stellt einen der grundlegendsten Ansätze für die Merkmalsauswahl dar. Sie geht auf die Idee zurück, dass die Merkmale mit geringer Varianz höchstwahrscheinlich weniger interessant (und nützlich) sind als Merkmale mit hoher Varianz. VT berechnet zunächst die Varianz jedes Merkmals:

$$operatorname Var(x) = \frac{1}{n}\sum_{i=1}^{n}\left(x_i - \mu\right)^2$$

Hierin ist x der Merkmalsvektor, x_i ein einzelner Merkmalswert und μ der Mittelwert dieses Merkmals. Als Nächstes werden alle Merkmale verworfen, deren Varianz diesem Schwellenwert nicht entspricht.

Bei VT sind zwei Dinge zu beachten. Erstens ist die Varianz nicht zentriert; das heißt, sie wird in der quadrierten Einheit des Merkmals selbst angegeben. Demzufolge funktioniert VT nicht, wenn die Merkmalsmengen unterschiedliche Einheiten enthalten (z.B. ein Merkmal in Jahren vorliegt, ein anderes Merkmal aber in Dollar). Zweitens wird der Varianzschwellenwert manuell ausgewählt, sodass ein gutes Beurteilungsvermögen (oder eine der in Kapitel 12 beschriebenen Modellauswahltechniken) gefragt ist, um einen brauchbaren Wert zu wählen. Mit der Methode `variances_` können Sie die Varianz für jedes Merkmal anzeigen:

```
# Varianzen anzeigen
thresholder.fit(features).variances_
```

```
array([ 0.68112222,  0.18675067,  3.09242489,  0.57853156])
```

Wenn schließlich die Merkmale standardisiert worden sind (sodass der Mittelwert 0 und die Varianz 1 sind), kann VT aus offensichtlichen Gründen nicht mehr ordnungsgemäß funktionieren:

```
# Bibliothek laden
from sklearn.preprocessing import StandardScaler

# Merkmalsmatrix standardisieren
scaler = StandardScaler()
features_std = scaler.fit_transform(features)

# Varianz jedes Merkmals berechnen
selector = VarianceThreshold()
selector.fit(merkmalen_std).variances_
```

```
array([ 1.,  1.,  1.,  1.])
```

10.2 Binäre Merkmale nach dem Schwellenwert von Varianzen auswählen

Problem

In einer Menge von binären kategorischen Merkmalen möchten Sie diejenigen Merkmale mit geringer Varianz entfernen (d. h. Merkmale, die wahrscheinlich nur wenige Informationen enthalten).

Lösung

Wählen Sie eine Teilmenge der Merkmale aus, bei der die Varianz einer bernoullischen Zufallsvariablen oberhalb eines gegebenen Schwellenwerts liegt:

```
# Bibliothek laden
from sklearn.feature_selection import VarianceThreshold

# Merkmalsmatrix mit folgenden Parametern erzeugen:
# Merkmal 0: 80% Klasse 0
# Merkmal 1: 80% Klasse 1
# Merkmal 2: 60% Klasse 0, 40% Klasse 1
features = [[0, 1, 0],
            [0, 1, 1],
            [0, 1, 0],
            [0, 1, 1],
            [1, 0, 0]]
```

```
# Schwellenwertmethode nach Varianz ausführen
thresholder = VarianceThreshold(threshold=(.75 * (1 - .75)))
thresholder.fit_transform(features)
```

```
array([[0],
       [1],
       [0],
       [1],
       [0]])
```

Diskussion

Genau wie bei numerischen Merkmalen kann man hoch informative kategorische Merkmale anhand ihrer Varianzen auswählen. Bei binären Merkmalen (d.h. bernoullischen Zufallsvariablen) wird die Varianz wie folgt berechnet:

$$\operatorname{Var}(x) = p(1 - p)$$

Hierin ist p der Anteil der Beobachtungen von Klasse 1. Wenn Sie also p festlegen, können Sie die Merkmale entfernen, bei denen die überwiegende Mehrheit der Beobachtungen eine Klasse ausmacht.

10.3 Stark korrelierte Merkmale verarbeiten

Problem

Für eine gegebene Merkmalsmatrix vermuten Sie, dass manche Merkmale stark korreliert sind.

Lösung

Verwenden Sie eine Korrelationsmatrix, um auf stark korrelierte Merkmale zu prüfen. Wenn stark korrelierte Merkmale existieren, sollten Sie eines der korrelierten Merkmale löschen:

```
# Bibliotheken laden
import pandas as pd
import numpy as np

# Merkmalsmatrix mit zwei stark korrelierten Merkmalen erzeugen
features = np.array([[1, 1, 1],
                     [2, 2, 0],
                     [3, 3, 1],
                     [4, 4, 0],
                     [5, 5, 1],
                     [6, 6, 0],
                     [7, 7, 1],
                     [8, 7, 0],
                     [9, 7, 1]])

# Merkmalsmatrix in DataFrame konvertieren
dataframe = pd.DataFrame(features)
```

```
# Korrelationsmatrix erstellen
corr_matrix = dataframe.corr().abs()

# Oberes Dreieck der Korrelationsmatrix auswählen
upper = corr_matrix.where(np.triu(np.ones(corr_matrix.shape),
                          k=1).astype(np.bool))

# Index von Merkmalsspalten mit Korrelation größer als 0,95 suchen
to_drop = [column for column in upper.columns if any(upper[column] > 0.95)]

# Merkmale verwerfen
dataframe.drop(dataframe.columns[to_drop], axis=1).head(3)
```

	0	2
0	1	1
1	2	0
2	3	1

Diskussion

Beim maschinellen Lernen hat man es oft mit dem Problem zu tun, dass Merkmale stark korreliert sind. Zwei stark korrelierte Merkmale enthalten sehr ähnliche Informationen, und es ist wahrscheinlich redundant, beide Merkmale beizubehalten. Die Lösung bei stark korrelierten Merkmalen ist einfach: Man entfernt eines der betreffenden Merkmale aus der Merkmalsmenge.

In unserer Lösung erzeugen wir zuerst eine Korrelationsmatrix aller Merkmale:

```
# Korrelationsmatrix
dataframe.corr()
```

	0	1	2
0	1.000000	0.976103	0.000000
1	0.976103	1.000000	-0.034503
2	0.000000	-0.034503	1.000000

Danach sehen wir uns das obere Dreieck der Korrelationsmatrix an, um Paare von stark korrelierten Merkmalen zu identifizieren:

```
# Oberes Dreieck der Korrelationsmatrix
upper
```

	0	1	2
0	NaN	0.976103	0.000000
1	NaN	NaN	0.034503
2	NaN	NaN	NaN

Schließlich entfernen wir ein Merkmal von jedem dieser Paare in der Merkmalsmenge.

10.4 Für eine Klassifizierung irrelevante Merkmale entfernen

Problem

Aus einem kategorischen Zielvektor möchten Sie Merkmale mit geringem Informationswert entfernen.

Lösung

Wenn die Merkmale kategorisch sind, berechnen Sie die Chi-Quadrat-Werte (χ^2) zwischen jedem Merkmal und dem Zielvektor:

```
# Bibliotheken laden
from sklearn.datasets import load_iris
from sklearn.feature_selection import SelectKBest
from sklearn.feature_selection import chi2, f_classif

# Daten laden
iris = load_iris()
features = iris.data
target = iris.target

# In kategorische Daten umwandeln, indem die Daten in Ganzzahlen konvertiert
# werden
features = features.astype(int)

# Zwei Merkmale mit dem größten Chi-Quadrat-Wert auswählen
chi2_selector = SelectKBest(chi2, k=2)
features_kbest = chi2_selector.fit_transform(features, target)

# Ergebnisse anzeigen
print("Ursprüngliche Anzahl an Merkmalen:", features.shape[1])
print("Reduzierte Anzahl an Merkmalen:", features_kbest.shape[1])

Ursprüngliche Anzahl an Merkmalen: 4
Reduzierte Anzahl an Merkmalen: 2
```

Handelt es sich um quantitative Merkmale, berechnen Sie den ANOVA F-Wert zwischen jedem Merkmal und dem Zielvektor:

```
# Zwei Merkmale mit höchsten F-Werten auswählen
fvalue_selector = SelectKBest(f_classif, k=2)
features_kbest = fvalue_selector.fit_transform(features, target)

# Ergebnisse anzeigen
print("Ursprüngliche Anzahl an Merkmalen:", features.shape[1])
print("Reduzierte Anzahl an Merkmalen:", features_kbest.shape[1])

Ursprüngliche Anzahl an Merkmalen: 4
Reduzierte Anzahl an Merkmalen: 2
```

Statt einer konkreten Anzahl können Sie auch mit `SelectPercentile` die ersten *n* Prozent der Merkmale auswählen:

```
# Bibliothek laden
from sklearn.feature_selection import SelectPercentile

# Die ersten 75 % der Merkmale mit den größten F-Werten auswählen
fvalue_selector = SelectPercentile(f_classif, percentile=75)
features_kbest = fvalue_selector.fit_transform(features, target)

# Ergebnisse anzeigen
print("Ursprüngliche Anzahl an Merkmalen:", features.shape[1])
print("Reduzierte Anzahl an Merkmalen:", features_kbest.shape[1])

Ursprüngliche Anzahl an Merkmalen: 4
Reduzierte Anzahl an Merkmalen: 3
```

Diskussion

Chi-Quadrat-Tests untersuchen die Unabhängigkeit von zwei kategorischen Vektoren. Das heißt, der statistische Kennwert ist die Differenz zwischen der registrierten Anzahl von Beobachtungen in jeder Klasse eines kategorischen Merkmals und dem Wert, den wir erwarten würden, wenn dieses Merkmal unabhängig vom Zielvektor wäre (d.h. in keiner Beziehung zu ihm stünde):

$$\chi^2 = \sum_{i=1}^{n} \frac{(O_i - E_i)^2}{E_i}$$

Hierin ist O_i die Anzahl der Beobachtungen in Klasse i und E_i die Anzahl der Beobachtungen in Klasse i, die zu erwarten wäre, wenn keine Beziehung zwischen dem Merkmal und dem Zielvektor bestünde.

Ein Chi-Quadrat-Test liefert eine Zahl, die angibt, wie groß die Differenz zwischen den beobachteten Häufigkeiten und den theoretisch zu erwartenden Häufigkeiten ist, wenn es in der Population überhaupt keine Beziehungen gäbe. Der Chi-Quadrat-Wert zwischen einem Merkmal und dem Zielvektor liefert ein Maß für die Unabhängigkeit zwischen den beiden. Ist das Ziel unabhängig von der Merkmalsvariablen, ist es für unsere Zwecke irrelevant, denn es enthält keine Informationen, die wir zur Klassifizierung heranziehen können. Wenn andererseits die beiden Merkmale stark voneinander abhängen, sind sie wahrscheinlich wenig informativ für das Training unseres Modells.

Um Chi-Quadrat-Tests für die Merkmalsauswahl zu verwenden, berechnen wir den Chi-Quadrat-Prüfwert zwischen jedem Merkmal und dem Zielvektor und wählen dann die Merkmale mit den besten Chi-Quadrat-Prüfwerten aus. In `scikit-learn` erlaubt `SelectKBest`, die Merkmale mit den besten Prüfwerten auszuwählen. Der Parameter `k` bestimmt die Anzahl der Merkmale, die Sie beibehalten wollen.

Wichtig ist, dass sich Chi-Quadrat-Prüfwerte nur zwischen kategorischen Vektoren berechnen lassen. Um also Chi-Quadrat-Tests für die Merkmalsauswahl nutzen zu können, müssen sowohl der Zielvektor als auch die Merkmale kategorisch sein. Für ein numerisches Merkmal können Sie die Chi-Quadrat-Technik allerdings auch verwenden, indem Sie zuerst das quantitative Merkmal in ein kategorisches Merkmal transformieren. Darüber hinaus müssen bei unserem Chi-Quadrat-Ansatz alle Werte nichtnegativ sein.

Alternativ können Sie bei einem numerischen Merkmal `f_classif` verwenden, um den ANOVA F-Wert mit jedem Merkmal und dem Zielvektor zu berechnen. Die F-Bewertungen untersuchen, ob sich die Mittelwerte für jede Gruppe signifikant unterscheiden, wenn wir das numerische Merkmal nach dem Zielvektor gruppieren. Hätten wir beispielsweise einen binären Zielvektor für das Geschlecht `gender` und ein quantitatives Merkmal `test_score` (Testbewertung), würde uns der F-Wert sagen, ob sich der mittlere `test_score` für Männer vom `test_score` für Frauen unterscheidet. Sollte das nicht zutreffen, würde `test_score` nicht dabei helfen, das Geschlecht vorherzusagen. Das Merkmal wäre also irrelevant.

10.5 Merkmale rekursiv entfernen

Problem

Die besten Merkmale, die beibehalten werden sollen, möchten Sie automatisch auswählen.

Lösung

Verwenden Sie `RFECV` von `scikit-learn`, um *rekursive Merkmalseliminierung* (*Recursive Feature Elimination*, RFE) nach dem *Kreuzvalidierungsverfahren* (*Cross-Validation*, CV) auszuführen. Diese Methode trainiert wiederholt ein Modell und entfernt dabei jeweils ein Merkmal, bis die Modellperformance (z.B. die Genauigkeit) schlechter wird. Die verbleibenden Merkmale sind dann die besten:

```
# Bibliotheken laden
import warnings
from sklearn.datasets import make_regression
from sklearn.feature_selection import RFECV
from sklearn import datasets, linear_model

# Eine störende, aber harmlose Warnung unterdrücken
warnings.filterwarnings(action="ignore", module="scipy",
                        message="^internal gelsd")

# Merkmalsmatrix, Zielvektor und die wahren Koeffizienten generieren
features, target = make_regression(n_samples = 10000,
                                   n_features = 100,
                                   n_informative = 2,
                                   random_state = 1)

# Eine lineare Regression erzeugen
ols = linear_model.LinearRegression()
```

```
# Merkmale rekursiv eliminieren
rfecv = RFECV(estimator=ols, step=1, scoring="neg_mean_squared_error")
rfecv.fit(features, target)
rfecv.transform(features)
```

```
array([[ 0.00850799,  0.7031277 , -1.2416911 , -0.25651883, -0.10738769],
       [-1.07500204,  2.56148527,  0.5540926 , -0.72602474, -0.91773159],
       [ 1.37940721, -1.77039484, -0.59609275,  0.51485979, -1.17442094],
       ...,
       [-0.80331656, -1.60648007,  0.37195763,  0.78006511, -0.20756972],
       [ 0.39508844, -1.34564911, -0.9639982 ,  1.7983361 , -0.61308782],
       [-0.55383035,  0.82880112,  0.24597833, -1.71411248,  0.3816852 ]])
```

Nachdem die RFE abgeschlossen ist, können Sie sich die Anzahl der Merkmale ansehen, die beibehalten werden sollten:

```
# Anzahl der besten Merkmale
rfecv.n_features_
```

```
5
```

Es lässt sich auch anzeigen, welche dieser Merkmale beibehalten werden sollen:

```
# Welche Kategorien sind am besten?
rfecv.support_
```

```
array([False, False, False, False, False,  True, False, False, False,
       False, False, False, False, False, False, False, False, False,
       False, False, False, False, False, False, False, False, False,
       False, False, False, False, False, False, False, False, False,
       False, False, False,  True, False, False, False,  True, False,
       False, False, False, False, False, False, False, False, False,
       False, False, False, False, False, False,  True, False, False,
       False, False, False, False, False,  True, False, False, False,
       False, False, False, False, False, False, False, False, False,
       False, False, False, False, False, False, False, False, False,
       False, False, False, False, False, False, False, False, False,
       False], dtype=bool)
```

Es ist sogar möglich, die Rangfolge der Merkmale auszugeben:

```
# Rangfolge vom besten (1) zum schlechtesten Merkmal
rfecv.ranking_
```

```
array([11, 92, 96, 87, 46,  1, 48, 23, 16,  2, 66, 83, 33, 27, 70, 75, 29,
       84, 54, 88, 37, 42, 85, 62, 74, 50, 80, 10, 38, 59, 79, 57, 44,  8,
       82, 45, 89, 69, 94,  1, 35, 47, 39,  1, 34, 72, 19,  4, 17, 91, 90,
       24, 32, 13, 49, 26, 12, 71, 68, 40,  1, 43, 63, 28, 73, 58, 21, 67,
        1, 95, 77, 93, 22, 52, 30, 60, 81, 14, 86, 18, 15, 41,  7, 53, 65,
       51, 64,  6,  9, 20,  5, 55, 56, 25, 36, 61, 78, 31,  3, 76])
```

Diskussion

Dies ist wahrscheinlich das bis jetzt anspruchsvollste Rezept in diesem Buch. Es vereint eine Reihe von Themen, mit denen wir uns noch im Detail befassen müssen.

Allerdings lässt sich das Ganze leicht nachvollziehen, sodass wir nicht erst auf ein späteres Kapitel verweisen müssen. Die RFE soll ein Modell, das bestimmte Parameter (sogenannte *Gewichte* oder *Koeffizienten*) enthält, wie lineare Regression oder Support Vector Machines, wiederholt trainieren. Wenn wir das Modell erstmals trainieren, binden wir alle Merkmale ein. Dann suchen wir nach dem Merkmal mit dem kleinsten Parameter (was voraussetzt, dass die Merkmale entweder neu skaliert oder standardisiert worden sind). Da das gefundene Merkmal also weniger wichtig ist, entfernen wir es aus der Merkmalsmenge.

Es stellt sich sofort die Frage: Wie viele Merkmale sollten wir beibehalten? Diese Schleife könnten wir (hypothetisch) so lange wiederholen, bis nur noch ein Merkmal übrig bleibt. Ein besserer Ansatz verlangt, dass wir ein neues Konzept einschließen: die sogenannte Kreuzvalidierung (Cross-Validation, CV). Ausführlich befassen wir uns mit der Kreuzvalidierung im nächsten Kapitel, doch das Prinzip sieht wie folgt aus.

Bei Daten, die zum einen ein Ziel enthalten, das wir vorhersagen wollen, und die zum anderen eine Merkmalsmatrix beinhalten, teilen wir die Daten zunächst in zwei Gruppen auf: eine Trainingsmenge und eine Testmenge. Danach trainieren wir unser Modell auf Basis der Trainingsmenge, geben dann vor, dass wir das Ziel der Testmenge nicht kennen, und wenden unser Modell auf die Merkmale der Testmenge an, um die Werte der Testmenge vorherzusagen. Schließlich vergleichen wir unsere vorhergesagten Zielwerte mit den echten Zielwerten, um das Modell zu bewerten.

Per Kreuzvalidierung können wir die optimale Anzahl der Merkmale ermitteln, die wir während der RFE behalten wollen. Insbesondere verwenden wir in der RFE mit CV nach jeder Iteration die Kreuzvalidierung, um unser Modell zu bewerten. Wenn die Kreuzvalidierung zeigt, dass sich unser Modell verbessert hat, nachdem wir ein Merkmal eliminiert haben, setzen wir mit dem nächsten Schleifendurchlauf fort. Ergibt sich aber aus der Kreuzvalidierung, dass unser Modell schlechter wird, nachdem wir ein Merkmal eliminiert haben, stellen wir das Merkmal in die Merkmalsmenge zurück und wählen diese Merkmale als die besten aus.

In `scikit-learn` wird RFE mit CV in der Methode `RFECV` implementiert, die eine Reihe von wichtigen Parametern übernimmt. Der Parameter `estimator` bestimmt den Typ des Modells, das wir trainieren wollen (z.B. lineare Regression). Mit dem Parameter `step` legen Sie die Anzahl oder den Anteil der Merkmale fest, die bei jedem Schleifendurchlauf verworfen werden sollen. Der Parameter `scoring` spezifiziert die Metrik der Qualität, mit der wir unser Modell während der Kreuzvalidierung bewerten wollen.

Siehe auch

- Rekursive Merkmalseliminierung mit Kreuzvalidierung (*http://bit.ly/2Ftuffz*)

KAPITEL 11

Modellbewertung

11.0 Einführung

In diesem Kapitel untersuchen wir Strategien, um die Qualität von Modellen zu bewerten, die mit unseren Lernalgorithmen erstellt wurden. Es mag seltsam erscheinen, die Bewertung von Modellen zu diskutieren, bevor erläutert wurde, wie man sie erstellt. Doch der Wahnsinn hat Methode. Modelle sind nur so nützlich wie die Qualität ihrer Vorhersagen. Und somit geht es uns nicht grundsätzlich darum, Modelle zu erzeugen (was einfach ist), sondern hoch qualitative Modelle zu schaffen (was schwieriger ist). Bevor wir also die unzähligen Lernalgorithmen erkunden, legen wir zuerst fest, wie wir die von ihnen erzeugten Modelle bewerten können.

11.1 Kreuzvalidierungsmodelle

Problem

Sie möchten bewerten, wie gut Ihr Modell in der Praxis arbeiten wird.

Lösung

Erstellen Sie eine Pipeline, die die Daten vorverarbeitet, das Modell trainiert und es dann per Kreuzvalidierung bewertet:

```
# Bibliotheken laden
from sklearn import datasets
from sklearn import metrics
from sklearn.model_selection import KFold, cross_val_score
from sklearn.pipeline import make_pipeline
from sklearn.linear_model import LogisticRegression
from sklearn.preprocessing import StandardScaler

# Den Datenbestand digits laden
digits = datasets.load_digits()
```

```
# Merkmalsmatrix erzeugen
features = digits.data

# Zielvektor erzeugen
target = digits.target

# Standardisierer erzeugen
standardizer = StandardScaler()

# Logistisches Regressionsobjekt erstellen
logit = LogisticRegression()

# Eine Pipeline erstellen, die standardisiert und dann logistische Regression
# startet
pipeline = make_pipeline(standardizer, logit)

# k-fache Kreuzvalidierung erzeugen
kf = KFold(n_splits=10, shuffle=True, random_state=1)

# k-fache Kreuzvalidierung durchführen
cv_results = cross_val_score(pipeline, # Pipeline
                             features, # Merkmalsmatrix
                             target, # Zielvektor
                             cv=kf, # Kreuzvalidierungstechnik
                             scoring="accuracy", # Verlustfunktion
                             n_jobs=-1) # Alle CPU-Kerne verwenden

# Mittelwert berechnen
cv_results.mean()

0.964931719428925 97
```

Diskussion

Auf den ersten Blick scheint die Bewertung von Modellen mit überwachtem Lernen unkompliziert zu sein: ein Modell trainieren und dann berechnen, wie gut es bei einer bestimmten Leistungskennziffer (Genauigkeit, quadratischer Fehler usw.) abgeschnitten hat. Allerdings ist dieser Ansatz vom Prinzip her mangelhaft. Wenn wir ein Modell mit unseren Daten trainieren und dann bewerten, wie gut es sich auf diesen Daten verhalten hat, erreichen wir nicht das gewünschte Ziel. Denn wir wollen nicht bewerten, wie gut sich unser Modell auf unseren Trainingsdaten verhält, sondern auf Daten, die es noch nie zuvor gesehen hat (z.B. ein neuer Kunde, ein neues Verbrechen, ein neues Bild). Deshalb sollten wir mit unserer Bewertungsmethode verstehen, wie gut Modelle in der Lage sind, Vorhersagen von bislang unbekannten Daten zu treffen.

Eine Strategie könnte darin bestehen, eine Datenreihe für Testzwecke zurückzuhalten. Dies wird als *Validierungsdatensatz* (oder *Hold-out-Datensatz*) bezeichnet. Bei der Validierung werden unsere Beobachtungen (Merkmale und Ziele) in zwei

Gruppen geteilt, traditionell *Trainings-* und *Testdatensatz* genannt. Den Testdatensatz legen wir zunächst beiseite und tun so, als hätten wir ihn noch nie zuvor gesehen. Dann trainieren wir unser Modell mit unserem Trainingsdatensatz und verwenden dazu die Merkmale und den Zielvektor, um dem Modell beizubringen, wie man die besten Vorhersagen trifft. Schließlich simulieren wir mit externen Daten, die wir noch niemals zuvor gesehen haben, wie sich unser Modell, das auf dem Trainingsdatensatz trainiert wurde, auf unserem Testdatensatz verhält. Der Validierungsansatz hat allerdings zwei wesentliche Schwächen. Erstens kann die Performance des Modells stark abhängig sein von wenigen Beobachtungen, die wir für den Testdatensatz ausgewählt haben, und zweitens wird das Modell nicht mit sämtlichen verfügbaren Daten trainiert und auch nicht mit allen verfügbaren Daten bewertet.

Besser ist eine Strategie, die als *k-fache Kreuzvalidierung* (*K-Fold Cross-Validation*, KFCV) bezeichnet wird und die genannten Schwächen nicht kennt. Die KFCV teilt die Daten in *k* Teilmengen – *Folds* genannt – auf. Anschließend wird das Modell mit *k – 1* Folds, die zu einem Trainingsdatensatz zusammengefasst werden, trainiert, und dann dient der letzte Fold als Testdatensatz. Dies wiederholen wir *k*-mal, wobei jeder Durchlauf mit einem anderen Fold als Testdatensatz arbeitet. Die Performance des Modells für jeden der *k* Durchläufe wird schließlich zu einer Gesamtquote gemittelt.

In unserer Lösung haben wir die *k*-fache Kreuzvalidierung mit zehn Folds durchgeführt und die Bewertungsergebnisse in `cv_results` ausgegeben:

```
# Bewertung für alle 10 Folds anzeigen
cv_results

array([ 0.97222222,  0.97777778,  0.95555556,  0.95      ,  0.95555556,
        0.98333333,  0.97777778,  0.96648045,  0.96089385,  0.94972067])
```

Bei Verwendung der KFCV sind drei wichtige Punkte zu betrachten. Erstens nimmt die KFCV an, dass jede Beobachtung unabhängig von den anderen entstanden ist (d.h., die Daten sind unabhängig und identisch verteilt [IID[1]]). Wenn die Daten IID sind, empfiehlt es sich, die Beobachtungen beim Zuweisen an Folds zu mischen. In `scikit-learn` können wir `shuffle=True` setzen, um das Mischen zu veranlassen.

Zweitens ist es bei der Bewertung eines Klassifikators per KFCV oftmals zweckmäßig, wenn Folds den gleichen Prozentanteil an Beobachtungen aus jeder der verschiedenen Zielklassen enthalten (die sogenannte *stratifizierte k-fache Kreuzvalidierung*). Angenommen, unser Zielvektor enthielte die Geschlechtszugehörigkeit und 80 % der Beobachtungen wären männlich, dann würde jeder Fold 80 % männliche und 20 % weibliche Beobachtungen enthalten. In `scikit-learn` können Sie stratifizierte

1 IID – *Independent Identically Distributed*, unabhängig und identisch verteilt (im Deutschen auch mit u. i. v. abgekürzt).

k-fache Kreuzvalidierung durchführen, indem Sie die Klasse `KFold` durch `StratifiedKFold` ersetzen.

Schließlich ist es bei Validierungssätzen oder Kreuzvalidierung wichtig, die Daten basierend auf dem Trainingsdatensatz vorzuverarbeiten und dann diese Transformationen sowohl auf den Trainings- als auch auf den Testdatensatz anzuwenden. Wenn wir beispielsweise unser Standardisierungsobjekt `standardizer` anpassen (`fit`), berechnen wir Mittelwert und Varianz nur vom Trainingsdatensatz. Dann wenden wir diese Transformation (mittels `transform`) sowohl auf den Trainings- als auch auf den Testdatensatz an:

```
# Bibliothek importieren
from sklearn.model_selection import train_test_split

# Trainings- und Testdatensätze erzeugen
features_train, features_test, target_train, target_test = train_test_split(
    features, target, test_size=0.1, random_state=1)

# Standardisierer an Trainingsdatensatz anpassen
standardizer.fit(features_train)

# Sowohl auf den Trainings- als auch auf den Testdatensatz anwenden
features_train_std = standardizer.transform(features_train)
features_test_std = standardizer.transform(features_test)
```

Das geschieht, weil wir vorgeben, dass es sich beim Testdatensatz um unbekannte Daten handelt. Wenn wir unsere beiden Präprozessoren mit Beobachtungen sowohl vom Trainings- als auch vom Testdatensatz anpassen, sickern einige Informationen vom Testdatensatz in unseren Trainingsdatensatz durch. Diese Regel gilt für jeden Vorverarbeitungsschritt, beispielsweise die Merkmalsauswahl.

Mit dem Pipeline-Paket von `scikit-learn` lässt sich das leicht erledigen, während Kreuzvalidierungsverfahren eingesetzt werden. Zuerst erstellen wir eine Pipeline, die die Daten vorverarbeitet (z.B. `standardizer`) und dann ein Modell trainiert (logistische Regression, `logit`):

```
# Eine Pipeline erzeugen
pipeline = make_pipeline(standardizer, logit)
```

Dann führen wir die KFCV mithilfe dieser Pipeline aus, und `scikit` erledigt die gesamte Arbeit für uns:

```
# k-fache Kreuzvalidierung ausführen
cv_results = cross_val_score(pipeline, # Pipeline
                             features, # Merkmalsmatrix
                             target, # Zielvektor
                             cv=kf, # Kreuzvalidierungstechnik
                             scoring="accuracy", # Verlustfunktion
                             n_jobs=-1) # alle CPU-Kerne verwenden
```

Die Methode `cross_val_score` übernimmt drei Parameter, auf die wir bisher noch nicht eingegangen sind, die aber ebenfalls wichtig sind. Der Parameter `cv` bestimmt unsere Kreuzvalidierungstechnik. Die bei Weitem gebräuchlichste Technik ist die *k*-fache Kreuzvalidierung. Doch es gibt auch andere Techniken, wie die Leave-One-Out-Kreuzvalidierung, bei der die Anzahl der Folds *k* gleich der Anzahl der Beobachtungen ist. Der Parameter `scoring` definiert unsere Metrik für Erfolg. Diese Zahl wird in anderen Rezepten in diesem Kapitel diskutiert. Schließlich weist `n_jobs=-1` das Paket `scikit-learn` an, jeden verfügbaren CPU-Kern zu nutzen. Ist in Ihrem Computer zum Beispiel ein Prozessor mit vier Kernen installiert (eine übliche Anzahl bei Laptops), verwendet `scikit-learn` alle vier Kerne auf einmal, um die Berechnung zu beschleunigen.

Siehe auch

- Warum sich jeder Statistiker mit Kreuzvalidierung befassen sollte (*http://bit.ly/2Fzhz6X*)
- Kreuzvalidierung fehlgeschlagen (*http://bit.ly/2FzfIiw*)

11.2 Ein Baseline-Regressionsmodell erstellen

Problem

Für den Vergleich mit Ihrem Modell wünschen Sie sich ein einfaches Baseline-Regressionsmodell.

Lösung

Mit `DummyRegressor` von `scikit-learn` erzeugen Sie ein einfaches Modell, um es als Baseline zu verwenden:

```
# Bibliotheken laden
from sklearn.datasets import load_boston
from sklearn.dummy import DummyRegressor
from sklearn.model_selection import train_test_split

# Daten laden
boston = load_boston()

# Merkmale erzeugen
features, target = boston.data, boston.target

# Test- und Trainingsdaten teilen
features_train, features_test, target_train, target_test = train_test_split(
    features, target, random_state=0)

# Dummy-Regressor erzeugen
dummy = DummyRegressor(strategy='mean')

# Dummy-Regressor "trainieren"
dummy.fit(features_train, target_train)
```

```
# R-quadrierte Quote abrufen
dummy.score(features_test, target_test)

-0.0011193592039553391
```

Zum Vergleichen trainieren wir unser Modell und bewerten das Performanceergebnis:

```
# Bibliothek laden
from sklearn.linear_model import LinearRegression

# Einfaches Regressionsmodell trainieren
ols = LinearRegression()
ols.fit(features_train, target_train)

# R-quadrierte Quote abrufen
ols.score(features_test, target_test)

0.635362078667466675
```

Diskussion

Mit `DummyRegressor` können Sie ein sehr einfaches Modell erzeugen, das sich als Baseline eignet, um das eigentliche Modell damit zu vergleichen. Dies ist oftmals nützlich, um einen »naiven« vorhandenen Vorhersageprozess in einem Produkt oder System zu simulieren. So könnte ein Produkt ursprünglich fest codiert worden sein und davon ausgehen, dass alle neuen Benutzer im ersten Monat 100 Euro für das Produkt ausgeben – und zwar unabhängig von seinen Merkmalen. Wenn wir diese Annahme in einem Baseline-Modell codieren, können wir den Nutzen eines maschinellen Lernansatzes konkret darlegen.

Über den Parameter `strategy` in `DummyRegressor` lässt sich die Vorhersagemethode festlegen, einschließlich Mittelwert oder Median in den Trainingsdaten. Wenn wir zudem `strategy` auf `constant` setzen und den Parameter `constant` angeben, können wir den Dummy-Regressor so festlegen, dass für jede Beobachtung ein konstanter Wert vorhergesagt wird:

```
# Dummy-Regressor erzeugen, der 20 für alles vorhersagt
clf = DummyRegressor(strategy='constant', constant=20)
clf.fit(features_train, target_train)

# Score bewerten
clf.score(features_test, target_test)

-0.065105020293257265
```

Eine kleine Anmerkung zu `score`: Standardmäßig gibt `score` das *Bestimmtheitsmaß* (R-Quadrat, R^2) zurück:

$$R^2 = 1 - \frac{\Sigma_i (y_i - \hat{y}_i)^2}{\Sigma_i (y_i - \bar{y})^2}$$

Hierin ist y_i der wahre Wert der Zielbeobachtung, $\hat{y}_i$ der vorhergesagte Wert und $\bar{y}$ der Mittelwert für den Zielvektor.

Je näher R^2 an 1 liegt, desto größer ist die Varianz im Zielvektor, die durch die Merkmale erklärt wird.

11.3 Ein Baseline-Klassifizierungsmodell erstellen

Problem

Für den Vergleich mit Ihrem Modell möchten Sie einen einfachen Baseline-Klassifikator haben.

Lösung

Verwenden Sie `DummyClassifier` von `scikit-learn`:

```
# Bibliotheken laden
from sklearn.datasets import load_iris
from sklearn.dummy import DummyClassifier
from sklearn.model_selection import train_test_split

# Daten laden
iris = load_iris()

# Zielvektor und Merkmalsmatrix erzeugen
features, target = iris.data, iris.target

# In Trainings- und Testdatensatz aufteilen
features_train, features_test, target_train, target_test = train_test_split(
features, target, random_state=0)

# Dummy-Klassifikator erzeugen
dummy = DummyClassifier(strategy='uniform', random_state=1)

# Modell "trainieren"
dummy.fit(features_train, target_train)

# Genauigkeitsmaß abrufen
dummy.score(features_test, target_test)
```

```
0.42105263157894735
```

Wenn wir den Baseline-Klassifikator mit unserem trainierten Klassifikator vergleichen, zeigt sich die Verbesserung:

```
# Bibliothek laden
from sklearn.ensemble import RandomForestClassifier
```

```
# Klassifikator erzeugen
classifier = RandomForestClassifier()

# Modell trainieren
classifier.fit(features_train, target_train)

# Genauigkeitsmaß abrufen
classifier.score(features_test, target_test)

0.94736842105263153
```

Diskussion

Ein gängiges Maß für die Performance eines Klassifikators gibt an, um wie viel besser er ist als zufälliges Erraten. Der `DummyClassifier` von `scikit-learn` erleichtert diesen Vergleich. Der Parameter `strategy` bietet uns eine Reihe von Optionen für das Generieren von Werten. Es gibt zwei besonders nützliche Strategien. Erstens trifft `stratified` Voraussagen, die proportional zu den Klassenanteilen des Zielvektors des Trainingsdatensatzes sind (d.h., wenn 20 % der Beobachtungen in den Trainingsdaten Frauen sind, wird `DummyClassifier` in 20 % der Zeit Frauen voraussagen). Zweitens generiert `uniform` einheitliche Vorhersagen nach dem Zufallsprinzip zwischen den verschiedenen Klassen. Wenn zum Beispiel 20 % der Beobachtungen Frauen und 80 % Männer sind, wird `uniform` Vorhersagen liefern, die 50 % Frauen und 50 % Männer ergeben.

Siehe auch

- `scikit-learn`-Dokumentation: `DummyClassifier` (*http://bit.ly/2Fr178G*)

11.4 Vorhersagen binärer Klassifikatoren bewerten

Problem

Sie möchten die Qualität eines trainierten Klassifizierungsmodells bewerten.

Lösung

Führen Sie mit der `scikit-learn`-Funktion `cross_val_score` eine Kreuzvalidierung durch, wobei Sie mit dem Parameter `scoring` eine Metrik aus einer Reihe von Metriken definieren, einschließlich Genauigkeit, Relevanz, Sensitivität und F_1.

Genauigkeit ist eine gebräuchliche Performancemetrik. Sie gibt einfach den Anteil der korrekt vorhergesagten Beobachtungen an:

$$Genauigkeit = \frac{RP + RN}{RP + RN + FP + FN}$$

Die Terme bedeuten:

- *RP* ist die Anzahl richtig Positiver. Beobachtungen, die Teil der *positiven* Klasse sind (hat die Krankheit, hat das Produkt gekauft usw.) und die wir korrekt vorhergesagt haben.
- *RN* ist die Anzahl richtig Negativer. Beobachtungen, die Teil der *negativen* Klasse sind (hat die Krankheit nicht, hat das Produkt nicht gekauft usw.) und die wir korrekt vorhergesagt haben.
- *FP* ist die Anzahl der falschen Positiven, auch als Typ-I-Fehler bezeichnet. Beobachtungen, die als Teil der *positiven* Klasse vorhergesagt wurden, die aber tatsächlich Teil der *negativen* Klasse sind.
- *FN* ist die Anzahl der falschen Negativen, auch als Typ-II-Fehler bezeichnet. Beobachtungen, die als Teil der *negativen* Klasse vorhergesagt wurden, die aber tatsächlich Teil der *positiven* Klasse sind.

Die Genauigkeit können wir in dreifacher (der standardmäßigen Anzahl von Folds) Kreuzvalidierung messen, indem wir `scoring="accuracy"` setzen:

```
# Bibliotheken laden
from sklearn.model_selection import cross_val_score
from sklearn.linear_model import LogisticRegression
from sklearn.datasets import make_classification

# Merkmalsmatrix und Zielvektor generieren
X, y = make_classification(n_samples = 10000,
                           n_features = 3,
                           n_informative = 3,
                           n_redundant = 0,
                           n_classes = 2,
                           random_state = 1)

# Logistische Regression erzeugen
logit = LogisticRegression()

# Kreuzvalidierung des Modells mithilfe der Genauigkeit
cross_val_score(logit, X, y, scoring="accuracy")
```

```
array([ 0.95170966,  0.9580084 ,  0.95558223])
```

Der Reiz der Genauigkeit liegt darin, dass sie eine intuitive Erklärung im Klartext liefert: Anteil der Beobachtungen, die korrekt vorhergesagt wurden. Allerdings hat man es bei realen Daten oftmals mit unausgewogenen Klassen zu tun (z. B. 99,9 % der Beobachtungen fallen in Klasse 1 und nur 0,1 % in Klasse 2). Wenn unausgewogene Klassen vorhanden sind, leidet die Genauigkeit unter dem Paradoxon, dass ein Modell zwar sehr genau ist, aber keine Vorhersagekraft besitzt. Stellen Sie sich zum Beispiel vor, Sie möchten das Vorhandensein einer sehr seltenen Krebsart vorhersagen, die in 0,1 % der Bevölkerung auftritt. Nachdem Sie Ihr Modell trainiert haben, stellen Sie fest, dass die Genauigkeit bei 95 % liegt. Nun haben aber 99,9 % der Menschen den Krebs nicht: Würden wir einfach ein Modell erzeugen, das »vorhersagt«, dass niemand diese Form von Krebs hat, wäre unser naives Modell um 4,9 % genauer, aber zweifellos nicht in der Lage, irgendetwas *vorherzusagen*. Das gibt uns häufig Veranlassung dazu, andere Metriken wie zum Beispiel Relevanz, Sensitivität und den F_1-Score heranzuziehen.

Relevanz (engl. Precision) ist der Anteil der positiv vorhergesagten Beobachtungen, die tatsächlich positiv sind. Dies können Sie sich als Messrauschen in den Vorhersagen vorstellen – d. h., wie wahrscheinlich es ist, dass wir richtig liegen, wenn wir etwas als positiv vorhersagen. Modelle mit hoher Relevanz sind pessimistisch, da sie nur dann eine Beobachtung der positiven Klasse vorhersagen, wenn sie sich darüber sehr sicher sind. Formal ist Relevanz wie folgt definiert:

$$Relevanz = \frac{RP}{RP + FP}$$

```
# Kreuzvalidierung des Modells anhand der Relevanz
cross_val_score(logit, X, y, scoring="precision")

array([ 0.95252404,  0.96583282,  0.95558223])
```

Sensitivität (engl. Recall) ist der Anteil der Beobachtungen, die wirklich positiv sind. Die Sensitivität misst die Fähigkeit des Modells, eine Beobachtung der positiven Klasse zu erkennen. Modelle mit hoher Sensitivität sind optimistisch, da sie die Latte niedrig legen für die Vorhersage, dass eine Beobachtung in der positiven Klasse liegt:

$$Sensitivität = \frac{RP}{RP + FN}$$

```
# Kreuzvalidierung des Modells anhand der Sensitivität
cross_val_score(logit, X, y, scoring="recall")

array([ 0.95080984,  0.94961008,  0.95558223])
```

Falls Sie bislang mit Relevanz und Sensitivität nichts zu tun hatten, ist es verständlich, wenn Sie diese Konzepte nicht gleich auf Anhieb verstehen. Das ist einer der Nachteile von Genauigkeit – Relevanz und Sensitivität sind weniger intuitiv. Fast immer sind wir an einer Art Gleichgewicht zwischen Relevanz und Sensitivität interessiert, und diese Rolle wird durch den F_1-Score erfüllt. Der F_1-Score ist der harmonische Mittelwert (eine Form des Durchschnitts, die bei Verhältnissen verwendet wird):

$$F_1 = 2 \times \frac{\text{Relevanz} \times \text{Sensitivität}}{\text{Relevanz} + \text{Sensitivität}}$$

Es handelt sich um ein Maß der Korrektheit, die für positive Vorhersagen erreicht wird – d. h., wie viele der Beobachtungen, die tatsächlich positiv sind, werden als positiv gekennzeichnet:

```
# Kreuzvalidierung des Modells mittels f1
cross_val_score(logit, X, y, scoring="f1")

array([ 0.95166617,  0.95765275,  0.95558223])
```

Diskussion

Als Bewertungskennzahl weist Genauigkeit einige wertvolle Eigenschaften auf, insbesondere ihre Anschaulichkeit. Allerdings gibt es bei besseren Kennzahlen oftmals eine gewisse Ausgeglichenheit von Relevanz und Sensitivität – d. h. einen Kompromiss zwischen dem Optimismus und dem Pessimismus unseres Modells. F_1 stellt ein Gleichgewicht zwischen Sensitivität und Relevanz dar, bei dem die relativen Beiträge der beiden gleich sind.

Wenn bereits die wahren *y*-Werte und die vorhergesagten *y*-Werte bekannt sind, können Sie alternativ zur Verwendung von `cross_val_score` Metriken wie Genauigkeit und Sensitivität direkt berechnen:

```
# Bibliothek laden
from sklearn.model_selection import train_test_split
from sklearn.metrics import accuracy_score

# Getrennte Trainings- und Testmengen erzeugen
X_train, X_test, y_train, y_test = train_test_split(X,
                                                    y,
                                                    test_size=0.1,
                                                    random_state=1)

# Werte für Trainingszielvektor vorhersagen
y_hat = logit.fit(X_train, y_train).predict(X_test)

# Genauigkeit berechnen
accuracy_score(y_test, y_hat)

0.94699999999999995
```

Siehe auch

- Genauigkeitsparadoxon (*http://bit.ly/2FxTpK0*)

11.5 Schwellenwerte von binären Klassifikatoren bewerten

Problem

Sie möchten einen binären Klassifikator und verschiedene Wahrscheinlichkeitsschwellenwerte bewerten.

Lösung

Die *Grenzwertoptimierungskurve* (*Receiver Operating Characteristic*, ROC) ist eine gängige Methode, um die Qualität eines binären Klassifikators zu bewerten. Die ROC vergleicht die Anwesenheit von richtig Positiven und falschen Positiven bei jedem Wahrscheinlichkeitsschwellenwert (d. h. bei der Wahrscheinlichkeit, bei der eine Beobachtung als zu einer Klasse gehörend vorhergesagt wird). An der ROC-Kurve kann man sehen, wie sich das Modell verhält. Ein Klassifikator, der jede Beobachtung korrekt vorhersagt, würde wie die durchgehende graue Linie im folgenden Diagramm aussehen, die sofort gerade nach oben verläuft. Ein Klassifikator, der die Beobachtungen zufällig vorhersagt, erscheint als diagonale Linie. Je besser das Modell ist, desto näher liegt es an der durchgehenden Linie. In `scikit-learn` können Sie mit `roc_curve` die richtigen und falschen Positiven bei jedem Schwellenwert berechnen und sie dann grafisch darstellen:

```
# Bibliotheken laden
import matplotlib.pyplot as plt
from sklearn.datasets import make_classification
from sklearn.linear_model import LogisticRegression
from sklearn.metrics import roc_curve, roc_auc_score
from sklearn.model_selection import train_test_split

# Merkmalsmatrix und Zielvektor erzeugen
features, target = make_classification(n_samples=10000,
                                       n_features=10,
                                       n_classes=2,
                                       n_informative=3,
                                       random_state=3)

# Aufteilen in Trainings- und Testdatensätze
features_train, features_test, target_train, target_test = train_test_split(
    features, target, test_size=0.1, random_state=1)

# Klassifikator erstellen
logit = LogisticRegression()

# Modell trainieren
logit.fit(features_train, target_train)

# Vorhergesagte Wahrscheinlichkeiten abrufen
target_probabilities = logit.predict_proba(features_test)[:,1]

# Richtig- und Falsch-positiv-Raten bilden
false_positive_rate, true_positive_rate, threshold = roc_curve(target_test,
                                                               target_probabilities)

# ROC-Kurve im Diagramm darstellen
plt.title("Receiver Operating Characteristic")
plt.plot(false_positive_rate, true_positive_rate)
plt.plot([0, 1], ls="--")
plt.plot([0, 0], [1, 0] , c=".7"), plt.plot([1, 1] , c=".7")
```

```
plt.ylabel("Richtig-positiv-Rate")
plt.xlabel("Falsch-positiv-Rate")
plt.show()
```

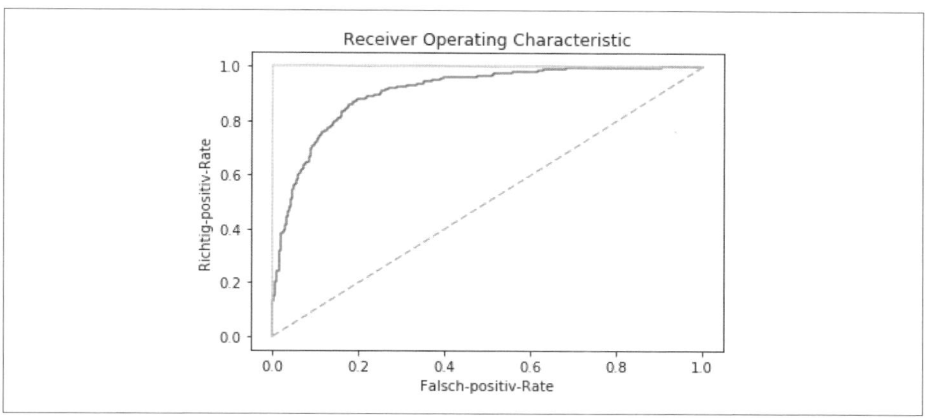

Diskussion

Bis jetzt haben wir nur Modelle untersucht, die auf den von ihnen vorhergesagten Werten basieren. In vielen Lernalgorithmen beruhen diese Werte jedoch auf Wahrscheinlichkeitsschätzungen. Das heißt, jede Beobachtung erhält eine explizite Wahrscheinlichkeit, zu jeder Klasse zu gehören. In unserer Lösung können wir `predict_proba` verwenden, um die vorhergesagten Wahrscheinlichkeiten für die erste Beobachtung zu sehen:

```
# Vorhergesagte Wahrscheinlichkeiten abrufen
logit.predict_proba(features_test)[0:1]
```

```
array([[ 0.8688938,  0.1311062]])
```

Die Klassen lassen sich mit der Methode `classes_` anzeigen:

```
logit.classes_
```

```
array([0, 1])
```

In diesem Beispiel fällt die erste Beobachtung mit einer Wahrscheinlichkeit von etwa 87 % in die negative Klasse (`0`) und mit einer Wahrscheinlichkeit von etwa 13 % in die positive Klasse (`1`). Standardmäßig sagt `scikit-learn` eine Beobachtung als Teil der positiven Klasse voraus, wenn die Wahrscheinlichkeit größer als 0,5 ist (der sogenannte Schwellenwert). Anstatt einem Mittelweg zu folgen, wollen wir jedoch oftmals unser Modell verzerren, um aus inhaltlichen Gründen einen anderen Schwellenwert festzulegen. Wenn zum Beispiel ein falsch positives Ergebnis für unsere Firma sehr teuer ist, kommt eher ein Modell infrage, das einen hohen Wahrscheinlichkeitsschwellenwert aufweist. Zwar gehen uns einige positive Voraussagen verloren, doch wenn eine Beobachtung als positiv vorhergesagt wird, können wir sehr zuversichtlich sein, dass die Vorhersage korrekt ist. Dieser Kompromiss wird durch die Richtig-positiv-Rate (*True Positive Rate*, TPR) und die Falsch-positiv-Rate (*False Positive Rate*, FPR) dargestellt. Die Richtig-positiv-Rate ist die Anzahl der Beobachtungen, die richtig korrekt vorhergesagt haben, geteilt durch alle richtig positiven Beobachtungen:

$$\text{TPR} = \frac{\text{Richtig Positive}}{\text{Richtig Positive} + \text{Falsch Negative}}$$

Die Falsch-positiv-Rate ist die Anzahl der nicht korrekt vorhergesagten Positiven, geteilt durch alle richtig negativen Beobachtungen:

$$\text{FPR} = \frac{\text{Falsch Positive}}{\text{Falsch Positive} + \text{Richtig Negative}}$$

Die ROC-Kurve stellt die diesbezüglichen TPR und FPR für jeden Wahrscheinlichkeitsschwellenwert dar. Zum Beispiel hat ein Schwellenwert von etwa 0,5 in unserer Lösung eine TPR von 0,81 und eine FPR von 0,15:

```
print("Schwellenwert:", threshold[116])
print("Richtig-positiv-Rate:", true_positive_rate[116])
print("Falsch-positiv-Rate:", false_positive_rate[116])

Schwellenwert: 0.528224777887
Richtig-positiv-Rate: 0.810204081633
Falsch-positiv-Rate: 0.154901960784
```

Wenn wir jedoch den Schwellenwert auf etwa 80 % erhöhen (d.h. wie sicher das Modell mindestens sein muss, bevor es eine Beobachtung als positiv vorhersagt), fällt die TPR beträchtlich, allerdings auch die FPR:

```
print("Schwellenwert:", threshold[45])
print("Richtig-positiv-Rate:", true_positive_rate[45])
print("Falsch-positiv-Rate:", false_positive_rate[45])

Schwellenwert: 0.808019566563
Richtig-positiv-Rate: 0.563265306122
Falsch-positiv-Rate: 0.0470588235294
```

Das liegt daran, dass das Modell aufgrund unserer erhöhten Anforderung, für die positive Klasse vorhergesagt zu werden, nicht nur eine Reihe positiver Beobachtungen (unterhalb der TPR) nicht erkennt, sondern auch das Rauschen von negativen Beobachtungen reduziert, die als positiv vorhergesagt werden (unterhalb von FPR).

Neben der Möglichkeit, den Kompromiss zwischen TPR und FPR zu visualisieren, kann die ROC-Kurve auch als allgemeine Metrik für ein Modell verwendet werden. Je besser ein Modell ist, desto höher ist die Kurve, und folglich ist auch die Fläche unter der Kurve größer. Aus diesem Grund ist es üblich, die Fläche unter der ROC-Kurve (AUCROC[2]) zu berechnen, um die Gesamtgleichheit eines Modells bei allen

2 AUC – *Area Under the Curve* (Anm. d. Übers.).

möglichen Schwellenwerten zu beurteilen. Je näher AUCROC an 1 liegt, desto besser ist das Modell. In scikit-learn lässt sich AUCROC mit der Methode roc_auc_score berechnen:

```
# Fläche unter der Kurve berechnen
roc_auc_score(target_test, target_probabilities)
```

```
0.90733893557422962
```

Siehe auch

- ROC-Kurven in Python und R (*http://bit.ly/2FuqoyV*)
- Die Fläche unter einer ROC-Kurve (*http://bit.ly/2FxTrl6*)

11.6 Mehrklassige Klassifikatorvorhersagen bewerten

Problem

Sie möchten die Performance eines Modells bewerten, das drei oder mehr Klassen vorhersagt.

Lösung

Verwenden Sie Kreuzvalidierung mit einer Bewertungsmetrik, die mehr als zwei Klassen verarbeiten kann.

```
# Bibliotheken laden
from sklearn.model_selection import cross_val_score
from sklearn.linear_model import LogisticRegression
from sklearn.datasets import make_classification

# Merkmalsmatrix und Zielvektor generieren
features, target = make_classification(n_samples = 10000,
                                       n_features = 3,
                                       n_informative = 3,
                                       n_redundant = 0,
                                       n_classes = 3,
                                       random_state = 1)

# Logistische Regression erzeugen
logit = LogisticRegression()

# Kreuzvalidierung des Modells mithilfe der Genauigkeit
cross_val_score(logit, features, target, scoring='accuracy')
```

```
array([ 0.83653269,  0.8259826 ,  0.81308131])
```

Diskussion

Bei ausgewogenen Klassen (z.B. einer ungefähr gleichen Anzahl von Beobachtungen in jeder Klasse des Zielvektors) ist die Genauigkeit – genau wie im Fall binärer Klassen – eine einfache und leicht interpretierbare Bewertungsmetrik. Genauigkeit, d.h. die Anzahl von korrekten Vorhersagen geteilt durch die Anzahl der Beobachtungen, funktioniert sowohl bei binären als auch bei mehrklassigen Szenarios. Wenn jedoch unausgewogene Klassen vorhanden sind (wie es häufig der Fall ist), empfiehlt es sich, auf andere Bewertungsmetriken zurückzugreifen.

Viele der in `scikit-learn` integrierten Metriken sind für die Bewertung von binären Klassifikatoren gedacht. Allerdings lassen sich einige dieser Metriken erweitern, um sie auch bei mehr als zwei Klassen nutzen zu können. Relevanz, Sensitivität und F_1-Scores sind brauchbare Metriken, die wir bereits in vorherigen Rezepten ausführlich beschrieben haben. Auch wenn diese ursprünglich für binäre Klassifikatoren konzipiert wurden, können wir sie auf mehrklassige Szenarios anwenden, indem wir unsere Daten als Menge binärer Klassen behandeln. Auf diese Weise können wir die Metriken auf jede Klasse anwenden, als wäre sie die einzige Klasse in den Daten, und dann die Bewertungsergebnisse für alle Klassen über den Mittelwert aggregieren:

```
# Kreuzvalidierung des Modells über das Makro für gemittelten F1-Score
cross_val_score(logit, features, target, scoring='f1_macro')
```

```
array([ 0.83613125,  0.82562258,  0.81293539])
```

In diesem Code bezieht sich `_macro` auf die Methode, mit der die Bewertungsergebnisse aus den Klassen gemittelt werden:

macro
: Berechnet den Mittelwert der Metrikergebnisse für jede Klasse, wobei jede Klasse gleich gewichtet wird.

weighted
: Berechnet den Mittelwert der Metrikergebnisse für jede Klasse, wobei jede Klasse proportional zu ihrer Größe in den Daten gewichtet wird.

micro
: Berechnet den Mittelwert der Metrikergebnisse für jede Kombination aus Beobachtung und Klasse.

11.7 Die Performance eines Klassifikators visualisieren

Problem

Für vorhergesagte und echte Klassen der Testdaten möchten Sie die Qualität des Modells visuell vergleichen.

Lösung

Verwenden Sie eine *Konfusionsmatrix*, die vorhergesagte Klassen und echte Klassen vergleicht:

```
# Bibliotheken laden
import matplotlib.pyplot as plt
import seaborn as sns
from sklearn import datasets
from sklearn.linear_model import LogisticRegression
from sklearn.model_selection import train_test_split
from sklearn.metrics import confusion_matrix
import pandas as pd

# Daten laden
iris = datasets.load_iris()

# Merkmalsmatrix erzeugen
features = iris.data

# Zielvektor erzeugen
target = iris.target

# Liste der Zielklassennamen erstellen
class_names = iris.target_names

# Trainings- und Testdatensätze erzeugen
features_train, features_test, target_train, target_test = train_test_split(
    features, target, random_state=1)

# Logistische Regression erzeugen
classifier = LogisticRegression()

# Modell trainieren und Vorhersagen treffen
target_predicted = classifier.fit(features_train,
    target_train).predict(features_test)

# Konfusionsmatrix erzeugen
matrix = confusion_matrix(target_test, target_predicted)

# pandas-DataFrame erzeugen
dataframe = pd.DataFrame(matrix, index=class_names, columns=class_names)

# Heatmap erzeugen
sns.heatmap(dataframe, annot=True, cbar=None, cmap="Blues")
plt.title("Konfusionsmatrix"), plt.tight_layout()
plt.ylabel("Echte Klasse"), plt.xlabel("Vorhergesagte Klasse")
plt.show()
```

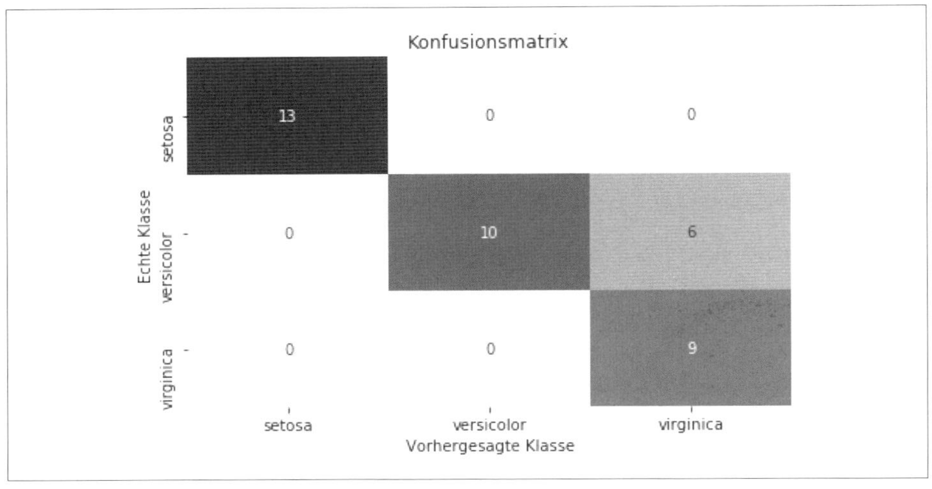

Diskussion

Konfusionsmatrizen erlauben eine einfache und effektive Visualisierung der Performance eines Klassifikators. Zu den wichtigsten Vorzügen der Konfusionsmatrizen gehört ihre Interpretierbarkeit. Die Spalten der Matrix (oftmals als *Heatmap* visualisiert) stellen vorhergesagte Klassen dar, die Zeilen echten Klassen. Somit ist jede Zelle eine mögliche Kombination aus vorhergesagten und echten Klassen. Am besten lässt sich das sicherlich an einem Beispiel erläutern. In der Lösung gibt die linke obere Zelle die Anzahl der Beobachtungen an, die als *Iris setosa* vorhergesagt werden (gekennzeichnet durch die Spalte) und die tatsächlich *Iris setosa* sind (gekennzeichnet durch die Zeile). Das heißt, die Modelle haben alle Schwertlinien der Art *Iris setosa* genau vorhergesagt. Allerdings schneidet das Modell nicht gleichermaßen gut ab, wenn es um die Art *Iris virginica* geht. Die rechte untere Zelle gibt an, dass das Modell erfolgreich neun Beobachtungen als *Iris virginica* vorhergesagt hat, jedoch (wie aus der Zelle darüber abzulesen ist) sechs Blumen der Art *Iris virginica* zugeordnet hat, obwohl diese tatsächlich zur Art *Iris versicolor* gehören.

Zu Konfusionsmatrizen sind drei Dinge anzumerken. Erstens wird ein perfektes Modell Werte entlang der Diagonalen und Nullen überall sonst haben. Bei einem schlechten Modell sind die Häufigkeiten der Beobachtungen gleichmäßig um die Zellen verteilt. Zweitens können wir aus einer Konfusionsmatrix nicht nur ablesen, wo das Modell falsch liegt, sondern auch, wie es falsch liegt. Wir können uns also Muster von Fehlklassifizierung ansehen. Zum Beispiel ist es unserem Modell leicht gelungen, *Iris virginica* von *Iris setosa* zu unterscheiden, doch es war wesentlich schwieriger, *Iris virginica* und *Iris versicolor* zu klassifizieren. Schließlich arbeiten Konfusionsmatrizen mit einer beliebigen Anzahl von Klassen (obwohl es äußerst schwierig wäre, die visualisierte Konfusionsmatrix zu lesen, wenn der Zielvektor eine Million Klassen enthielte).

Siehe auch

- Konfusionsmatrix (*http://bit.ly/2FuGKaP*)
- scikit-learn-Dokumentation: Konfusionsmatrix (*http://bit.ly/2DmnICk*)

11.8 Regressionsmodelle bewerten

Problem

Sie möchten die Performance eines Regressionsmodells bewerten.

Lösung

Verwenden Sie die *mittlere quadratische Abweichung* (*Mean Squared Error*, MSE):

```
# Bibliotheken laden
from sklearn.datasets import make_regression
from sklearn.model_selection import cross_val_score
from sklearn.linear_model import LinearRegression

# Merkmalsmatrix und Zielvektor generieren
features, target = make_regression(n_samples = 100,
                                   n_features = 3,
                                   n_informative = 3,
                                   n_targets = 1,
                                   noise = 50,
                                   coef = False,
                                   random_state = 1)

# Ein Objekt für lineare Regression erzeugen
ols = LinearRegression()

# Kreuzvalidierung der linearen Regression mittels (negativem) MSE
cross_val_score(ols, features, target, scoring='neg_mean_squared_error')

array([-1718.22817783, -3103.4124284 , -1377.17858823])
```

Eine andere gebräuchliche Regressionsmetrik ist das Bestimmtheitsmaß R^2:

```
# Kreuzvalidierung der linearen Regression mittels R-Quadrat
cross_val_score(ols, features, target, scoring='r2')

array([ 0.87804558,  0.76395862,  0.89154377])
```

Diskussion

MSE gehört zu den gebräuchlichsten Bewertungsmetriken für Regressionsmodelle. Formal ist MSE folgendermaßen definiert:

$$\text{MSE} = \frac{1}{n}\sum_{i=1}^{n}\left(\widehat{y}_i - y_i\right)^2$$

Hierin ist n die Anzahl der Beobachtungen, y_i der wahre Wert des Ziels, den wir für die Beobachtung i vorhersagen wollen, und $\hat{y}_i$ ist der vom Modell für y_i vorhergesagte Wert. Die mittlere quadratische Abweichung (engl. Mean Square Error, MSE) ist die Summe aller quadrierten Abstände (Fehler) zwischen vorhergesagten und wahren Werten. Je höher der Wert von MSE, desto schlechter ist das Modell. Unter mathematischen Aspekten mag es vorteilhaft sein, den Fehlerausdruck zu quadrieren – unter anderem sind dann alle Fehlerwerte zwangsweise positiv –, doch oftmals wird übersehen, dass durch die Quadrierung einige große Fehler deutlich stärker zu Buche schlagen als viele kleine Fehler, selbst wenn der absolute Wert der Fehler gleich ist. Stellen Sie sich zum Beispiel zwei Modelle A und B vor, die jeweils zwei Beobachtungen umfassen:

- Modell A hat die Fehler 0 und 10. Somit ist der MSE gleich $0^2 + 10^2 = 100$.
- Modell B hat zwei Fehler von jeweils 5. Somit ist dessen MSE gleich $5^2 + 5^2 = 50$.

Beide Modelle haben den gleichen Gesamtfehler 10. Mit der MSE-Bewertung würde aber Modell A (MSE = 100) schlechter abschneiden als Modell B (MSE = 50). In der Praxis ist dies kaum ein Problem (kann theoretisch sogar von Nutzen sein), und MSE ist als Bewertungsmetrik perfekt geeignet.

Beachten Sie aber: Standardmäßig wird bei `scikit-learn`-Argumenten des Parameters `scoring` davon ausgegangen, dass höhere Werte besser sind als niedrigere Werte. Bei dem MSE ist dies jedoch nicht der Fall. Hier bedeuten höhere Werte ein schlechteres Modell. Deshalb übernimmt `scikit-learn` mit dem Argument `neg_mean_squared_error` den *negativen* MSE-Wert.

Als gängige alternative Regressionsbewertungsmetrik misst R^2 die Größe der Varianz im Zielvektor, die durch das Modell erklärt wird:

$$R^2 = 1 - \frac{\sum_{i=1}^{n}\left(y_i - \hat{y}_i\right)^2}{\sum_{i=1}^{n}\left(y_i - \bar{y}\right)^2}$$

Hierin ist y_i der richtige Zielwert der i-ten Beobachtung, $\hat{y}_i$ der vorhergesagte Wert für die i-te Beobachtung und $\bar{y}$ der Mittelwert des Zielvektors. Je näher R^2 an 1 liegt, desto besser ist das Modell.

Siehe auch

- Mittlere quadratische Abweichung (*http://bit.ly/2HgALnc*)
- Bestimmtheitsmaß (*http://bit.ly/2HjW7Qn*)

11.9 Clustermodelle bewerten

Problem

Mit einem nicht überwachten Lernalgorithmus clustern Sie Ihre Daten. Nun möchten Sie wissen, wie gut der Algorithmus gearbeitet hat.

Lösung

Die kurze Antwort ist, dass Sie es wahrscheinlich nicht können, zumindest nicht in der gewünschten Art und Weise.

Dennoch haben Sie die Möglichkeit, Clustering mithilfe von *Silhouettenkoeffizienten*, die die Qualität der Cluster messen, zu bewerten:

```
import numpy as np
from sklearn.metrics import silhouette_score
from sklearn import datasets
from sklearn.cluster import KMeans
from sklearn.datasets import make_blobs

# Merkmalsmatrix generieren
features, _ = make_blobs(n_samples = 1000,
                         n_features = 10,
                         centers = 2,
                         cluster_std = 0.5,
                         shuffle = True,
                         random_state = 1)

# Daten per k-Means clustern, um Klassen vorherzusagen
model = KMeans(n_clusters=2, random_state=1).fit(features)

# Vorhergesagte Klassen abrufen
target_predicted = model.labels_

# Modell bewerten
silhouette_score(features, target_predicted)

0.89162655640721422
```

Diskussion

Die Bewertung überwachter Modelle vergleicht Vorhersagen (z.B. Klassen oder quantitative Werte) mit den entsprechenden wahren Werten im Zielvektor. Auf Clustering-Methoden muss man jedoch vor allem dann zurückgreifen, wenn es für die Daten keinen Zielvektor gibt. Es gibt eine Reihe von Clustering-Bewertungsmetriken, die einen Zielvektor voraussetzen, andererseits ist die Verwendung nicht überwachter Lernkonzepte wie Clustering eher eine unnötige Behinderung, wenn Ihnen ein Zielvektor zur Verfügung steht.

Auch wenn wir Vorhersagen ohne einen Zielvektor nicht mit den wahren Werten vergleichen können, ist es möglich, die Art der Cluster an sich zu bewerten. Intuitiv kann man sich »gute« Cluster mit sehr kleinen Distanzen zwischen Beobachtungen im selben Cluster (d.h. dichte Cluster) und großen Distanzen zwischen den verschiedenen Clustern (d.h. gut getrennte Cluster) vorstellen. Silhouettenkoeffizienten liefern einen einzigen Wert, der beide Eigenschaften misst. Formal ist der Silhouettenkoeffizient der *i*-ten Beobachtung wie folgt definiert:

$$s_i = \frac{b_i - a_i}{\max(a_i, b_i)}$$

Hierin ist s_i der Silhouettenkoeffizient für die Beobachtung i, a_i die mittlere Distanz zwischen i und allen Beobachtungen derselben Klasse und b_i die mittlere Distanz zwischen i und allen Beobachtungen aus dem nächstliegenden Cluster einer anderen Klasse. Der von `silhouette_score` zurückgegebene Wert ist der mittlere Silhouettenkoeffizient für alle Beobachtungen. Silhouettenkoeffizienten reichen von –1 bis 1, wobei 1 auf dichte, gut getrennte Cluster hinweist.

Siehe auch

- `scikit-learn`-Dokumentation: `silhouette_score` (*http://bit.ly/2BEVQV5*)

11.10 Eine benutzerdefinierte Bewertungsmetrik erstellen

Problem

Sie möchten ein Modell bewerten mit einer Metrik, die Sie selbst definiert haben.

Lösung

Erstellen Sie die Metrik als Funktion und konvertieren Sie sie mit der Methode `make_scorer` von `scikit-learn` in eine Scorer-Funktion:

```
# Bibliotheken laden
from sklearn.metrics import make_scorer, r2_score
from sklearn.model_selection import train_test_split
from sklearn.linear_model import Ridge
from sklearn.datasets import make_regression

# Merkmalsmatrix und Zielvektor generieren
features, target = make_regression(n_samples = 100,
                                   n_features = 3,
                                   random_state = 1)

# Trainings- und Testmengen erzeugen
features_train, features_test, target_train, target_test = train_test_split(
     features, target, test_size=0.10, random_state=1)

# Benutzerdefinierte Metrik erzeugen
def custom_metric(target_test, target_predicted):
    # R-Quadrat-Score berechnen
    r2 = r2_score(target_test, target_predicted)
    # R-Quadrat-Score zurückgeben
    return r2

# Scorer-Funktion erzeugen und definieren, dass höhere Scores besser sind
score = make_scorer(custom_metric, greater_is_better=True)

# Ridge-Regressionsobjekt erstellen
```

```
classifier = Ridge()

# Ridge-Regressionsmodell trainieren
model = classifier.fit(features_train, target_train)

# Benutzerdefinierten Scorer anwenden
score(model, features_test, target_test)

0.99979061028820582
```

Diskussion

Auch wenn scikit-learn eine Reihe integrierter Metriken mitbringt, ist es oftmals zweckmäßig, eigene Metriken zu definieren. Die scikit-learn-Methode make_scorer erleichtert dies. Zuerst definieren wir eine Funktion, die zwei Argumente – den grundlegenden wahren Zielvektor und unsere vorhergesagten Werte – übernimmt und einen Score ausgibt. Danach erstellen wir mit make_scorer ein Scorer-Objekt und geben mit dem Parameter greater_is_better an, ob höhere oder niedrigere Scores erwünscht sind.

Die benutzerdefinierte Metrik in der Lösung (custom_metric) ist ein Minibeispiel, da sie lediglich eine integrierte Metrik zur Berechnung des R^2-Scores einhüllt. In praktischen Situationen würde man die Funktion custom_metric durch die gewünschte benutzerdefinierte Metrik ersetzen. Allerdings können wir uns davon überzeugen, dass die benutzerdefinierte Metrik, die R^2 berechnet, tatsächlich funktioniert, indem wir die Ergebnisse mit der in scikit-learn integrierten Methode r2_score vergleichen:

```
# Werte vorhersagen
target_predicted = model.predict(features_test)

# R-Quadrat-Score berechnen
r2_score(target_test, target_predicted)

0.99979061028820582
```

Siehe auch

- scikit-learn-Dokumentation: make_scorer (*http://bit.ly/2FwMm4m*)

11.11 Die Wirkung der Trainingsmengengröße visualisieren

Problem

Sie möchten bewerten, wie sich die Anzahl der Beobachtungen in Ihrer Trainingsmenge auf eine Metrik (Genauigkeit, F1 usw.) auswirkt.

Lösung

Stellen Sie die Lernkurve in einem Diagramm dar:

```
# Bibliotheken laden
import numpy as np
import matplotlib.pyplot as plt
from sklearn.ensemble import RandomForestClassifier
from sklearn.datasets import load_digits
from sklearn.model_selection import learning_curve

# Daten laden
digits = load_digits()

# Merkmalsmatrix und Zielvektor erzeugen
features, target = digits.data, digits.target

# Trainings- und Test-Scores der Kreuzvalidierung für verschiedene
# Größen von Trainingsmengen erzeugen
train_sizes, train_scores, test_scores = learning_curve(# Klassifikator
                                                         RandomForestClassifier(),
                                                         # Merkmalsmatrix
                                                         features,
                                                         # Zielvektor
                                                         target,
                                                         # Anzahl der Folds
                                                         cv=10,
                                                         # Performancemetrik
                                                         scoring='accuracy',
                                                         # alle CPU-Kerne verwenden
                                                         n_jobs=-1,
                                                         # Trainingsmenge in
                                                         # Größen von 50
                                                        train_sizes=np.linspace(
                                                        0.01,
                                                        1.0,
                                                        50))

# Mittelwerte und Standardabweichungen der Trainingsmengen-Scores erzeugen
train_mean = np.mean(train_scores, axis=1)
train_std = np.std(train_scores, axis=1)

# Mittelwerte und Standardabweichungen von Testmengen-Scores erzeugen
test_mean = np.mean(test_scores, axis=1)
test_std = np.std(test_scores, axis=1)

# Linien zeichnen
plt.plot(train_sizes, train_mean, '--', color="#111111",
         label="Score des Trainings")
plt.plot(train_sizes, test_mean, color="#111111",
         label="Score der Kreuzvalidierung")
```

```
# Bänder zeichnen
plt.fill_between(train_sizes, train_mean - train_std,
                 train_mean + train_std, color="#DDDDDD")
plt.fill_between(train_sizes, test_mean - test_std,
                 test_mean + test_std, color="#DDDDDD")

# Diagramm erstellen
plt.title("Lernkurve")
plt.xlabel("Größe der Trainingsmenge"), plt.ylabel("Genauigkeits-Score"),
plt.legend(loc="best")
plt.tight_layout()
plt.show()
```

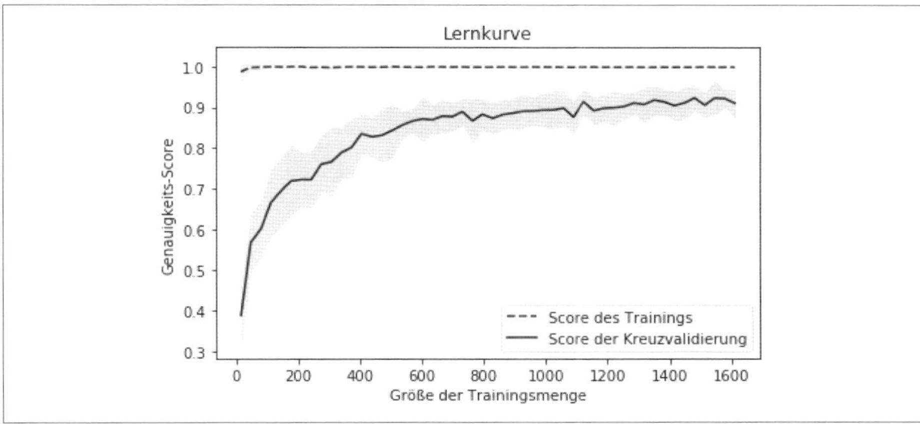

Diskussion

Lernkurven visualisieren die Performance (z.B. Genauigkeit, Sensitivität) eines Modells auf der Trainingsdatenmenge und während der Kreuzvalidierung mit zunehmender Anzahl von Beobachtungen in der Trainingsmenge. Häufig ermittelt man damit, ob die Lernalgorithmen von der Erfassung zusätzlicher Trainingsdaten profitieren würden.

In unserer Lösung tragen wir die Genauigkeit eines Random-Forest-Klassifikators bei 50 verschiedenen Trainingsdatengrößen von 1 % bis 100 % der Beobachtungen auf. Der zunehmende Genauigkeits-Score des per Kreuzvalidierung bewerteten Modells sagt uns, dass zusätzliche Beobachtungen wahrscheinlich von Vorteil wären (obwohl dies in der Praxis möglicherweise nicht realisierbar sein wird).

Siehe auch

- `scikit-learn`-Dokumentation: Lernkurve (*http://bit.ly/2FwjBVe*)

11.12 Einen Textbericht der Bewertungsmetriken erstellen

Problem

Für die Performance eines Klassifikators möchten Sie eine kurze Beschreibung haben.

Lösung

Verwenden Sie die scikit-learn-Methode classification_report:

```
# Bibliotheken laden
from sklearn import datasets
from sklearn.linear_model import LogisticRegression
from sklearn.model_selection import train_test_split
from sklearn.metrics import classification_report

# Daten laden
iris = datasets.load_iris()

# Merkmalsmatrix erstellen
features = iris.data

# Zielvektor erzeugen
target = iris.target

# Liste der Zielklassennamen anlegen
class_names = iris.target_names

# Trainings- und Testmengen erzeugen
features_train, features_test, target_train, target_test = train_test_split(
    features, target, random_state=1)

# Logistische Regression erzeugen
classifier = LogisticRegression()

# Modell trainieren und Vorhersagen treffen
model = classifier.fit(features_train, target_train)
target_predicted = model.predict(features_test)

# Einen Klassifizierungsbericht erstellen
print(classification_report(target_test,
                            target_predicted,
                            target_names=class_names))

             precision    recall  f1-score   support
     setosa       1.00      1.00      1.00        13
 versicolor       1.00      0.62      0.77        16
  virginica       0.60      1.00      0.75         9

avg / total       0.91      0.84      0.84        38
```

Diskussion

Die Methode `classification_report` ist ein Instrument, mit dem wir gängige Bewertungsmetriken – darunter Relevanz, Sensitivität und F1-Score (weiter vorn in diesem Kapitel beschrieben) – schnell anzeigen lassen können. Die Spalte `support` bezieht sich auf die Anzahl der Beobachtungen in jeder Klasse.

Siehe auch

- Relevanz (Precision) und Sensitivität (recall) (*https://en.wikipedia.org/wiki/Precision_and_recall* und speziell der dortige Link auf die deutsche Wikipedia-Seite)

11.13 Die Wirkung von Hyperparameter-Werten visualisieren

Problem

Sie möchten wissen, wie sich die Performance eines Modells ändert, wenn sich der Wert eines bestimmten Hyperparameters ändert.

Lösung

Stellen Sie die Validierungskurve als Diagramm dar:

```
# Bibliotheken laden
import matplotlib.pyplot as plt
import numpy as np
from sklearn.datasets import load_digits
from sklearn.ensemble import RandomForestClassifier
from sklearn.model_selection import validation_curve

# Daten laden
digits = load_digits()

# Merkmalsmatrix und Zielvektor erstellen
features, target = digits.data, digits.target

# Wertebereich für Parameter erstellen
param_range = np.arange(1, 250, 2)

# Genauigkeit für Trainings- und Testdatenmengen für den Bereich der
# Parameterwerte berechnen
train_scores, test_scores = validation_curve(
    # Klassifikator
    RandomForestClassifier(),
    # Markmalsmatrix
    features,
    # Zielvektor
```

```
    target,
    # Zu untersuchender Hyperparameter
    param_name="n_estimators",
    # Wertebereich des Hyperparameters
    param_range=param_range,
    # Anzahl der Folds
    cv=3,
    # Performancemetrik
    scoring="accuracy",
    # alle CPU-Kerne verwenden
    n_jobs=-1)

# Mittelwert und Standardabweichung für Scores der Trainingsmenge berechnen
train_mean = np.mean(train_scores, axis=1)
train_std = np.std(train_scores, axis=1)

# Mittelwert und Standardabweichung für Scores der Testdatenmenge berechnen
test_mean = np.mean(test_scores, axis=1)
test_std = np.std(test_scores, axis=1)

# Mittelwert der Genauigkeits-Scores für Trainings- und Testdatenmengen plotten
plt.plot(param_range, train_mean, label="Score des Trainings", color="black")
plt.plot(param_range, test_mean, label="Score der Kreuzvalidierung",
color="dimgrey")

# Genauigkeitsbänder für Trainings- und Testdatenmengen plotten
plt.fill_between(param_range, train_mean - train_std,
                 train_mean + train_std, color="gray")
plt.fill_between(param_range, test_mean - test_std,
                 test_mean + test_std, color="gainsboro")

# Diagramm erzeugen
plt.title("Validierungskurve mit Random Forest")
plt.xlabel("Anzahl der Bäume")
plt.ylabel("Genauigkeits-Score")
plt.tight_layout()
plt.legend(loc="best")
plt.show()
```

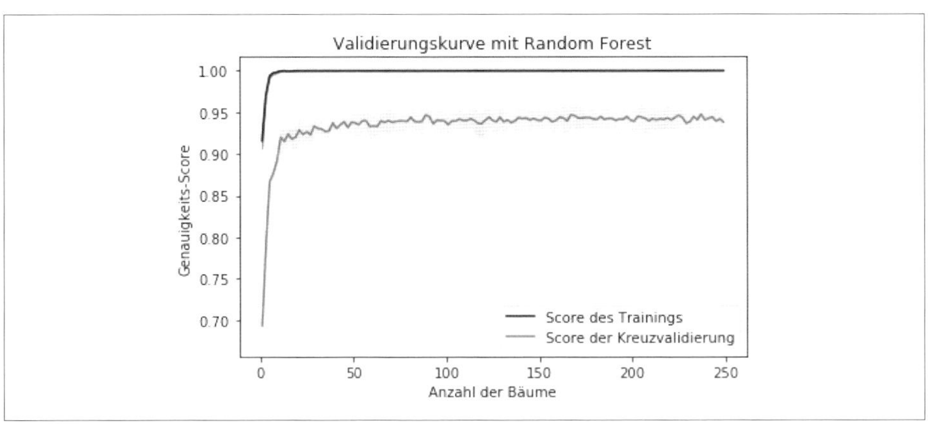

Diskussion

Die meisten Trainingsalgorithmen (einschließlich vieler in diesem Buch beschriebener) enthalten Hyperparameter, die vor Beginn des Trainingsprozesses ausgewählt werden müssen. Zum Beispiel erzeugt ein Random-Forest-Klassifikator einen »Wald« (Forest) von Entscheidungsbäumen, von denen jeder über die vorhergesagte Klasse einer Beobachtung abstimmt. Ein Hyperparameter in Random-Forest-Klassifikatoren ist die Anzahl der Bäume im Wald. Meistens werden Hyperparameterwerte während der Modellauswahl festgelegt (siehe Kapitel 12). Allerdings ist es gelegentlich zweckmäßig, zu visualisieren, wie sich die Modellperformance ändert, wenn sich der Hyperparameterwert ändert. In unserer Lösung plotten wir die Änderungen der Genauigkeit eines Random-Forest-Klassifikators für die Trainingsdatenmenge und während der Kreuzvalidierung, wenn die Anzahl der Bäume zunimmt. Bei einer kleinen Anzahl von Entscheidungsbäumen sind sowohl der Trainings- als auch der Kreuzvalidierungs-Score niedrig, was auf ein unterangepasstes Modell hinweist. Wenn die Anzahl der Entscheidungsbäume auf 250 steigt, flacht die Genauigkeit von beiden ab. Hier liegt also die Vermutung nahe, dass sich die Berechnungskosten für das Training eines massiven Walds kaum noch lohnen.

In `scikit-learn` berechnen wir die Validierungskurve mit der Methode `validation_curve`, die drei wichtige Parameter übernimmt:

- `param_name` ist der Name des zu variierenden Hyperparameters.
- `param_range` ist der Wert des zu verwendenden Hyperparameters.
- `scoring` ist die Bewertungsmetrik zur Beurteilung des Modells.

Siehe auch

- `scikit-learn`-Dokumentation: Validierungskurve (*http://bit.ly/2FuwYFG*)

KAPITEL 12

Modellauswahl

12.0 Einführung

Beim maschinellen Lernen verwenden wir Trainingsalgorithmen, um die Parameter eines Modells anzulernen, indem wir eine Verlustfunktion minimieren. Allerdings verfügen viele Lernalgorithmen (etwa Support Vector Classifier[1] und Random Forests[2]) zusätzlich über Hyperparameter, die außerhalb des Lernprozesses definiert werden müssen. Zum Beispiel handelt es sich bei Random Forests um Sammlungen von Entscheidungsbäumen (daher die englische Bezeichnung Forest = Wald); allerdings wird die Anzahl der Entscheidungsbäume im Wald nicht durch den Algorithmus gelernt und muss vor der Anpassung festgelegt werden. In diesem Zusammenhang spricht man oft von Hyperparameter-Tuning, Hyperparameter-Optimierung oder Modellauswahl. Darüber hinaus möchten wir oftmals mehrere Lernalgorithmen (zum Beispiel sowohl Support Vector Classifier als auch Random Forests) ausprobieren, um festzustellen, welches Lernverfahren das beste Modell liefert.

Die Terminologie auf diesem Gebiet ist ziemlich uneinheitlich. In diesem Buch sprechen wir bei der Auswahl sowohl des besten Lernalgorithmus als auch seiner besten Hyperparameter von *Modellauswahl*. Das hat einen einfachen Grund: Stellen Sie sich vor, Sie möchten einen Support Vector Classifier mit zehn möglichen Hyperparameterwerten und einen Random-Forest-Klassifikator mit zehn möglichen Hyperparameterwerten auf Ihren Daten trainieren. Letztlich versuchen Sie, das beste Modell aus einer Menge von 20 Kandidatenmodellen auszuwählen. In diesem Kapitel behandeln wir Techniken, um das beste Modell aus einer Menge von Kandidaten effizient auswählen zu können.

Dabei beziehen wir uns auf spezifische Hyperparameter, wie zum Beispiel `C` (den Kehrwert der Regularisierungsstärke). Auf die Bedeutung der Hyperparameter kom-

1 Support Vector Classifier – eine Übersetzung aus dem Englischen wie etwa »Stützvektor-Klassifikator« ist im Deutschen nicht gebräuchlich.

2 Random Forests – eine Übersetzung aus dem Englischen wie etwa »Zufällige Wälder« ist im Deutschen nicht üblich, auch wenn gelegentlich von Wäldern und Entscheidungsbäumen gesprochen wird.

men wir in späteren Kapiteln zurück. Behandeln Sie Hyperparameter zunächst wie die Einstellungen für den Lernalgorithmus, die Sie vor dem Beginn des Trainings festlegen müssen.

12.1 Beste Modelle mittels erschöpfender Suche auswählen

Problem

Sie möchten das beste Modell auswählen, indem Sie über einem Bereich von Hyperparametern suchen.

Lösung

Verwenden Sie die Methode `GridSearchCV` von `scikit-learn`:

```
# Bibliotheken laden
import numpy as np
from sklearn import linear_model, datasets
from sklearn.model_selection import GridSearchCV

# Daten laden
iris = datasets.load_iris()
features = iris.data
target = iris.target

# Logistische Regression erzeugen
logistic = linear_model.LogisticRegression()

# Bereich der Kandidatenwerte für Strafterm als Hyperparameter
penalty = ['l1', 'l2']

# Bereich der Kandidatenwerte für Hyperparameter der Regularisierung
C = np.logspace(0, 4, 10)

# Dictionary mit Hyperparameterkandidaten erzeugen
hyperparameters = dict(C=C, penalty=penalty)

# Gittersuche erstellen
gridsearch = GridSearchCV(logistic, hyperparameters, cv=5, verbose=0)

# Gittersuche anpassen
best_model = gridsearch.fit(features, target)
```

Diskussion

Die Methode `GridSearchCV` ist ein Brute-Force-Ansatz für die Modellauswahl mittels Kreuzvalidierung. Insbesondere definiert ein Benutzer Mengen möglicher Werte für einen oder mehrere Hyperparameter, und dann trainiert GridSearchCV ein Modell mit allen Werten und/oder Wertekombinationen. Das Modell mit dem besten Performance-Score wird als das beste Modell ausgewählt. So haben wir in unserer Lösung logistische Regression als Lernalgorithmus verwendet, und zwar mit zwei Hyperparametern: C und dem Strafterm der Regularisierung. Was C und Regularisierung bedeuten, werden wir in den nächsten Kapiteln erläutern. Fürs Erste genügt es, zu wissen, dass C und der Strafterm der Regularisierung Wertebereiche annehmen können, die vor dem Training festzulegen sind. Für C definieren wir zehn mögliche Werte:

```
np.logspace(0, 4, 10)

array([ 1.00000000e+00,   2.78255940e+00,   7.74263683e+00,
        2.15443469e+01,   5.99484250e+01,   1.66810054e+02,
        4.64158883e+02,   1.29154967e+03,   3.59381366e+03,
        1.00000000e+04])
```

In ähnlicher Weise definieren wir zwei mögliche Werte für den Strafterm der Regularisierung: ['l1', 'l2']. Für alle Kombinationen, die sich aus den Werten des Parameters C und des Regularisierungsstrafterms ergeben, trainieren wir das Modell und bewerten es mittels der *k*-fachen Kreuzvalidierung. In unserer Lösung hatten wir zehn mögliche Werte von C, zwei mögliche Werte für den Strafterm der Regularisierung und fünf Folds. Daraus wurden 10 × 2 × 5 = 100 Kandidatenmodelle erzeugt, aus denen das beste Modell ausgewählt wurde.

Nachdem GridSearchCV abgeschlossen ist, können wir die Hyperparameter des besten Modells anzeigen:

```
# Beste Hyperparameter anzeigen
print('Bester Strafterm:', best_model.best_estimator_.get_params()['penalty'])
print('Bestes C:', best_model.best_estimator_.get_params()['C'])

Bester Strafterm: l1
Bestes C: 7.74263682681
```

Nachdem die besten Hyperparameter ermittelt wurden, trainiert GridSearchCV standardmäßig erneut ein Modell mit den besten Hyperparametern auf dem gesamten Datensatz (anstatt einen Fold für die Kreuzvalidierung auszulassen). Dieses Modell können wir dann verwenden, um Werte wie mit jedem anderen Modell von scikit-learn vorherzusagen:

```
# Zielvektor vorhersagen
best_model.predict(features)

array([0, 0, 0, 0, 0, 0, 0, 0, 0, 0, 0, 0, 0, 0, 0, 0, 0, 0, 0, 0, 0, 0, 0,
       0, 0, 0, 0, 0, 0, 0, 0, 0, 0, 0, 0, 0, 0, 0, 0, 0, 0, 0, 0, 0, 0, 0,
       0, 0, 0, 0, 1, 1, 1, 1, 1, 1, 1, 1, 1, 1, 1, 1, 1, 1, 1, 1, 1, 1, 1,
       1, 2, 1, 1, 1, 1, 1, 1, 1, 1, 1, 1, 1, 1, 2, 1, 1, 1, 1, 1, 1, 1, 1,
       1, 1, 1, 1, 1, 1, 1, 1, 2, 2, 2, 2, 2, 2, 2, 2, 2, 2, 2, 2, 2, 2, 2,
       2, 2, 2, 2, 2, 2, 2, 2, 2, 2, 2, 2, 2, 2, 2, 2, 2, 2, 1, 2, 2, 2, 2,
       2, 2, 2, 2, 2, 2, 2, 2, 2, 2, 2, 2])
```

Einen Parameter von GridSearchCV sollten Sie noch kennen: verbose. Obwohl meistens unnötig, kann es bei langen Suchvorgängen beruhigend sein, einen Hinweis darauf zu erhalten, dass die Suche noch läuft. Der Parameter verbose bestimmt den Umfang der Meldungen, die während der Suche ausgegeben werden – bei 0 keine Ausgabe und bei 1 bis 3 Meldungen mit zunehmenden Details.

Siehe auch

- scikit-learn-Dokumentation: GridSearchCV (*http://bit.ly/2Fuctc4*)

12.2 Beste Modelle mittels Zufallssuche auswählen

Problem

Sie möchten das beste Modell mit einer rechentechnisch preiswerteren Methode auswählen als mit erschöpfender Suche.

Lösung

Verwenden Sie die Methode RandomizedSearchCV von scikit-learn:

```
# Bibliotheken laden
from scipy.stats import uniform
from sklearn import linear_model, datasets
from sklearn.model_selection import RandomizedSearchCV

# Daten laden
iris = datasets.load_iris()
features = iris.data
target = iris.target

# Logistische Regression erzeugen
logistic = linear_model.LogisticRegression()

# Bereich der Kandidatenwerte als Hyperparameter für den Strafterm
# der Regularisierung erzeugen
penalty = ['l1', 'l2']

# Verteilung der Kandidatenwerte als Hyperparameter für die Regularisierung
C = uniform(loc=0, scale=4)

# Hyperparameteroptionen erzeugen
hyperparameters = dict(C=C, penalty=penalty)

# Zufallssuche erzeugen
randomizedsearch = RandomizedSearchCV(
    logistic, hyperparameters, random_state=1, n_iter=100, cv=5, verbose=0,
    n_jobs=-1)

# Randomisierte Suche anpassen
best_model = randomizedsearch.fit(features, target)
```

Diskussion

In Rezept 12.1 haben wir mit `GridSearchCV` auf einem benutzerdefinierten Satz von Hyperparameterwerten nach dem besten Modell entsprechend einer Score-Funktion gesucht. Effizienter als die Brute-Force-Methode von `GridSearchCV` ist es, über einer festgelegten Anzahl von zufälligen Kombinationen von Hyperparameterwerten aus Verteilungen, die der Benutzer bereitgestellt hat (z. B. normal, gleich), zu suchen. In `scikit-learn` ist diese randomisierte Suchtechnik mit der Methode `RandomizedSearchCV` implementiert.

Wenn Sie bei `RandomizedSearchCV` eine Verteilung angeben, entnimmt `scikit-learn` zufällige Stichproben von Hyperparameterwerten aus dieser Verteilung ohne Zurücklegen. Als Beispiel für das allgemeine Konzept entnehmen wir hier zehn Werte aus einer Gleichverteilung, die von 0 bis 4 reicht:

```
# Eine Gleichverteilung zwischen 0 und 4 definieren, Stichprobe von 10 Werten
# entnehmen
uniform(loc=0, scale=4).rvs(10)
```

```
array([ 1.97118721,  1.34786898,  3.79867719,  1.15999967,  3.33485021,
        1.20394179,  0.88117832,  0.47855329,  0.48521699,  1.5479854 ])
```

Alternativ können Sie eine Liste von Werten angeben, beispielsweise zwei Strafterme für die Regularisierung `['l1', 'l2']` als Hyperparameterwerte. Dann zieht `RandomizedSearchCV` zufällige Stichproben aus der Liste mit Zurücklegen.

Genau wie bei `GridSearchCV` lassen sich die Hyperparameterwerte des besten Modells anzeigen:

```
# Beste Hyperparameter anzeigen
print('Bester Strafterm:', best_model.best_estimator_.get_params()['penalty'])
print('Bestes C:', best_model.best_estimator_.get_params()['C'])
```

```
Bester Strafterm: l1
Bestes C: 1.66808801881
```

Und ebenso wie bei `GridSearchCV` passt `RandomizedSearchCV` nach abgeschlossener Suche ein neues Modell mit den besten Hyperparametern auf dem gesamten Datensatz an. Dieses Modell können wir wie jedes andere in `scikit-learn` verwenden, zum Beispiel um Vorhersagen zu treffen:

```
# Zielvektor vorhersagen
best_model.predict(features)
```

```
array([0, 0, 0, 0, 0, 0, 0, 0, 0, 0, 0, 0, 0, 0, 0, 0, 0, 0, 0, 0, 0, 0, 0,
       0, 0, 0, 0, 0, 0, 0, 0, 0, 0, 0, 0, 0, 0, 0, 0, 0, 0, 0, 0, 0, 0, 0,
       0, 0, 0, 0, 1, 1, 1, 1, 1, 1, 1, 1, 1, 1, 1, 1, 1, 1, 1, 1, 1, 1, 1,
       1, 2, 1, 1, 1, 1, 1, 1, 1, 1, 1, 1, 1, 1, 2, 2, 1, 1, 1, 1, 1, 1, 1,
       1, 1, 1, 1, 1, 1, 1, 1, 2, 2, 2, 2, 2, 2, 2, 2, 2, 2, 2, 2, 2, 2, 2,
       2, 2, 2, 2, 2, 2, 2, 2, 2, 2, 2, 2, 2, 2, 1, 2, 2, 2, 1, 2, 2, 2, 2,
       2, 2, 2, 2, 2, 2, 2, 2, 2, 2, 2, 2])
```

Die Anzahl der Stichprobenkombinationen von Hyperparametern (d.h. die Anzahl der trainierten Kandidatenmodelle) wird mit der Einstellung `n_iter` (Anzahl der Iterationen) festgelegt.

Siehe auch

- scikit-learn-Dokumentation: `RandomizedSearchCV` (*http://bit.ly/2B7p1zT*)
- Random Search for Hyper-Parameter Optimization (*http://bit.ly/2FrUinf*)

12.3 Beste Modelle von mehreren Lernalgorithmen auswählen

Problem

Sie möchten das beste Modell auswählen, indem Sie über einer Reihe von Lernalgorithmen und deren jeweiligen Hyperparametern suchen.

Lösung

Erstellen Sie ein Dictionary der infrage kommenden Lernalgorithmen und deren Hyperparametern:

```
# Bibliotheken laden
import numpy as np
from sklearn import datasets
from sklearn.linear_model import LogisticRegression
from sklearn.ensemble import RandomForestClassifier
from sklearn.model_selection import GridSearchCV
from sklearn.pipeline import Pipeline

# Startwert für Zufallszahlengenerator setzen
np.random.seed(0)

# Daten laden
iris = datasets.load_iris()
features = iris.data
target = iris.target

# Eine Pipeline erstellen
pipe = Pipeline([("classifier", RandomForestClassifier())])

# Dictionary mit den Kandidaten für Lernalgorithmen und deren Hyperparameter
# anlegen
search_space = [{"classifier": [LogisticRegression()],
                 "classifier__penalty": ['l1', 'l2'],
                 "classifier__C": np.logspace(0, 4, 10)},
                {"classifier": [RandomForestClassifier()],
```

```
                  "classifier__n_estimators": [10, 100, 1000],
                  "classifier__max_features": [1, 2, 3]}]

# Gittersuche erstellen
gridsearch = GridSearchCV(pipe, search_space, cv=5, verbose=0)

# Gittersuche anpassen
best_model = gridsearch.fit(features, target)
```

Diskussion

In den beiden vorherigen Rezepten haben wir das beste Modell gefunden, indem wir über mögliche Hyperparameterwerte eines Lernalgorithmus gesucht haben. Wie sieht es aber aus, wenn wir uns nicht sicher sind, welcher Lernalgorithmus verwendet werden soll? Neuere Versionen von `scikit-learn` erlauben es uns, Lernalgorithmen als Teil des Suchraums anzugeben. In unserer Lösung definieren wir einen Suchraum, der zwei Lernalgorithmen einschließt: logistische Regression und Random-Forest-Klassifikator. Jeder Lernalgorithmus verfügt über seine eigenen Hyperparameter, und deren Kandidatenwerte definieren wir im Format `classifier__[`*`Hyperparametername`*`]`. Um zum Beispiel für unsere logistische Regression die Menge der möglichen Werte für den Raum des Hyperparameters `C`, der die Regularisierung steuert, und die potenziellen Arten der Strafterme für die Regularisierung `penalty` zu definieren, erstellen wir folgendes Dictionary:

```
{'classifier': [LogisticRegression()],
 'classifier__penalty': ['l1', 'l2'],
 'classifier__C': np.logspace(0, 4, 10)}
```

Ein ähnliches Dictionary können wir auch für die Random-Forest-Hyperparameter anlegen:

```
{'classifier': [RandomForestClassifier()],
 'classifier__n_estimators': [10, 100, 1000],
 'classifier__max_features': [1, 2, 3]}
```

Nachdem die Suche abgeschlossen ist, können wir mit `best_estimator_` den Lernalgorithmus und die Hyperparameter des besten Modells anzeigen:

```
# Bestes Modell anzeigen
best_model.best_estimator_.get_params()["classifier"]

LogisticRegression(C=7.7426368268112693, class_weight=None, dual=False,
          fit_intercept=True, intercept_scaling=1, max_iter=100,
          multi_class='ovr', n_jobs=1, penalty='l1', random_state=None,
          solver='liblinear', tol=0.0001, verbose=0, warm_start=False)
```

Wenn wir dann noch die Modellauswahlsuche angepasst haben, können wir wie bei den beiden letzten Rezepten dieses beste Modell genau wie jedes andere `scicit-learn`-Modell verwenden:

```
# Zielvektor vorhersagen
best_model.predict(features)
```

```
array([0, 0, 0, 0, 0, 0, 0, 0, 0, 0, 0, 0, 0, 0, 0, 0, 0, 0, 0, 0, 0, 0, 0,
       0, 0, 0, 0, 0, 0, 0, 0, 0, 0, 0, 0, 0, 0, 0, 0, 0, 0, 0, 0, 0, 0, 0,
       0, 0, 0, 0, 1, 1, 1, 1, 1, 1, 1, 1, 1, 1, 1, 1, 1, 1, 1, 1, 1, 1, 1,
       1, 2, 1, 1, 1, 1, 1, 1, 1, 1, 1, 1, 1, 1, 2, 1, 1, 1, 1, 1, 1, 1, 1,
       1, 1, 1, 1, 1, 1, 1, 1, 2, 2, 2, 2, 2, 2, 2, 2, 2, 2, 2, 2, 2, 2, 2,
       2, 2, 2, 2, 2, 2, 2, 2, 2, 2, 2, 2, 2, 2, 2, 2, 2, 2, 1, 2, 2, 2, 2,
       2, 2, 2, 2, 2, 2, 2, 2, 2, 2, 2, 2])
```

12.4 Beste Modelle bei Vorverarbeitung auswählen

Problem

Während der Modellauswahl möchten Sie einen Vorverarbeitungsschritt einbinden.

Lösung

Erstellen Sie eine Pipeline, die den Vorverarbeitungsschritt und dessen sämtliche Parameter enthält:

```
# Bibliotheken laden
import numpy as np
from sklearn import datasets
from sklearn.linear_model import LogisticRegression
from sklearn.model_selection import GridSearchCV
from sklearn.pipeline import Pipeline, FeatureUnion
from sklearn.decomposition import PCA
from sklearn.preprocessing import StandardScaler

# Startwert für Zufallszahlengenerator festlegen
np.random.seed(0)

# Daten laden
iris = datasets.load_iris()
features = iris.data
target = iris.target

# Ein Vorverarbeitungsobjekt erzeugen, das StandardScaler-Merkmale und PCA umfasst
preprocess = FeatureUnion([("std", StandardScaler()), ("pca", PCA())])

# Eine Pipeline erzeugen
pipe = Pipeline([("preprocess", preprocess),
                 ("classifier", LogisticRegression())])

# Raum der Kandidatenwerte erzeugen
search_space = [{"preprocess__pca__n_components": [1, 2, 3],
                 "classifier__penalty": ["l1", "l2"],
                 "classifier__C": np.logspace(0, 4, 10)}]

# Gittersuche erzeugen
clf = GridSearchCV(pipe, search_space, cv=5, verbose=0, n_jobs=-1)
```

```
# Gittersuche anpassen
best_model = clf.fit(features, target)
```

Diskussion

Sehr oft ist es erforderlich, die Daten vorzuverarbeiten, damit sie sich dafür eignen, ein Modell zu trainieren. Im Rahmen der Modellauswahl müssen wir darauf achten, die Vorverarbeitung ordnungsgemäß durchzuführen. Zuerst bestimmt `GridSearchCV` per Kreuzvalidierung, welches Modell die höchste Performance aufweist. Allerdings tun wir bei der Kreuzvalidierung praktisch so, als ob der als Testmenge ausgeklammerte Fold überhaupt noch nicht bekannt ist. Somit erfährt er auch keinerlei Vorverarbeitung (z.B. Skalierung oder Standardisierung). Deshalb können wir die Daten nicht vorverarbeiten und dann erst `GridSearchCV` ausführen. Vielmehr müssen die Vorverarbeitungsschritte im Rahmen der Aktionen stattfinden, die `GridSearchCV` unternimmt. Das mag sich kompliziert anhören, in der Praxis macht es uns `scikit-learn` aber recht einfach. Mit `FeatureUnion` ist es möglich, mehrere Vorverarbeitungsaktionen ordnungsgemäß zu kombinieren. In unserer Lösung kombinieren wir per `FeatureUnion` zwei Vorverarbeitungsschritte: Merkmalswerte standardisieren (`StandardScaler`) und Hauptkomponentenanalyse (*Principal Component Analysis*, `PCA`). Dieses Objekt wird `preprocess` genannt und enthält unsere beiden Vorverarbeitungsschritte. Dann binden wir `preprocess` in eine Pipeline mit unserem Lernalgorithmus ein. Damit sind wir in der Lage, die ordnungsgemäße (und verwirrende) Behandlung von Anpassen, Transformieren und Trainieren der Modelle mit Kombinationen von Hyperparametern an `scikit-learn` outzusourcen.

Darüber hinaus besitzen manche Vorverarbeitungsmethoden eigene Parameter, die oftmals der Benutzer vorab bereitstellen muss. So muss der Benutzer bei der Reduzierung der Dimensionalität mittels PCA die Anzahl der Hauptkomponenten angeben, die für die transformierte Merkmalsmenge zu verwenden sind. Im Idealfall würden wir die Anzahl der Komponenten wählen, die ein Modell mit der größten Performance für eine bestimmte Bewertungstestmetrik liefert. Glücklicherweise ist das mit `scikit-learn` ein Kinderspiel. Wenn wir infrage kommende Komponentenwerte in den Suchraum aufnehmen, werden sie behandelt wie jeder andere Hyperparameter, über den gesucht werden soll. In unserer Lösung haben wir `features__pca__n_components': [1, 2, 3]` im Suchraum definiert. Damit zeigen wir an, dass wir wissen wollen, ob eine, zwei oder drei Hauptkomponenten das beste Modell produzieren.

Ist die Modellauswahl abgeschlossen, können wir die Vorverarbeitungswerte anzeigen, die das beste Modell ergeben haben. Zum Beispiel lässt sich die beste Anzahl der Hauptkomponenten ausgeben:

```
# Bestes Modell anzeigen
best_model.best_estimator_.get_params()['preprocess__pca__n_components']
```

```
1
```

12.5 Die Modellauswahl durch Parallelisierung beschleunigen

Problem

Sie müssen die Modellauswahl beschleunigen.

Lösung

Nutzen Sie alle CPU-Kerne Ihres Computers, indem Sie `n_jobs=-1` setzen:

```
# Bibliotheken laden
import numpy as np
from sklearn import linear_model, datasets
from sklearn.model_selection import GridSearchCV

# Daten laden
iris = datasets.load_iris()
features = iris.data
target = iris.target

# Logistische Regression erzeugen
logistic = linear_model.LogisticRegression()

# Bereich infrage kommender Hyperparameterwerte für den Strafterm der
# Regularisierung erzeugen
penalty = ["l1", "l2"]

# Bereich infrage kommender Werte für C erzeugen
C = np.logspace(0, 4, 1000)

# Hyperparameteroptionen erzeugen
hyperparameters = dict(C=C, penalty=penalty)

# Gittersuche erzeugen
gridsearch = GridSearchCV(logistic, hyperparameters, cv=5, n_jobs=-1, verbose=1)

# Gittersuche anpassen
best_model = gridsearch.fit(features, target)

Fitting 5 folds for each of 2000 candidates, totalling 10000 fits

[Parallel(n_jobs=-1)]: Done 1352 tasks      | elapsed:    7.2s
[Parallel(n_jobs=-1)]: Done 5120 tasks      | elapsed:   30.3s
[Parallel(n_jobs=-1)]: Done 10000 out of 10000 | elapsed:  1.1min finished
```

Diskussion

In den Rezepten dieses Kapitels haben wir die Anzahl der Kandidatenmodelle klein gehalten, damit die Zeit für die Ausführung des Codes annehmbar bleibt. In der Praxis müssen wir aber oftmals Tausende oder Zehntausende Modelle trainieren.

Es kann dann viele Stunden dauern, das beste Modell zu finden. Um die Abläufe zu beschleunigen, erlaubt `scikit-learn` uns, mehrere Modelle gleichzeitig zu trainieren. Ohne zu sehr in die technischen Details zu gehen, ist `scikit-learn` in der Lage, gleichzeitig so viele Modelle zu trainieren, wie Kerne im Computer vorhanden sind. Die meisten modernen Laptops sind mit vier Kernen ausgestattet, sodass Sie (sofern Sie momentan auf einem Laptop arbeiten) potenziell vier Modelle gleichzeitig trainieren können. Dadurch erhöht sich die Geschwindigkeit des Modellauswahlprozesses drastisch. Der Parameter `n_jobs` definiert die Anzahl der Modelle, die parallel trainiert werden sollen.

In unserer Lösung haben wir `n_jobs` auf `-1` gesetzt und somit `scikit-learn` angewiesen, *alle* CPU-Kerne zu nutzen. Standardmäßig ist `n_jobs` jedoch auf `1` gesetzt, sodass nur ein Kern genutzt wird. Davon können Sie sich selbst überzeugen, wenn Sie `GridSearch` genau wie in der Lösung ausführen, aber `n_jobs=1` setzen. Es dauert beträchtlich länger, das beste Modell zu finden (wobei natürlich die konkrete Zeit von Ihrem Computer abhängt).

```
# Gittersuche mit einem CPU-Kern erzeugen
clf = GridSearchCV(logistic, hyperparameters, cv=5, n_jobs=1, verbose=1)

# Gittersuche anpassen
best_model = clf.fit(features, target)

Fitting 5 folds for each of 2000 candidates, totalling 10000 fits


[Parallel(n_jobs=1)]: Done 10000 out of 10000 | elapsed:  2.8min finished
```

12.6 Die Modellauswahl mit algorithmusspezifischen Methoden beschleunigen

Problem

Sie müssen die Modellauswahl beschleunigen.

Lösung

Wenn Sie eine ausgewählte Anzahl von Lernalgorithmen verwenden, können Sie auf die modellspezifische Hyperparameteroptimierung für Kreuzvalidierung von `scikit-learn` zurückgreifen, zum Beispiel `LogisticRegressionCV`:

```
# Bibliotheken laden
from sklearn import linear_model, datasets
```

```
# Daten laden
iris = datasets.load_iris()
features = iris.data
target = iris.target

# Logistische Regression für Kreuzvalidierung erzeugen
logit = linear_model.LogisticRegressionCV(Cs=100)

# Modell trainieren
logit.fit(features, target)
LogisticRegressionCV(Cs=100, class_weight=None, cv=None, dual=False,
           fit_intercept=True, intercept_scaling=1.0, max_iter=100,
           multi_class='ovr', n_jobs=1, penalty='l2', random_state=None,
           refit=True, scoring=None, solver='lbfgs', tol=0.0001, verbose=0)
```

Diskussion

Manchmal erlauben uns die Eigenschaften eines Lernalgorithmus, nach den besten Hyperparametern erheblich schneller als mit Brute-Force- oder randomisierten Modellsuchmethoden zu suchen. In `scikit-learn` verfügen viele Lernalgorithmen (z. B. Ridge, Lasso und elastische Netzregression) über eine algorithmusspezifische Kreuzvalidierungsmethode, von der man profitieren kann. So dient zum Beispiel `LogisticRegression` dazu, einen standardmäßigen Klassifikator für logistische Regression auszuführen, während `LogisticRegressionCV` einen effizienten Klassifikator für logistische Regression mit Kreuzvalidierung implementiert, der es erlaubt, den optimalen Wert des Hyperparameters `C` zu ermitteln.

Die Methode `LogisticRegressionCV` von `scikit-learn` übernimmt einen Parameter `Cs`. Wenn man die Argumente als Liste bereitstellt, gibt `Cs` die infrage kommenden Hyperparameterwerte an, aus denen ausgewählt werden soll. Wenn Sie aber eine Ganzzahl übergeben, wird für den Parameter `Cs` eine Liste mit genauso vielen Kandidatenwerten generiert. Die Kandidatenwerte werden logarithmisch aus einem Bereich zwischen 0,0001 und 10.000 gezogen (einem Bereich von plausiblen Werten für `C`).

Ein wesentlicher Nachteil von `LogisticRegressionCV` ist jedoch, dass die Methode nur einen Wertebereich für `C` suchen kann. In Rezept 12.1 haben wir in unseren möglichen Hyperparameterraum sowohl `C` als auch einen anderen Hyperparameter (den Strafterm für die Regularisierung) eingeschlossen. Diese Beschränkung ist bei vielen Konzepten der modellspezifischen Kreuzvalidierung von `scikit-learn` üblich.

Siehe auch

- `scikit-learn`-Dokumentation: `LogisticRegressionCV` (*http://bit.ly/2GPJvjY*)
- `scikit-learn`-Dokumentation: Modellspezifische Kreuzvalidierung (*http://bit.ly/2F0TQsL*)

12.7 Performance nach der Modellauswahl bewerten

Problem

Sie möchten die Performance eines Modells bewerten, das über die Modellauswahl gefunden wurde.

Lösung

Verwenden Sie eine verschachtelte Kreuzvalidierung, um eine vom Schwellenwert abhängige Kreuzvalidierung zu vermeiden.

```
# Bibliotheken laden
import numpy as np
from sklearn import linear_model, datasets
from sklearn.model_selection import GridSearchCV, cross_val_score

# Daten laden
iris = datasets.load_iris()
features = iris.data
target = iris.target

# Logistische Regression erzeugen
logistic = linear_model.LogisticRegression()

# Einen Bereich von 20 Kandidatenwerten für C erzeugen
C = np.logspace(0, 4, 20)

# Hyperparameteroptionen erzeugen
hyperparameters = dict(C=C)

# Gittersuche erzeugen
gridsearch = GridSearchCV(logistic, hyperparameters, cv=5, n_jobs=-1, verbose=0)

# Verschachtelte Kreuzvalidierung ausführen und durchschnittlichen Score ausgeben
cross_val_score(gridsearch, features, target).mean()
```

```
0.95343137254901966
```

Diskussion

Verschachtelte Kreuzvalidierung während der Modellauswahl ist ein schwieriges Konzept, das nicht unbedingt auf Anhieb verständlich ist. Denken Sie daran, dass wir bei der *k*-fachen Kreuzvalidierung unser Modell auf *k-1* Folds (Teilmengen) der Daten trainieren, mit diesem Modell dann Vorhersagen für den restlichen Fold treffen und dann unser Modell am besten danach bewerten, wie gut seine Voraussagen verglichen mit den wahren Werten sind. Diesen Vorgang wiederholen wir dann *k*-mal.

In den Suchoperationen zur Modellauswahl, die dieses Kapitel beschrieben hat (d.h. `GridSearchCV` und `RandomizedSearchCV`), haben wir per Kreuzvalidierung bewertet, welche Hyperparameterwerte die besten Modelle ergeben. Es taucht jedoch ein nuancenreiches und allgemein unterschätztes Problem auf: Da wir die Daten verwendet haben, um die besten Hyperparameterwerte auszuwählen, dürfen wir dieselben Daten nicht heranziehen, um die Performance des Modells zu bewerten. Wie sieht die Lösung aus? Hüllen Sie die Kreuzvalidierung, die der Modellsuche gedient hat, in eine andere Kreuzvalidierung ein! In einer verschachtelten Kreuzvalidierung wählt die »innere« Kreuzvalidierung das beste Modell aus, während die »äußere« Kreuzvalidierung eine unverfälschte Bewertung für die Performance des Modells liefert. In unserer Lösung ist unser `GridSearchCV`-Objekt die innere Kreuzvalidierung, die wir dann mittels `cross_val_score` in eine äußere Kreuzvalidierung einhüllen.

Sollten Sie Zweifel haben, führen Sie am besten ein einfaches Experiment durch. Zuerst setzen Sie `verbose=1`, damit Sie verfolgen können, was passiert:

```
gridsearch = GridSearchCV(logistic, hyperparameters, cv=5, verbose=1)
```

Als Nächstes führen Sie die Methode `gridsearch.fit(features, target)` aus, d.h. unsere innere Kreuzvalidierung, die dazu dient, das beste Modell zu finden.

```
best_model = gridsearch.fit(features, target)

Fitting 5 folds for each of 20 candidates, totalling 100 fits
[Parallel(n_jobs=1)]: Done 100 out of 100 | elapsed:    0.4s finished
```

Wie die Ausgabe zeigt, hat die innere Kreuzvalidierung 20 Kandidatenmodelle fünfmal trainiert, was insgesamt 100 Modelle ergibt. Als Nächstes verschachteln Sie `clf` in einer neuen Kreuzvalidierung, die standardmäßig drei Folds verwendet:

```
scores = cross_val_score(gridsearch, features, target)

Fitting 5 folds for each of 20 candidates, totalling 100 fits
[Parallel(n_jobs=1)]: Done 100 out of 100 | elapsed:    0.5s finished
Fitting 5 folds for each of 20 candidates, totalling 100 fits
[Parallel(n_jobs=1)]: Done 100 out of 100 | elapsed:    0.7s finished
Fitting 5 folds for each of 20 candidates, totalling 100 fits
[Parallel(n_jobs=1)]: Done 100 out of 100 | elapsed:    0.5s finished
```

Die Ausgabe zeigt, dass die innere Kreuzvalidierung 20 Modelle fünfmal trainiert hat, um das beste Modell zu finden. Und dieses Modell wurde mit einer äußeren dreifachen Kreuzvalidierung bewertet, womit insgesamt 300 trainierte Modelle erzeugt wurden.

KAPITEL 13

Lineare Regression

13.0 Einführung

Lineare Regression ist einer der einfachsten überwachten Lernalgorithmen in unserer Werkzeugkiste. Wenn Sie jemals an einer Hochschule einen Einführungskurs zu Statistik besucht haben, wurde wahrscheinlich als letztes Thema die lineare Regression behandelt. Tatsächlich ist lineare Regression so einfach, dass man sie manchmal überhaupt nicht zum maschinellen Lernen zählt! Was auch immer Sie glauben, Tatsache ist, dass lineare Regression – und ihre Erweiterungen – weiterhin eine gebräuchliche und nützliche Methode ist, um Vorhersagen zu treffen, wenn der Zielvektor ein quantitativer Wert ist (z. B. Hauspreis, Alter). In diesem Kapitel behandeln wir verschiedene Methoden der linearen Regression (und einige Erweiterungen), mit denen sich leistungsfähige Vorhersagemodelle erstellen lassen.

13.1 Eine Gerade anpassen

Problem

Sie möchten ein Modell trainieren, das eine lineare Beziehung zwischen dem Merkmal und dem Zielvektor darstellt.

Lösung

Verwenden Sie eine lineare Regression (`LinearRegression` in `scikit-learn`):

```
# Bibliotheken laden
from sklearn.linear_model import LinearRegression
from sklearn.datasets import load_boston

# Daten mit nur zwei Merkmalen laden
boston = load_boston()
features = boston.data[:,0:2]
target = boston.target
```

```
# Lineare Regression erzeugen
regression = LinearRegression()

# Die lineare Regression anpassen
model = regression.fit(features, target)
```

Diskussion

Lineare Regression nimmt an, dass die Beziehung zwischen den Merkmalen und dem Zielvektor annähernd linear ist. Das heißt, die Wirkungen (auch Koeffizienten, Gewichte oder Parameter genannt) der Merkmale auf den Zielvektor sind konstant. In unserer Lösung haben wir unser Modell mit nur zwei Merkmalen trainiert, um die Erklärung zu vereinfachen. Unser lineares Modell sieht demnach wie folgt aus:

$$\hat{y} = \hat{\beta}_0 + \hat{\beta}_1 x_1 + \hat{\beta}_2 x_2 + \epsilon$$

Hierin ist $\hat{y}$ unser Ziel, x_i bezeichnet die Daten für ein einzelnes Merkmal, $\hat{\beta}_1$ und $\hat{\beta}_2$ sind die Koeffizienten, die durch Anpassen des Modells identifiziert werden, und ϵ ist der Fehler. Nachdem wir unser Modell angepasst haben, können wir den Wert jedes Parameters anzeigen. So lässt sich der Parameter $\hat{\beta}_0$, der auch als *Bias* oder *y-Achsenabschnitt* bezeichnet wird, mit der Methode `intercept_` anzeigen:

```
# Den y-Achsenabschnitt anzeigen
model.intercept_

22.46681692105723
```

Die Koeffizienten $\hat{\beta}_1$ und $\hat{\beta}_2$ zeigen Sie mit `coef_` an:

```
# Die Merkmalskoeffizienten anzeigen
model.coef_

array([-0.34977589,  0.11642402])
```

In unserem Datensatz ist der Zielwert der Median-Wert der Hauspreise in Boston (in den 1970er-Jahren) in Tausend Dollar. Demzufolge ergibt sich der Preis des ersten Hauses im Datensatz zu:

```
# Erster Wert im Zielvektor, multipliziert mit 1000
target[0]*1000

24000.0
```

Mit der Methode `predict` können Sie einen Wert für dieses Haus vorhersagen:

```
# Den Zielwert der ersten Beobachtung vorhersagen, multipliziert mit 1000
model.predict(features)[0]*1000

24560.23872370844
```

Nicht schlecht! Unser Modell liegt nur um 560,24 Dollar daneben!

Der wesentliche Vorteil der linearen Regression ist ihre Interpretierbarkeit. Das hängt vor allem damit zusammen, dass die Koeffizienten des Modells die Wirkung einer Einheitenänderung auf dem Zielvektor sind. So ist das erste Merkmal in unserer Lösung die Anzahl der Verbrechen pro Einwohner. Der Koeffizient unseres Modells für dieses Merkmal beträgt rund 0,35. Wenn wir also diesen Koeffizienten mit 1.000 multiplizieren (da ja der Zielvektor der Hauspreis in Tausend Dollar ist), haben wir die Änderung im Hauspreis für jedes weitere Verbrechen pro Kopf:

```
# Ersten Koeffizienten mit 1000 multiplizieren
model.coef_[0]*1000
```

```
-349.77588707748947
```

Das sagt uns, dass durch jedes einzelne Verbrechen pro Kopf der Preis des Hauses um etwa 350 Dollar in den Keller geht!

13.2 Interaktive Effekte verarbeiten

Problem

Sie haben ein Merkmal, dessen Wirkung auf die Zielvariable von einem anderen Merkmal abhängt.

Lösung

Erstellen Sie einen Interaktionsterm, um diese Abhängigkeit mit der `scikit-learn`-Klasse `PolynomialFeatures` zu erfassen:

```
# Bibliotheken laden
from sklearn.linear_model import LinearRegression
from sklearn.datasets import load_boston
from sklearn.preprocessing import PolynomialFeatures

# Daten mit nur zwei Merkmalen laden
boston = load_boston()
features = boston.data[:,0:2]
target = boston.target

# Interaktionsterm erzeugen
interaction = PolynomialFeatures(
    degree=3, include_bias=False, interaction_only=True)
features_interaction = interaction.fit_transform(features)

# Lineare Regression erzeugen
regression = LinearRegression()

# Die lineare Regression anpassen
model = regression.fit(features_interaction, target)
```

Diskussion

Manchmal hängt die Wirkung eines Merkmals auf unsere Zielvariable zumindest teilweise von einem anderen Merkmal ab. Stellen Sie sich ein einfaches Beispiel mit Kaffee vor, bei dem wir zwei binäre Merkmale haben – ob Zucker zugegeben wurde (Merkmal `sugar`) und ob wir umgerührt haben oder nicht (Merkmal `stirred`). Wir möchten nun vorhersagen, ob der Kaffee süß schmeckt. Wenn man lediglich Zucker in die Kaffeetasse gibt (`sugar=1, stirred=0`), schmeckt der Kaffee keineswegs süß (weil sich der gesamte Zucker auf dem Boden der Tasse befindet), und wenn man den Kaffee nur umrührt, ohne Zucker zuzugeben (`sugar=0, stirred=1`), macht das den Kaffee auch nicht süß. Vielmehr ist es das Zusammenspiel aus Zugeben des Zuckers und Umrühren des Kaffees (`sugar=1, stirred=1`), was den Kaffee süß macht. Die Wirkungen von Zucker und Umrühren auf die Süße hängen voneinander ab. In diesem Fall sagen wir, dass es einen *Interaktionseffekt* zwischen den Merkmalen `sugar` und `stirred` gibt.

Interaktionseffekte können wir mit einem neuen Merkmal berücksichtigen, das das Produkt aus entsprechenden Werten der interagierenden Merkmale umfasst:

$$\hat{y} = \hat{\beta}_0 + \hat{\beta}_1 x_1 + \hat{\beta}_2 x_2 + \hat{\beta}_3 x_1 x_2 + \epsilon$$

Hierin sind x_i und x_2 die Werte von `sugar` bzw. `stirred`, und x_1x_2 stellt die Interaktion zwischen beiden dar.

In unserer Lösung haben wir eine Datenmenge mit nur zwei Merkmalen verwendet. Die Werte der ersten Beobachtung sehen für die beiden Merkmale wie folgt aus:

```
# Die Merkmalswerte für die erste Beobachtung anzeigen
features[0]

array([  6.32000000e-03,   1.80000000e+01])
```

Um einen Interaktionsterm zu erzeugen, multiplizieren wir einfach die beiden Werte miteinander für jede Beobachtung:

```
# Bibliothek importieren
import numpy as np

# Für jede Beobachtung die Werte des ersten und zweiten Merkmals multiplizieren
interaction_term = np.multiply(features[:, 0], features[:, 1])
```

Dann können wir den Interaktionsterm für die erste Beobachtung anzeigen:

```
# Interaktionsterm für erste Beobachtung anzeigen
interaction_term[0]

0.11376
```

Zwar gibt es oftmals eine begründete Annahme, dass eine Interaktion zwischen zwei Merkmalen besteht, manchmal aber können wir das nicht annehmen. In diesen Fällen kann es nützlich sein, mit der Klasse `PolynomialFeatures` von `scikit-learn`

Interaktionsterme für alle Merkmalskombinationen zu erzeugen. Dann können wir mit Modellauswahlstrategien die Kombinationen von Merkmalen und Interaktionstermen identifizieren, die das beste Modell ergeben.

Um Interaktionsterme mit der Klasse `PolynomialFeatures` zu erzeugen, sind drei wichtige Parameter festzulegen. Erstrangig ist, dass `interaction_only=True` die Methode `PolynomialFeatures` anweist, nur Interaktionsterme zurückzugeben (und keine polynomialen Merkmale, die wir in Rezept 13.3 diskutieren). Standardmäßig fügt `PolynomialFeatures` ein Merkmal hinzu, das Einsen enthält und Bias genannt wird. Dies lässt sich mit `include_bias=False` verhindern. Schließlich bestimmt der Parameter `degree` die maximale Anzahl der Merkmale, aus denen Interaktionsterme erstellt werden (falls wir einen Interaktionsterm erzeugen wollen, der eine Kombination von drei Merkmalen ist). Die Ausgabe von `PolynomialFeatures` von unserer Lösung können wir sehen, wenn wir testen, ob die Merkmalswerte der ersten Beobachtung und der Wert des Integrationsterms mit unserer manuell berechneten Version übereinstimmen:

```
# Die Werte der ersten Beobachtung anzeigen
features_interaction[0]
```

```
array([  6.32000000e-03,   1.80000000e+01,   1.13760000e-01])
```

13.3 Eine nichtlineare Beziehung anpassen

Problem

Sie möchten eine nichtlineare Beziehung modellieren.

Lösung

Erstellen Sie eine polynomiale Regression, indem Sie polynomiale Merkmale in ein lineares Regressionsmodell einbinden:

```
# Bibliothek laden
from sklearn.linear_model import LinearRegression
from sklearn.datasets import load_boston
from sklearn.preprocessing import PolynomialFeatures

# Daten mit einem Merkmal laden
boston = load_boston()
features = boston.data[:,0:1]
target = boston.target

# Polynomiale Merkmale x^2 und x^3 erzeugen
polynomial = PolynomialFeatures(degree=3, include_bias=False)
features_polynomial = polynomial.fit_transform(features)
```

```
# Lineare Regression erzeugen
regression = LinearRegression()

# Die lineare Regression anpassen
model = regression.fit(features_polynomial, target)
```

Diskussion

Bisher haben wir uns nur mit der Modellierung von linearen Beziehungen beschäftigt. Ein Beispiel für eine lineare Beziehung ist die Anzahl der Stockwerke eines Gebäudes und dessen Höhe. In linearer Regression nehmen wir an, dass das Verhältnis aus Anzahl der Stockwerke und Höhe des Gebäudes ungefähr konstant ist. Das heißt, ein 20-stöckiges Gebäude wird ungefähr doppelt so hoch sein wie ein 10-stöckiges Gebäude, das seinerseits doppelt so hoch ist wie ein 5-stöckiges Gebäude. Viele interessante Beziehungen sind jedoch nicht streng linear.

Oftmals wollen wir eine nichtlineare Beziehung modellieren – zum Beispiel die Beziehung zwischen der Anzahl der Stunden, die ein Student studiert, und den Punkten, die er beim Test erreicht. Intuitiv kann man sich vorstellen, dass es einen großen Unterschied bei den Testpunkten gibt zwischen Studenten, die eine Stunde aufwenden, verglichen mit Studenten, die überhaupt nicht gelernt haben. Allerdings ist der Unterschied bei den Testpunkten wesentlich geringer zwischen einem Studenten, der 99 Stunden studiert hat, und einem Studenten, der 100 Stunden fleißig war. Die Wirkung, die eine Stunde Studium auf die Testpunktzahl hat, nimmt ab, wenn die Anzahl der Stunden steigt.

Die polynomiale Regression als Erweiterung der linearen Regression erlaubt es, nichtlineare Beziehungen zu modellieren. Um eine polynomiale Regression zu erzeugen, konvertieren wir die lineare Funktion, die wir in Rezept 13.1 verwendet haben:

$$\hat{y} = \hat{\beta}_0 + \hat{\beta}_1 x_1 + \epsilon$$

in eine polynomiale Funktion, indem wir polynomiale Merkmale hinzufügen:

$$\hat{y} = \hat{\beta}_0 + \hat{\beta}_1 x_1 + \hat{\beta}_2 x_1^2 + \ldots + \hat{\beta}_d x_i^d + \epsilon$$

Hierin ist d der Grad des Polynoms. Wie können wir nun eine lineare Regression für eine nichtlineare Funktion verwenden? Hierzu ändern wir nichts daran, wie die lineare Regression das Modell anpasst, sondern fügen nur polynomiale Merkmale hinzu. Das heißt, die lineare Regression »weiß« gar nicht, dass das x^2 eine quadratische Transformation von x ist. Sie betrachtet den Term einfach als eine weitere Variable.

Eine praktische Beschreibung wäre sicherlich angebracht. Um nichtlineare Beziehungen zu modellieren, können wir neue Merkmale erzeugen, die ein vorhandenes Merkmal x zu einer bestimmten Potenz erheben: x^2, x^3 usw. Je mehr dieser neuen

Merkmale wir hinzufügen, desto flexibler wird die »Linie«, die von unserem Modell erzeugt wird. Um das zu verdeutlichen, stellen Sie sich vor, ein Polynom dritten Grades zu erzeugen. Der Einfachheit halber konzentrieren wir uns nur auf eine Beobachtung (die erste Beobachtung in der Datenmenge), x_0:

```
# Erste Beobachtung anzeigen
features[0]
```

```
array([ 0.00632])
```

Um ein polynomiales Merkmal zu erzeugen, erheben wir den Wert der ersten Beobachtung in die zweite Potenz, x_1^2:

```
# Erste Beobachtung zur zweiten Potenz erhoben (x^2) anzeigen
features[0]**2
```

```
array([  3.99424000e-05])
```

Dies wäre unser neues Merkmal. Wir könnten dann auch den Wert der ersten Beobachtung zur dritten Potenz erheben, x_1^3:

```
# Erste Beobachtung zur dritten Potenz erhoben (x^3) anzeigen
features[0]**3
```

```
array([  2.52435968e-07])
```

Wenn wir alle drei Merkmale (x, x^2 und x^3) in unsere Merkmalsmatrix aufnehmen und dann eine lineare Regression ausführen, haben wir eine polynomiale Regression durchgeführt:

```
# Die Werte der ersten Beobachtung für x, x^2 und x^3 anzeigen
features_polynomial[0]
```

```
array([  6.32000000e-03,   3.99424000e-05,   2.52435968e-07])
```

Die Klasse `PolynomialFeatures` definiert zwei wichtige Parameter. Erstens bestimmt `degree` den maximalen Grad für die polynomialen Merkmale. Zum Beispiel werden bei `degree=3` die Terme x^2 und x^3 erzeugt. Schließlich bindet `PolynomialFeatures` ein Merkmal ein, das nur Einsen enthält (Bias genannt). Dieses lässt sich mit der Einstellung `include_bias=False` entfernen.

13.4 Varianz durch Regularisierung verringern

Problem

Sie möchten die Varianz Ihres linearen Regressionsmodells verringern.

Lösung

Verwenden Sie einen Lernalgorithmus, der einen *Schrumpfungsstrafterm* (auch als *Regularisierung* bezeichnet) wie Ridge-Regression und Lasso-Regression einbindet:

```
# Bibliothek laden
from sklearn.linear_model import Ridge
from sklearn.datasets import load_boston
from sklearn.preprocessing import StandardScaler

# Daten laden
boston = load_boston()
features = boston.data
target = boston.target

# Merkmale standardisieren
scaler = StandardScaler()
features_standardized = scaler.fit_transform(features)

# Ridge-Regression mit einem Alphawert erzeugen
regression = Ridge(alpha=0.5)

# Die lineare Regression anpassen
model = regression.fit(features_standardized, target)
```

Diskussion

In der standardmäßigen linearen Regression wird das Modell trainiert, um die Summe der Quadratfehler zwischen dem wahren Wert (y_i) und dem vorhergesagten Zielwert ($\hat{y}_i$) oder die Residuenquadratsumme (*Residual Sum of Squares*, RSS) zu minieren:

$$RSS = \sum_{i=1}^{n} (y_i - \hat{y}_i)^2$$

Lerner für regularisierte Regression sind ähnlich, außer dass sie versuchen, die Residuenquadratsumme *und* einen Strafterm für die gesamte Größe der Koeffizientenwerte zu minimieren. Der Strafterm ist ein sogenannter Schrumpfungsstrafterm, weil versucht wird, das Modell »zu schrumpfen«. Es gibt zwei gebräuchliche Arten von regularisierten Lernern für lineare Regression: Ridge-Regression und Lasso-Regression. Der einzige formale Unterschied ist der Typ des verwendeten Schrumpfungsstrafterms. Bei Ridge-Regression ist der Schrumpfungsstrafterm ein Optimierungshyperparameter, der mit der quadrierten Summe aller Koeffizienten multipliziert wird:

$$\text{RSS} + \alpha \sum_{j=1}^{p} \hat{\beta}_j^2$$

Hierin ist $\hat{\beta}_j$ der Koeffizient des j-ten von p Merkmalen und α ein Hyperparameter (mehr dazu gleich). Lasso ist ähnlich, außer dass der Schrumpfungsstrafterm ein Optimierungshyperparameter ist, der mit der Summe der Absolutwerte aller Koeffizienten multipliziert wird:

$$\frac{1}{2n}\text{RSS} + \alpha \sum_{j=1}^{p} \left|\hat{\beta}_j\right|$$

Hierin ist n die Anzahl der Beobachtungen. Welche Version sollten wir also verwenden? Als Faustregel produziert Ridge-Regression oftmals etwas bessere Vorhersagen als Lasso, wobei aber Lasso (aus Gründen, die wir in Rezept 13.5 diskutieren) verständlichere Modelle erzeugt. Wenn wir ein Gleichgewicht zwischen den Straffunktionen von Ridge und Lasso haben möchten, können wir ein elastisches Netz verwenden. Das ist einfach ein Regressionsmodell, das beide Strafterme einschließt. Unabhängig davon, welche Variante wir verwenden, können sowohl Ridge- als auch Lasso-Regressionen große oder komplexe Modelle bestrafen, indem sie Koeffizientenwerte in die Verlustfunktion einbringen, die wir eigentlich minimieren wollen.

Mit dem Hyperparameter α lässt sich steuern, wie stark wir die Koeffizienten bestrafen, wobei höhere Werte für α einfachere Modelle ergeben. Der Idealwert von α sollte wie jeder andere Hyperparameter optimiert werden. In `scikit-learn` wird α über den Parameter `alpha` festgelegt.

Die Methode `RidgeCV` in `scikit-learn` erlaubt es, den idealen Wert für α auszuwählen:

```
# Bibliothek laden
from sklearn.linear_model import RidgeCV

# Ridge-Regression mit drei Alphawerten erzeugen
regr_cv = RidgeCV(alphas=[0.1, 1.0, 10.0])

# Die lineare Regression anpassen
model_cv = regr_cv.fit(features_standardized, target)

# Koeffizienten anzeigen
model_cv.coef_

array([-0.91215884,  1.0658758 ,  0.11942614,  0.68558782, -2.03231631,
        2.67922108,  0.01477326, -3.0777265 ,  2.58814315, -2.00973173,
       -2.05390717,  0.85614763, -3.73565106])
```

Dann können wir den Alphawert des besten Modells anzeigen:

```
# Alphawert anzeigen
model_cv.alpha_

1.0
```

Eine Anmerkung zum Schluss: Weil in linearer Regression der Wert der Koeffizienten zum Teil durch die Skala des Merkmals bestimmt wird und in regularisierten Modellen alle Koeffizienten summiert werden, müssen wir darauf achten, das Merkmal vor dem Training zu standardisieren.

13.5 Merkmale mit Lasso-Regression reduzieren

Problem

Sie möchten Ihr lineares Regressionsmodell vereinfachen, indem Sie die Anzahl der Merkmale reduzieren.

Lösung

Verwenden Sie eine Lasso-Regression:

```
# Bibliothek laden
from sklearn.linear_model import Lasso
from sklearn.datasets import load_boston
from sklearn.preprocessing import StandardScaler

# Daten laden
boston = load_boston()
features = boston.data
target = boston.target

# Merkmale standardisieren
scaler = StandardScaler()
features_standardized = scaler.fit_transform(features)

# Lasso-Regression mit Alphawert erzeugen
regression = Lasso(alpha=0.5)

# Die lineare Regression anpassen
model = regression.fit(features_standardized, target)
```

Diskussion

Eine interessante Eigenschaft des Strafterms bei Lasso-Regression ist, dass er die Koeffizienten eines Modells auf null schrumpfen kann, was die Anzahl der Merkmale im Modell letztlich reduziert. Zum Beispiel haben wir in unserer Lösung `alpha` auf `0.5` gesetzt, und es zeigt sich, dass viele der Koeffizienten `0` sind. Das heißt, ihre jeweiligen Merkmale werden im Modell gar nicht verwendet:

```
# Koeffizienten anzeigen
model.coef_

array([-0.10697735,  0.        , -0.        ,  0.39739898, -0.        ,
        2.97332316, -0.        , -0.16937793, -0.        , -0.        ,
       -1.59957374,  0.54571511, -3.66888402])
```

Wenn wir jedoch α auf einen viel höheren Wert vergrößern, zeigt sich, dass buchstäblich keines der Merkmale verwendet wird:

```
# Lasso-Regression mit einem hohen Alphawert erzeugen
regression_a10 = Lasso(alpha=10)
model_a10 = regression_a10.fit(features_standardized, target)
model_a10.coef_

array([-0.,  0., -0.,  0., -0.,  0., -0.,  0., -0., -0., -0.,  0., -0.])
```

Dieser Effekt bedeutet in der Praxis, dass wir 100 Merkmale in unsere Merkmalsmatrix aufnehmen können und dann – über die Abstimmung des Lasso-Hyperparameters α – ein Modell erzeugen, das nur (als Beispiel) 10 der wichtigsten Merkmale verwendet. Dadurch lässt sich die Varianz verringern, während sich die Verständlichkeit unseres Modells verbessert (da weniger Merkmale leichter zu erklären sind).

KAPITEL 14

Bäume und Wälder

14.0 Einführung

Baumorientierte Lernalgorithmen sind eine umfangreiche und beliebte Familie von verwandten nichtparametrischen überwachten Methoden zur Klassifizierung und Regression. Die Basis von baumorientierten Lernern ist der Entscheidungsbaum, in dem eine Reihe von Entscheidungsregeln miteinander verknüpft sind (z. B. »Wenn ihr Geschlecht männlich ist ...«). Das Ergebnis sieht etwa wie ein auf dem Kopf stehender Baum aus, wobei die erste Entscheidungsregel ganz oben steht und sich die nachfolgenden Entscheidungsregeln nach unten hin ausbreiten. In einem Entscheidungsbaum sitzt jede Entscheidungsregel an einem *Knoten*, wobei die Regel Zweige erzeugt, die zu neuen Knoten führen. Ein Zweig ohne Entscheidungsregel am Ende wird als *Blatt* bezeichnet.

Ein Grund für die Popularität von baumbasierten Modellen ist ihre Verständlichkeit. Tatsächlich lassen sich Entscheidungsbäume buchstäblich in ihrer vollständigen Form darstellen (siehe Rezept 14.3), um ein sehr anschauliches Modell zu erzeugen. Von diesem grundlegenden Baumsystem leitet sich ein ganzes Spektrum an Erweiterungen ab, von Random Forests bis hin zum Stacking[1]. Dieses Kapitel erläutert, wie man eine Reihe von baumbasierten Modellen trainiert, handhabt, anpasst, visualisiert und bewertet.

14.1 Einen Klassifikator mittels Entscheidungsbaum trainieren

Problem

Sie müssen einen Klassifikator mithilfe eines Entscheidungsbaums trainieren.

1 Stacking – einen Lernalgorithmus trainieren, um die Vorhersagen von verschiedenen anderen Lernalgorithmen zu kombinieren.

Lösung

Verwenden Sie die `scikit-learn`-Klasse `DecisionTreeClassifier`:

```
# Bibliotheken laden
from sklearn.tree import DecisionTreeClassifier
from sklearn import datasets

# Daten laden
iris = datasets.load_iris()
features = iris.data
target = iris.target

# Entscheidungsbaum-Klassifikatorobjekt erzeugen
decisiontree = DecisionTreeClassifier(random_state=0)

# Modell trainieren
model = decisiontree.fit(features, target)
```

Diskussion

Entscheidungsbaumlerner suchen nach einer Entscheidungsregel, die die größte Reduzierung der Unreinheit an einem Knoten erzeugt. Es gibt eine Reihe von Unreinheitsmaßen, wobei `DecisionTreeClassifier` standardmäßig die Gini-Unreinheit verwendet:

$$G(t) = 1 - \sum_{i=1}^{c} p_i^2$$

Hierin ist *G(t)* die Gini-Unreinheit am Knoten *t*, und p_i gibt den Anteil der Beobachtungen von Klasse *c* am Knoten *t* an. Dieser Vorgang, solche Entscheidungsregeln zu finden, die Teilungen erzeugen, um die Unreinheit zu erhöhen, wird wiederholt rekursiv ausgeführt, bis alle Blattknoten *rein* sind (d.h. nur noch eine Klasse enthalten) oder ein willkürlicher Cut-off erreicht ist.

In `scikit-learn` arbeitet `DecisionTreeClassifier` wie andere Lernmethoden; nachdem das Modell per `fit` trainiert ist, können wir mit dem Modell die Klasse einer Beobachtung vorhersagen:

```
# Neue Beobachtung machen
observation = [[ 5,  4,  3,  2]]

# Klasse der Beobachtung vorhersagen
model.predict(observation)

array([1])
```

Sie können die vorhergesagten Klassenwahrscheinlichkeiten der Beobachtung auch anzeigen:

```
# Vorhergesagte Klassenwahrscheinlichkeiten für die drei Klassen anzeigen
model.predict_proba(observation)

array([[ 0.,  1.,  0.]])
```

Schließlich können Sie mit dem Parameter `criterion` ein anderes Unreinheitsmaß festlegen:

```
# Entscheidungsbaum-Klassifikatorobjekt mit Entropie als Maß für die
# Unreinheit erzeugen
decisiontree_entropy = DecisionTreeClassifier(
    criterion='entropy', random_state=0)

# Modell trainieren
model_entropy = decisiontree_entropy.fit(features, target)
```

Siehe auch

- Decision Tree Learning, Princeton (*http://bit.ly/2FqJxlj*)

14.2 Einen Entscheidungsbaumregressor trainieren

Problem

Sie müssen ein Regressionsmodell mithilfe eines Entscheidungsbaums trainieren.

Lösung

Verwenden Sie die `scikit-learn`-Klasse `DecisionTreeRegressor`:

```
# Bibliotheken laden
from sklearn.tree import DecisionTreeRegressor
from sklearn import datasets

# Daten mit nur zwei Merkmalen laden
boston = datasets.load_boston()
features = boston.data[:,0:2]
target = boston.target

# Entscheidungsbaum-Klassifikatorobjekt erzeugen
decisiontree = DecisionTreeRegressor(random_state=0)

# Modell trainieren
model = decisiontree.fit(features, target)
```

Diskussion

Entscheidungsbaumregression funktioniert ähnlich wie Entscheidungsbaumklassifikation; anstatt aber die Gini-Unreinheit oder die Entropie zu verringern, werden potenzielle Teilungen standardmäßig danach bemessen, um wie viel sie die mittlere quadratische Abweichung (*Mean Squared Error*, MSE) reduzieren:

$$\text{MSE} = \frac{1}{n} \sum_{i=1}^{n} (y_i - \hat{y}_i)^2$$

Hierin ist y_i der wahre Wert des Ziels und $\hat{y}_i$ der vorhergesagte Wert. In scikit-learn kann Entscheidungsbaumregression mittels DecisionTreeRegressor durchgeführt werden. Nachdem wir einen Entscheidungsbaum trainiert haben, können wir ihn verwenden, um den Zielwert für eine Beobachtung vorherzusagen:

```
# Neue Beobachtung erzeugen
observation = [[0.02, 16]]

# Wert der Beobachtung vorhersagen
model.predict(observation)
```

```
array([ 33.])
```

Genau wie bei DecisionTreeClassifier können wir über den Parameter criterion das gewünschte Maß für die Teilungsqualität auswählen. Zum Beispiel können wir einen Baum konstruieren, dessen Teilungen den mittleren absoluten Fehler (*Mean Absolute Error*, MAE) reduzieren:

```
# Entscheidungsbaum-Klassifikatorobjekt mit Entropie als Maß für
# die Unreinheit erzeugen
decisiontree_mae = DecisionTreeRegressor(criterion="mae", random_state=0)

# Modell trainieren
model_mae = decisiontree_mae.fit(features, target)
```

Siehe auch

- Decision Tree Regression, scikit-learn (*http://bit.ly/2GR63AZ*)

14.3 Ein Entscheidungsbaummodell visualisieren

Problem

Sie müssen ein Modell visualisieren, das von einem Lernalgorithmus für Entscheidungsbäume erzeugt wurde.

Lösung

Exportieren Sie das Entscheidungsbaummodell in das DOT-Format und visualisieren Sie es dann.

```
# Bibliotheken laden
import pydotplus
from sklearn.tree import DecisionTreeClassifier
from sklearn import datasets
from IPython.display import Image
from sklearn import tree

# Daten laden
iris = datasets.load_iris()
features = iris.data
```

```
target = iris.target

# Entscheidungsbaum-Klassifikatorobjekt
decisiontree = DecisionTreeClassifier(random_state=0)

# Modell trainieren
model = decisiontree.fit(features, target)

# DOT-Daten erzeugen
dot_data = tree.export_graphviz(decisiontree,
                                out_file=None,
                                feature_names=iris.feature_names,
                                class_names=iris.target_names)

# Diagramm zeichnen
graph = pydotplus.graph_from_dot_data(dot_data)

# Diagramm anzeigen
Image(graph.create_png())
```

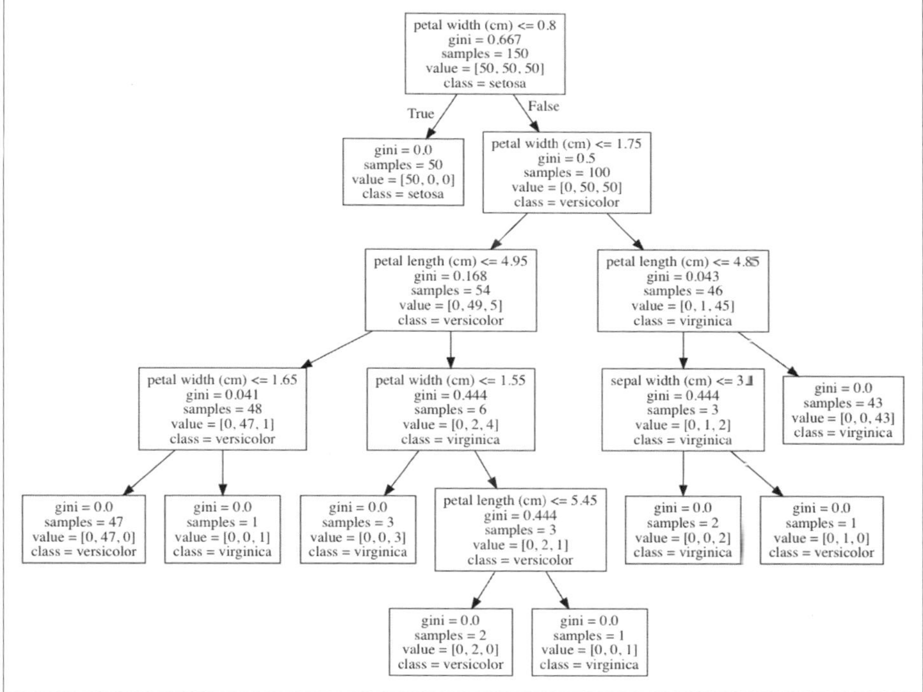

Diskussion

Entscheidungsbaumklassifikatoren haben unter anderem den Vorteil, dass wir das gesamte trainierte Modell visualisieren können – was den Entscheidungsbaum zu einem der verständlichsten Modelle im maschinellen Lernen macht. In unserer

Lösung haben wir unser trainiertes Modell in das DOT-Format (eine Grafikbeschreibungssprache) exportiert und das Ergebnis dann verwendet, um das Diagramm zu zeichnen.

Sehen Sie sich die Entscheidungsregel im Wurzelknoten an: Wenn die Kronblattbreiten kleiner oder gleich `0.8` sind, gehe zum linken Zweig; andernfalls gehe zum rechten Zweig. Außerdem sehen Sie den Gini-Unreinheitsindex (`0.667`), die Anzahl der Beobachtungen (`150`), die Anzahl der Beobachtungen in jeder Klasse (`[50,50,50]`) und die Klasse, die nach den Beobachtungen vorhergesagt würde, wenn wir an diesem Knoten (`setosa`) stoppen würden. Des Weiteren ist zu erkennen, dass der Lerner an diesem Knoten festgestellt hat, dass eine einzelne Entscheidungsregel (`petal width (cm) <= 0.8`) in der Lage ist, alle Beobachtungen der Klasse `setosa` zu erkennen. Darüber hinaus kann der Entscheidungsbaum mit nur einer weiteren Entscheidungsregel für dasselbe Merkmal (`petal width (cm) <= 1.75`) 144 von 150 Beobachtungen korrekt klassifizieren. Die Kronblattbreite ist damit ein sehr wichtiges Merkmal!

Wenn wir den Entscheidungsbaum in anderen Anwendungen oder Berichten verwenden wollen, können wir leicht die Visualisierung in eine PDF-Datei oder ein PNG-Bild exportieren:

```
# PDF erzeugen
graph.write_pdf("iris.pdf")

True

# PNG erzeugen
graph.write_png("iris.png")

True
```

Diese Lösung hat zwar einen Entscheidungsbaumklassifikator visualisiert, doch es ist genauso einfach, einen Entscheidungsbaumregressor zu visualisieren.

Hinweis: macOS-Benutzer müssen gegebenenfalls die ausführbaren `GraphViz`-Dateien installieren, um den obigen Code ausführen zu können. Das lässt sich mit Homebrew bewerkstelligen: `brew install graphviz`. Installationsanweisungen finden Sie auf der Website von Homebrew.

Siehe auch

- Homebrew (*https://brew.sh*)

14.4 Einen Random-Forest-Klassifikator trainieren

Problem

Sie möchten ein Klassifizierungsmodell mit einem »Wald« von randomisierten Entscheidungsbäumen trainieren.

Lösung

Trainieren Sie das Random-Forest-Klassifizierungsmodell mit der scikit-learn-Klasse RandomForestClassifier:

```
# Bibliotheken laden
from sklearn.ensemble import RandomForestClassifier
from sklearn import datasets

# Daten laden
iris = datasets.load_iris()
features = iris.data
target = iris.target

# Random-Forest-Klassifikatorobjekt erzeugen
randomforest = RandomForestClassifier(random_state=0, n_jobs=-1)

# Modell trainieren
model = randomforest.fit(features, target)
```

Diskussion

Bei Entscheidungsbäumen tritt häufig das Problem auf, dass sie sich zu eng an die Trainingsdaten anpassen (also eine Überanpassung erfolgt). Das motivierte zu der weitverbreiteten Verwendung einer Ensemble-Lernmethode namens *Random Forest*. In einem Random Forest werden viele Entscheidungsbäume trainiert, doch empfängt jeder Baum nur eine Stichprobe, die nach einem *Bootstrapping*-Verfahren gezogen wird (d. h. eine zufällige Stichprobe von Beobachtungen mit Zurücklegen, die der ursprünglichen Anzahl von Beobachtungen entspricht), und jeder Knoten betrachtet nur eine Teilmenge der Merkmale, wenn die beste Teilung ermittelt wird. Dieser Wald von randomisierten Entscheidungsbäumen (daher der Name) stimmt darüber ab, welche Klasse vorherzusagen ist.

Wie man durch den Vergleich dieser Lösung mit der aus Rezept 14.1 sehen kann, funktioniert die scikit-learn-Klasse RandomForestClassifier ähnlich wie DecisionTreeClassifier:

```
# Neue Beobachtung erzeugen
observation = [[ 5,  4,  3,  2]]

# Klasse der Beobachtung vorhersagen
model.predict(observation)

array([1])
```

Die Klasse RandomForestClassifier verwendet auch zum großen Teil die gleichen Parameter wie DecisionTreeClassifier. Zum Beispiel können wir das Maß der verwendeten Teilungsqualität ändern:

```
# Random-Forest-Klassifikatorobjekt mit Entropie als Maß für die
# Unreinheit erzeugen
randomforest_entropy = RandomForestClassifier(
    criterion="entropy", random_state=0)
```

```
# Modell trainieren
model_entropy = randomforest_entropy.fit(features, target)
```

Da aber die Klasse `RandomForestClassifier` eher einen Wald darstellt als einen einzelnen Entscheidungsbaum, übernimmt sie bestimmte Parameter, die entweder einzigartig oder besonders wichtig für Random Forests sind. Erstens bestimmt der Parameter `max_features` die maximale Anzahl der bei jedem Knoten zu betrachtenden Merkmale und übernimmt eine Anzahl von Argumenten, einschließlich Ganzzahlen (Anzahl der Merkmale), Gleitkommazahlen (Prozentanteil der Merkmale) und `sqrt` (Quadratwurzel der Merkmalsanzahl). Standardmäßig wird `max_features` auf `auto` gesetzt, was genau wie `sqrt` wirkt. Zweitens können wir mit dem Parameter `bootstrap` festlegen, ob die Teilmenge der Beobachtungen, die für einen Baum infrage kommt, durch Stichprobenentnahme mit Zurücklegen (Standardeinstellung) oder ohne Zurücklegen erzeugt wird. Drittens legt der Parameter `n_estimators` die Anzahl der Entscheidungsbäume fest, die der Wald umfassen soll. In Rezept 10.4 haben wir `n_estimators` als Hyperparameter behandelt und die Wirkung visualisiert, die eine größere Anzahl von Bäumen auf eine Bewertungsmetrik hat. Und da wir letztlich viele Entscheidungsbaummodelle trainieren, ist es oftmals zweckmäßig, alle verfügbaren CPU-Kerne zu nutzen. Dazu setzt man `n_jobs=-1`. Diese Einstellung gilt nicht nur für Klassifikatoren von Random Forests.

Siehe auch

- Random Forests, Berkeley Statistics (*http://bit.ly/2FxmOPs*)

14.5 Einen Random-Forest-Regressor trainieren

Problem

Sie möchten ein Regressionsmodell trainieren, und zwar mit einem »Wald« von randomisierten Entscheidungsbäumen.

Lösung

Trainieren Sie ein Random-Forest-Regressionsmodell mit der `scikit-learn`-Klasse `RandomForestRegressor`:

```
# Bibliotheken laden
from sklearn.ensemble import RandomForestRegressor
from sklearn import datasets

# Daten mit nur zwei Merkmalen laden
boston = datasets.load_boston()
features = boston.data[:,0:2]
target = boston.target
```

```
# Random-Forest-Klassifikatorobjekt erzeugen
randomforest = RandomForestRegressor(random_state=0, n_jobs=-1)

# Modell trainieren
model = randomforest.fit(features, target)
```

Diskussion

Genauso wie sich ein Wald von Entscheidungsbaumklassifikatoren erzeugen lässt, können wir einen Wald von Entscheidungsbaumregressoren erzeugen. In diesem verwendet jeder Baum eine Teilmenge von Beobachtungen, die nach einem Bootstrapping-Verfahren gezogen wird, und an jedem Knoten betrachtet die Entscheidungsregel nur eine Teilmenge der Merkmale. Wie bei `RandomForestClassifier` gibt es einige wichtige Parameter:

- `max_features` legt die maximale Anzahl von Merkmalen fest, die an jedem Knoten zu betrachten sind. Die Standardeinstellung ist $\sqrt{p}$, wobei p die Gesamtanzahl der Merkmale ist.
- `bootstrap` gibt an, ob die Stichprobe mit oder ohne Zurücklegen gezogen werden soll. Der Standardwert ist `True`.
- `n_estimators` legt die Anzahl der zu konstruierenden Entscheidungsbäume fest. Der Standardwert ist `10`.

Siehe auch

- `RandomForestRegressor`, `scikit-learn` (*http://bit.ly/2GQZ3nx*)

14.6 Wichtige Merkmale in Random Forests identifizieren

Problem

Sie möchten wissen, welche Features in einem Random-Forest-Modell am wichtigsten sind.

Lösung

Berechnen und visualisieren Sie die Wichtigkeit jedes Merkmals:

```
# Bibliotheken laden
import numpy as np
import matplotlib.pyplot as plt
from sklearn.ensemble import RandomForestClassifier
from sklearn import datasets

# Daten laden
iris = datasets.load_iris()
```

```
features = iris.data
target = iris.target

# Random-Forest-Klassifikatorobjekt erzeugen
randomforest = RandomForestClassifier(random_state=0, n_jobs=-1)

# Modell trainieren
model = randomforest.fit(features, target)

# Merkmalswichtigkeiten berechnen
importances = model.feature_importances_

# Merkmalswichtigkeiten in fallender Reihenfolge sortieren
indices = np.argsort(importances)[::-1]

# Merkmalsnamen umordnen, sodass sie der sortierten Merkmalswichtigkeit
# entsprechen
names = [iris.feature_names[i] for i in indices]

# Diagramm erzeugen
plt.figure()

# Diagrammtitel erzeugen
plt.title("Wichtigkeit der Merkmale")

# Säulen hinzufügen
plt.bar(range(features.shape[1]), importances[indices])

# Merkmalsnamen als Bezeichnungen der x-Achse hinzufügen
plt.xticks(range(features.shape[1]), names, rotation=90)

# Diagramm anzeigen
plt.show()
```

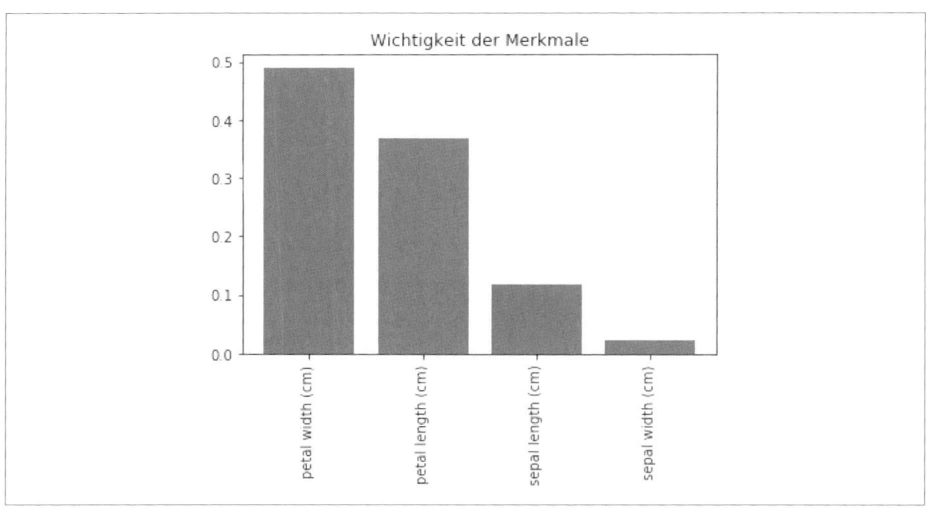

Diskussion

Zu den wichtigsten Vorzügen von Entscheidungsbäumen gehört ihre Verständlichkeit. Insbesondere können wir das gesamte Modell visualisieren (siehe Rezept 13.3). Ein Random-Forest-Modell umfasst aber mehrere zehn, Hunderte oder sogar Tausende von Entscheidungsbäumen. Dadurch ist eine einfache, intuitive Visualisierung eines Random-Forest-Modells nicht praktikabel. Es gibt jedoch eine andere Möglichkeit: Wir können die relative Wichtigkeit jedes Merkmals vergleichen (und visualisieren).

In Rezept 13.3 haben wir ein Entscheidungsbaum-Klassifikatormodell visualisiert und gesehen, dass Entscheidungsregeln, die allein auf der Kronblattbreite (`petal width`) basieren, viele Beobachtungen korrekt klassifizieren konnten. Offenbar bedeutet dies, dass die Kronblattbreite ein wichtiges Merkmal in unserem Klassifikator ist. Formeller ausgedrückt werden Merkmale mit Teilungen, die die größere mittlere Abnahme der Unreinheit aufweisen (z. B. Gini-Unreinheit oder Entropie in Klassifikatoren und Varianz in Regressoren) als wichtiger betrachtet.

Allerdings sollten Sie zwei Dinge hinsichtlich der Merkmalswichtigkeit beachten. Erstens erfordert `scikit-learn`, dass wir nominale kategorische Merkmale in mehrere binäre Merkmale aufteilen. Infolgedessen wird auch die Wichtigkeit dieses Merkmals über die entsprechenden binären Merkmale verteilt, sodass jedes Merkmal letztlich unwichtig erscheint, selbst wenn das ursprüngliche nominale kategorische Merkmal sehr wichtig ist. Und wenn zweitens zwei binäre Merkmale stark korreliert sind, zieht das eine Merkmal einen großen Teil der Wichtigkeit an sich, sodass das andere Merkmal weit weniger wichtig erscheint – was sich auf die Interpretation auswirkt, falls dieser Punkt nicht betrachtet wird.

In `scikit-learn` können Klassifizierungs- und Regressionsentscheidungsbäume und Random Forests mit der Methode `feature_importances_` die relative Wichtigkeit jedes Merkmals melden:

```
# Merkmalswichtigkeiten anzeigen
model.feature_importances_
```

```
array([ 0.11896532,  0.0231668 ,  0.36804744,  0.48982043])
```

Je höher die Zahl, desto wichtiger ist das Merkmal (wobei die Summe aller Wichtigkeiten gleich 1 ist). Trägt man diese Werte in einem Diagramm auf, lassen sich die Random-Forest-Modelle besser interpretieren.

14.7 Wichtige Merkmale in Random Forests auswählen

Problem

Sie müssen Merkmalsauswahl auf einem Random Forest durchführen.

Lösung

Identifizieren Sie die Merkmale, die über einem Schwellenwert für die Wichtigkeit liegen, und trainieren Sie das Modell erneut, aber nur mit den wichtigsten Merkmalen:

```
# Bibliotheken laden
from sklearn.ensemble import RandomForestClassifier
from sklearn import datasets
from sklearn.feature_selection import SelectFromModel

# Daten laden
iris = datasets.load_iris()
features = iris.data
target = iris.target

# Random-Forest-Klassifikator erzeugen
randomforest = RandomForestClassifier(random_state=0, n_jobs=-1)

# Objekt erzeugen, das Merkmale mit einer Wichtigkeit größer oder
# gleich eines Schwellenwertes auswählt
selector = SelectFromModel(randomforest, threshold=0.3)

# Neue Merkmalsmatrix mithilfe von selector erstellen
features_important = selector.fit_transform(features, target)

# Random Forest mit den wichtigsten Merkmalen trainieren
model = randomforest.fit(features_important, target)
```

Diskussion

In manchen Situationen möchte man die Anzahl der Merkmale im Modell reduzieren, zum Beispiel die Varianz des Modells verringern oder die Anschaulichkeit verbessern, indem wir nur die wichtigsten Merkmale einbinden.

In `scikit-learn` lässt sich mit einem zweistufigen Workflow ein Modell mit reduzierten Merkmalen erzeugen. Zuerst trainieren wir ein Random-Forest-Modell, das alle Merkmale verwendet. Dann identifizieren wir anhand dieses Modells die wichtigsten Merkmale. Als Nächstes erzeugen wir eine neue Merkmalsmatrix, die nur noch diese Merkmale einschließt. In unserer Lösung haben wir mit der Methode `SelectFromModel` eine Merkmalsmatrix erzeugt, die nur Merkmale mit einer Wichtigkeit größer oder gleich einem übergebenen Schwellenwert (`threshold`) enthält. Schließlich haben wir nur mit diesen Merkmalen ein neues Modell erzeugt.

Beachten Sie, dass dieser Ansatz zwei Einschränkungen aufweist. Erstens werden nominale kategorische Merkmale, die 1 aus *n* codiert sind, die Merkmalswichtigkeit über die binären Merkmale hinweg verwässert sehen. Zweitens wird die Merkmalswichtigkeit von stark korrelierten Merkmalen effektiv einem Merkmal zugeordnet und nicht gleichmäßig auf beide Merkmale aufgeteilt.

Siehe auch

- Variable selection using Random Forests, Robin Genuer, Jean-Michel Poggi, Christine Tuleau-Malot (*http://bit.ly/2FvG70D*)

14.8 Unausgewogene Klassen behandeln

Problem

Sie haben einen Zielvektor mit stark unausgewogenen Klassen und möchten ein Random-Forest-Modell trainieren.

Lösung

Trainieren Sie einen Entscheidungsbaum oder ein Random-Forest-Modell mit `class_weight="balanced"`:

```
# Bibliotheken laden
import numpy as np
from sklearn.ensemble import RandomForestClassifier
from sklearn import datasets

# Daten laden
iris = datasets.load_iris()
features = iris.data
target = iris.target

# Stark unausgewogene Klasse erzeugen, indem die ersten 40
# Beobachtungen entfernt werden
features = features[40:,:]
target = target[40:]

# Zielvektor erzeugen, der Zugehörigkeit zu Klasse 0 oder 1 anzeigt
target = np.where((target == 0), 0, 1)

# Random-Forest-Klassifikatorobjekt
randomforest = RandomForestClassifier(
    random_state=0, n_jobs=-1, class_weight="balanced")

# Modell trainieren
model = randomforest.fit(features, target)
```

Diskussion

Unausgewogene Klassen sind ein häufiges Problem, wenn es um maschinelles Lernen in der Praxis geht. Bleiben sie unberücksichtigt, kann ihre Anwesenheit die Performance des Modells beeinträchtigen. Einige Strategien für den Umgang mit unausgewogenen Klassen behandeln wir bereits im Rahmen der Vorverarbeitung in Rezept 17.5. Allerdings bringen viele Lernalgorithmen in `scikit-learn` integrierte Methoden mit, um unausgewogene Klassen zu korrigieren. So können wir `RandomForestClassifier` mit dem Parameter `class_weight` so einrichten, dass unausgewogene Klassen korrigiert werden. Stellt man ein Dictionary in Form von Klassennamen und den entsprechenden gewünschten Gewichten bereit (z.B. `{"male": 0.2, "female": 0.8}`), gewichtet `RandomForestClassifier` die Klassen dementsprechend. Oftmals ist aber das Argument `balanced` nützlicher: Hiermit werden Klassen automatisch umgekehrt proportional zur Häufigkeit gewichtet, mit der sie in den Daten erscheinen:

$$w_j = \frac{n}{kn_j}$$

Hierin ist w_j das Gewicht zur Klasse j, n ist die Anzahl der Beobachtungen, n_j die Anzahl der Beobachtungen in Klasse j und k die Gesamtanzahl der Klassen. Zum Beispiel haben wir in unserer Lösung 2 Klassen (k), 110 Beobachtungen (n) und 10 bzw. 100 Beobachtungen in jeder Klasse (n_j). Wenn wir die Klassen mittels `class_weight="balanced"` gewichten lassen, wird die kleinere Klasse mehr gewichtet:

```
# Gewicht für kleine Klasse berechnen
110/(2*10)

5.5
```

Die größere Klasse wird geringer gewichtet:

```
# Gewicht für große Klasse berechnen
110/(2*100)

0.55
```

14.9 Die Baumgröße steuern

Problem

Die Struktur und die Größe eines Entscheidungsbaums möchten Sie manuell beeinflussen.

Lösung

Verwenden Sie die Baumstrukturparameter in den baumorientierten Lernalgorithmen von `scikit-learn`:

```
# Bibliotheken laden
from sklearn.tree import DecisionTreeClassifier
from sklearn import datasets
```

```
# Daten laden
iris = datasets.load_iris()
features = iris.data
target = iris.target

# Entscheidungsbaum-Klassifikatorobjekt erzeugen
decisiontree = DecisionTreeClassifier(random_state=0,
                                      max_depth=None,
                                      min_samples_split=2,
                                      min_samples_leaf=1,
                                      min_weight_fraction_leaf=0,
                                      max_leaf_nodes=None,
                                      min_impurity_decrease=0)

# Modell trainieren
model = decisiontree.fit(features, target)
```

Diskussion

Die baumbasierten Lernalgorithmen von `scikit-learn` bieten eine breite Vielfalt von Techniken, mit denen sich die Größe der Entscheidungsbäume steuern lässt. Das geschieht über folgende Parameter:

`max_depth`
: Maximale Tiefe des Baums. Wenn `None`, wächst der Baum, bis alle Blätter rein sind. Ist eine Ganzzahl angegeben, wird der Baum gewissermaßen bis zu dieser Tiefe »gestutzt«.

`min_samples_split`
: Minimale Anzahl von Beobachtungen an einem Knoten, bevor dieser Knoten geteilt wird. Eine Ganzzahl als Argument gibt das Minimum direkt an, während eine Gleitkommazahl das Minimum in Prozent der Gesamtbeobachtungen festlegt.

`min_samples_leaf`
: Minimale Anzahl von Beobachtungen, die auf einem Blatt erforderlich sind. Verwendet die gleichen Argumente wie `min_samples_split`.

`max_leaf_nodes`
: Maximale Anzahl von Blättern.

`min_impurity_split`
: Minimale Verringerung der Unreinheit, die erforderlich ist, bevor eine Teilung ausgeführt wird.

Auch wenn es nichts schadet, diese Parameter zu kennen, werden Sie höchstwahrscheinlich nur `max_depth` und `min_impurity_split` verwenden, weil flachere Bäume (auch als Stümpfe bezeichnet) einfachere Modelle sind und demzufolge eine geringere Varianz besitzen.

14.10 Performance durch Boosting verbessern

Problem

Sie brauchen ein Modell, das eine bessere Performance als Entscheidungsbäume oder Random Forests bietet.

Lösung

Trainieren Sie ein Boosting-Modell mit der Klasse `AdaBoostClassifier` oder `AdaBoostRegressor`:

```
# Bibliotheken laden
from sklearn.ensemble import AdaBoostClassifier
from sklearn import datasets

# Daten laden
iris = datasets.load_iris()
features = iris.data
target = iris.target

# AdaBoost-Baum-Klassifikatorobjekt erzeugen
adaboost = AdaBoostClassifier(random_state=0)

# Modell trainieren
model = adaboost.fit(features, target)
```

Diskussion

In einem Random Forest sagt ein Ensemble (eine Gruppe) von randomisierten Entscheidungsbäumen den Zielvektor voraus. Eine oftmals leistungsfähigere Alternative ist das sogenannte *Boosting*. In einer Form des Boostings, dem sogenannten *AdaBoost*, trainieren wir iterativ eine Reihe von schwachen Modellen (meistens ein flacher Entscheidungsbaum, auch als Stumpf bezeichnet), wobei jede Iteration den Beobachtungen eine höhere Priorität gibt, die das vorherige Modell falsch vorhergesagt hat. Speziell laufen in AdaBoost folgende Vorgänge ab:

1. Jeder Beobachtung x_i ein Anfangsgewicht $w_i = 1/n$ zuweisen, wobei n die Gesamtanzahl der Beobachtungen in den Daten angibt.
2. Ein »schwaches« Modell auf den Daten trainieren.
3. Für jede Beobachtung ausführen:
   a. Wenn das schwache Modell x_i korrekt vorhersagt, wird w_i erhöht.
   b. Wenn das schwache Modell x_i falsch vorhersagt, wird w_i verringert.
4. Ein neues schwaches Modell trainieren, wobei die Beobachtungen mit größerem w_i eine höhere Priorität erhalten.

5. Die Schritte 4 und 5 wiederholen, bis die Daten perfekt vorhergesagt werden oder eine voreingestellte Anzahl von schwachen Modellen trainiert worden ist.

Am Ende entsteht ein aggregiertes Modell, bei dem sich individuelle schwache Modelle auf schwierigere Beobachtungen konzentrieren (unter dem Blickwinkel von Vorhersagen gesehen). In `scikit-learn` können wir AdaBoost mit den Klassen `AdaBoostClassifier` oder `AdaBoostRegressor` implementieren. Die wichtigsten Parameter sind `base_estimator`, `n_estimators` und `learning_rate`:

- `base_estimator` ist der Lernalgorithmus, nach dem die schwachen Modelle trainiert werden. Diese Einstellung müssen Sie praktisch nie ändern, weil der gängigste Lerner, der für AdaBoost infrage kommt, ein Entscheidungsbaum ist – das Standardargument des Parameters.
- `n_estimators` ist die Anzahl der Modelle, die iterativ zu trainieren sind.
- `learning_rate` ist der Beitrag jedes Modells zu den Gewichten. Der Standardwert ist 1. Verringert man die Lernrate, erhöhen oder verringern sich die Gewichte in geringerem Maße, wodurch sich das Training des Modells verlangsamt (manchmal aber bessere Performancebewertungen erreicht werden).
- `loss` ist ausschließlich bei `AdaBoostRegressor` vorhanden und legt die *Verlustfunktion* fest, die beim Aktualisieren der Gewichte zu verwenden ist. Die standardmäßig verwendete lineare Verlustfunktion lässt sich auch in eine quadratische (`square`) oder exponentielle (`exponential`) Funktion ändern.

Siehe auch

- Explaining AdaBoost, Robert E. Schapire (*http://bit.ly/2FCS30E*)

14.11 Random Forests mit Out-of-Bag-Fehlern bewerten

Problem

Sie müssen ein Random-Forest-Modell ohne Kreuzvalidierung bewerten.

Lösung

Berechnen Sie den Out-of-Bag-Score des Modells:

```
# Bibliotheken laden
from sklearn.ensemble import RandomForestClassifier
from sklearn import datasets

# Daten laden
iris = datasets.load_iris()
```

```
features = iris.data
target = iris.target

# Random-Tree-Klassifikatorobjekt erzeugen
randomforest = RandomForestClassifier(
    random_state=0, n_estimators=1000, oob_score=True, n_jobs=-1)

# Modell trainieren
model = randomforest.fit(features, target)

# Out-of-Bag-Fehler anzeigen
randomforest.oob_score_
```

```
0.95333333333333337
```

Diskussion

In Random Forests wird jeder Entscheidungsbaum mit einer durch Bootstrapping erzeugten Teilmenge von Beobachtungen trainiert. Das heißt, dass es für jeden Baum eine separate Teilmenge von Beobachtungen gibt, die für das Training dieses Baums nicht verwendet wird. Das sind die sogenannten *Out-of-Bag-Beobachtungen* (OOB-Beobachtungen). OOB-Beobachtungen können wir als Testmenge nutzen, um die Performance des Random Forests zu bewerten.

Für jede Beobachtung vergleicht der Lernalgorithmus den wahren Wert mit der Vorhersage aus einer Teilmenge der Bäume, die nicht mit dieser Beobachtung trainiert wurden. Der Gesamt-Score wird berechnet und liefert ein einzelnes Maß für die Performance des Random Forests. Die OOB-Score-Schätzung ist eine Alternative zur Kreuzvalidierung.

In `scikit-learn` können Sie OOB-Scores eines Random Forests ermitteln, wenn Sie im Random-Forest-Objekt (d. h. `RandomForestClassifier`) `oob_score=True` setzen. Den Score rufen Sie dann mit der Methode `oob_score_` ab.

KAPITEL 15

K-nächste Nachbarn

15.0 Einführung

Der *k-nächste-Nachbarn*-Klassifikator (KNN) gehört zu den einfachsten und doch gebräuchlichsten Klassifikatoren beim überwachten maschinellen Lernen. KNN gilt oftmals als träges Lernverfahren; technisch gesehen, wird kein Modell trainiert, um Vorhersagen zu treffen. Stattdessen wird eine Beobachtung derjenigen Klasse zugeordnet, in die der größte Anteil der *k* nächsten Beobachtungen fällt. Wenn zum Beispiel eine Beobachtung mit einer unbekannten Klasse von einer Beobachtung der Klasse 1 umgeben ist, wird die Beobachtung als Klasse 1 klassifiziert. In diesem Kapitel untersuchen wir, wie sich mit `scikit-learn` ein KNN-Klassifikator erzeugen und verwenden lässt.

15.1 Die nächsten Nachbarn einer Beobachtung suchen

Problem

Sie müssen die nächstliegenden Beobachtungen (Nachbarn) einer Beobachtung finden.

Lösung

Verwenden Sie die `scikit-learn`-Klasse `NearestNeighbors`:

```
# Bibliotheken laden
from sklearn import datasets
from sklearn.neighbors import NearestNeighbors
from sklearn.preprocessing import StandardScaler

# Daten laden
iris = datasets.load_iris()
features = iris.data
```

```
# Standardisierer erstellen
standardizer = StandardScaler()

# Merkmale standardisieren
features_standardized = standardizer.fit_transform(features)

# Zwei nächste Nachbarn
nearest_neighbors = NearestNeighbors(n_neighbors=2).fit(features_standardized)

# Eine Beobachtung erzeugen
new_observation = [ 1,  1,  1,  1]

# Abstände und Indizes der nächsten Nachbarn der Beobachtung suchen
distances, indices = nearest_neighbors.kneighbors([new_observation])

# Die nächsten Nachbarn anzeigen
features_standardized[indices]

array([[[ 1.03800476,  0.56925129,  1.10395287,  1.1850097 ],
        [ 0.79566902,  0.33784833,  0.76275864,  1.05353673]]])
```

Diskussion

In unserer Lösung haben wir erneut den Iris-Datensatz verwendet. Wir haben eine Beobachtung `new_observation` mit einigen Werten erzeugt und dann die beiden Beobachtungen gefunden, die unserer Beobachtung am nächsten liegen. Das Array `indices` enthält die Orte der Beobachtungen in unserem Datensatz, die am nächsten liegen. Somit zeigt `X[indices]` die Werte dieser Beobachtungen an. Der Abstand lässt sich intuitiv als Ähnlichkeitsmaß auffassen, sodass die beiden nächstliegenden Beobachtungen die beiden Blumen sind, die der von uns erzeugten Blume am ähnlichsten sind.

Wie messen wir den Abstand? Das Paket `scikit-learn` bietet eine breite Palette an Abstandsmetriken *d*, unter anderem auch den *euklidischen Abstand*:

$$d_{euklidisch} = \sqrt{\sum_{i=1}^{n} (x_i - y_i)^2}$$

und den *Manhattan-Abstand*:

$$d_{Manhattan} = \sum_{i=1}^{n} |x_i - y_i|$$

Standardmäßig verwendet die Klasse `NearestNeighbors` den *Minkowski-Abstand*:

$$d_{Minkowski} = \left(\sum_{i=1}^{n} |x_i - y_i|^p \right)^{1/p}$$

Hierin sind x_i und y_i die beiden Beobachtungen, deren Abstand wir berechnen. Minkowski enthält einen Hyperparameter p, wobei $p = 1$ der Manhattan-Abstand ist, $p = 2$ der euklidische Abstand usw. Die Standardeinstellung in `scikit-learn` ist $p = 2$.

Die Abstandsmetrik lässt sich mit dem Parameter `metric` festlegen:

```
# Die beiden nächsten Nachbarn basierend auf dem euklidischen Abstand suchen
nearestneighbors_euclidean = NearestNeighbors(
n_neighbors=2, metric='euclidean').fit(features_standardized)
```

Die Variable `distance`, die wir erzeugt haben, enthält das eigentliche Abstandsmaß zu jedem der beiden nächsten Nachbarn:

```
# Abstände anzeigen
distances

array([[ 0.48168828,  0.73440155]])
```

Außerdem können wir mit `kneighbors_graph` eine Matrix erzeugen, die die nächsten Nachbarn jeder Beobachtung angibt:

```
# Die drei nächsten Nachbarn jeder Beobachtung suchen,
# basierend auf dem euklidischen Abstand (sie selbst eingeschlossen)
nearestneighbors_euclidean = NearestNeighbors(
n_neighbors=3, metric="euclidean").fit(features_standardized)

# Liste von Listen, die die 3 nächsten Nachbarn jeder Beobachtung angeben
# (sie selbst eingeschlossen)
nearest_neighbors_with_self = nearestneighbors_euclidean.kneighbors_graph(
    features_standardized).toarray()

# Die Einsen entfernen, die eine Beobachtung als nächster Nachbar zu sich selbst
# markieren
for i, x in enumerate(nearest_neighbors_with_self):
    x[i] = 0

# Die beiden nächsten Nachbarn der ersten Beobachtung anzeigen
nearest_neighbors_with_self[0]

array([ 0.,  0.,  0.,  0.,  0.,  0.,  0.,  0.,  0.,  0.,  0.,  0.,  0.,
        0.,  0.,  0.,  0.,  1.,  0.,  0.,  0.,  0.,  0.,  0.,  0.,  0.,
        0.,  1.,  0.,  0.,  0.,  0.,  0.,  0.,  0.,  0.,  0.,  0.,  0.,
        0.,  0.,  0.,  0.,  0.,  0.,  0.,  0.,  0.,  0.,  0.,  0.,  0.,
        0.,  0.,  0.,  0.,  0.,  0.,  0.,  0.,  0.,  0.,  0.,  0.,  0.,
        0.,  0.,  0.,  0.,  0.,  0.,  0.,  0.,  0.,  0.,  0.,  0.,  0.,
        0.,  0.,  0.,  0.,  0.,  0.,  0.,  0.,  0.,  0.,  0.,  0.,  0.,
        0.,  0.,  0.,  0.,  0.,  0.,  0.,  0.,  0.,  0.,  0.,  0.,  0.,
        0.,  0.,  0.,  0.,  0.,  0.,  0.,  0.,  0.,  0.,  0.,  0.,  0.,
        0.,  0.,  0.,  0.,  0.,  0.,  0.,  0.,  0.,  0.,  0.,  0.,  0.,
        0.,  0.,  0.,  0.,  0.,  0.,  0.,  0.,  0.,  0.,  0.,  0.,  0.,
        0.,  0.,  0.,  0.,  0.,  0.,  0.])
```

Wenn wir die nächsten Nachbarn suchen oder einen Lernalgorithmus basierend auf dem Abstand verwenden, ist es wichtig, Merkmale zu transformieren, sodass sie auf derselben Skala liegen. Das hängt damit zusammen, dass die Abstandsmetrik alle Merkmale so behandelt, als würden sie auf derselben Skala liegen. Doch wenn ein Merkmal in Millionen von Dollar gemessen wird und ein zweites Merkmal in Prozenten, wird der Abstand gegenüber dem ersten mit einem Bias (einer Verzerrung) gemessen. In unserer Lösung haben wir dieses potenzielle Problem berücksichtigt, indem wir die Merkmale mittels `StandardScaler` standardisiert haben.

15.2 Einen k-nächste-Nachbarn-Klassifikator erzeugen

Problem

Für eine Beobachtung unbekannter Klasse müssen Sie die Klasse basierend auf der Klasse ihrer Nachbarn vorhersagen.

Lösung

Wenn der Datensatz nicht sehr groß ist, bietet sich `KNeighborsClassifier` an:

```
# Bibliotheken laden
from sklearn.neighbors import KNeighborsClassifier
from sklearn.preprocessing import StandardScaler
from sklearn import datasets

# Daten laden
iris = datasets.load_iris()
X = iris.data
y = iris.target

# Standardisierer erstellen
standardizer = StandardScaler()

# Merkmale standardisieren
X_std = standardizer.fit_transform(X)

# Einen KNN-Klassifikator mit 5 Nachbarn trainieren
knn = KNeighborsClassifier(n_neighbors=5, n_jobs=-1).fit(X_std, y)

# Zwei Beobachtungen erzeugen
new_observations = [[ 0.75,  0.75,  0.75,  0.75],
                    [ 1,  1,  1,  1]]

# Die Klasse von zwei Beobachtungen vorhersagen
knn.predict(new_observations)

array([1, 2])
```

Diskussion

Für eine Beobachtung x_u mit einer unbekannten Zielklasse identifiziert der KNN-Algorithmus zuerst die k nächsten Beobachtungen (auch Nachbarschaft von x_u genannt) basierend auf einer Abstandsmetrik (z.B. dem euklidischen Abstand). Dann »stimmen« diese k Beobachtungen basierend auf ihrer Klasse ab, und die Klasse, die die Abstimmung gewinnt, ist die vorhergesagte Klasse von x_u. Formal ausgedrückt, ist die Wahrscheinlichkeit x_u einer Klasse j:

$$\frac{1}{k}\sum_{i \in v} I(y_i = j)$$

Hierin ist v die Beobachtung k in der Nachbarschaft von x_u, y_i ist die Klasse der i-ten Beobachtung, und I ist eine Indikatorfunktion (d.h., `True` liefert 1, sonst 0). In `scikit-learn` lassen sich diese Wahrscheinlichkeiten mit `predict_proba` anzeigen:

```
# Wahrscheinlichkeit, mit der jede Beobachtung zu einer von drei Klassen gehört,
# anzeigen
knn.predict_proba(new_observations)
```

```
array([[ 0. ,  0.6,  0.4],
       [ 0. ,  0. ,  1. ]])
```

Die Klasse mit der höchsten Wahrscheinlichkeit wird zur vorhergesagten Klasse. Zum Beispiel sollte entsprechend der obigen Ausgabe die erste Beobachtung zur Klasse 1 gehören (Wahrscheinlichkeit = 0,6), während die zweite Beobachtung in Klasse 2 fällt (Wahrscheinlichkeit = 1). Und genau dies können wir auch anzeigen:

```
knn.predict(new_observations)
```

```
array([1, 2])
```

`KNeighborsClassifier` übernimmt eine Reihe wichtiger Parameter. Erstens legt `metric` die verwendete Abstandsmetrik fest (mehr dazu in der Diskussion zu Rezept 14.1). Zweitens bestimmt `n_jobs`, wie viele CPU-Kerne verwendet werden sollen. Da für eine Vorhersage die Abstände von einem Punkt der Beobachtung zu sämtlichen Punkten in den Daten berechnet werden müssen, sollten unbedingt mehrere Kerne verwendet werden. Drittens legt `algorithm` die Methode fest, nach der die nächsten Nachbarn berechnet werden. Obwohl es wirkliche Unterschiede in den Algorithmen gibt, versucht `KNeighborsClassifier` standardmäßig, den besten Algorithmus automatisch auszuwählen, sodass Sie sich oftmals keine Gedanken über diesen Parameter machen müssen. Viertens arbeitet `KNeighborsClassifier` standardmäßig wie zuvor beschrieben, wobei jede Beobachtung in der Nachbarschaft eine Stimme erhält. Wenn Sie aber den Parameter `weights` auf `distance` setzen, werden die Stimmen der näheren Beobachtungen stärker gewichtet als weiter entfernt liegende Beobachtungen. Intuitiv ergibt das Sinn, da ähnlichere Nachbarn mehr über die Klasse einer Beobachtung aussagen können als andere.

Weil schließlich (wie in Rezept 14.1 diskutiert) Abstandsberechnungen alle Merkmale so behandeln, als würden sie auf derselben Skala liegen, sollten Sie die Merkmale unbedingt standardisieren, bevor Sie einen KNN-Klassifikator anwenden.

15.3 Die Größe der besten Nachbarschaft ermitteln

Problem

Sie möchten den besten Wert für *k* in einem k-nächste-Nachbarn-Klassifikator auswählen.

Lösung

Verwenden Sie Modellauswahltechniken wie `GridSearchCV`:

```
# Bibliotheken laden
from sklearn.neighbors import KNeighborsClassifier
from sklearn import datasets
from sklearn.preprocessing import StandardScaler
from sklearn.pipeline import Pipeline, FeatureUnion
from sklearn.model_selection import GridSearchCV

# Daten laden
iris = datasets.load_iris()
features = iris.data
target = iris.target

# Standardisierer erstellen
standardizer = StandardScaler()

# Merkmale standardisieren
features_standardized = standardizer.fit_transform(features)

# Einen KNN-Klassifikator erstellen
knn = KNeighborsClassifier(n_neighbors=5, n_jobs=-1)

# Eine Pipeline einrichten
pipe = Pipeline([("standardizer", standardizer), ("knn", knn)])

# Raum mit Kandidatenwerten erzeugen
search_space = [{"knn__n_neighbors": [1, 2, 3, 4, 5, 6, 7, 8, 9, 10]}]

# Gittersuche erstellen
classifier = GridSearchCV(
    pipe, search_space, cv=5, verbose=0).fit(features_standardized, target)
```

Diskussion

Die Größe von *k* macht sich in KNN-Klassifikatoren deutlich bemerkbar. Im maschinellen Lernen versuchen wir, ein Gleichgewicht zwischen Bias und Varianz zu finden, und an wenigen Stellen ist das so explizit wie der Wert von k. Wenn $k = n$ ist, wobei n die Anzahl der Beobachtungen angibt, haben wir einen hohen Bias, aber geringe Varianz. Ist $k = 1$, ist der Bias niedrig, die Varianz aber hoch. Das beste Modell ergibt sich, wenn man den Wert von k sucht, der diesen Bias-Varianz-Kompromiss ausgleicht. In unserer Lösung haben wir `GridSearchCV` verwendet, um eine fünffache Kreuzvalidierung auf KNN-Klassifikatoren mit verschiedenen Werten von k durchzuführen. Nachdem dies abgeschlossen ist, können wir das k sehen, das das beste Modell hervorgebracht hat.

```
# Größe (k) der besten Nachbarschaft
classifier.best_estimator_.get_params()["knn__n_neighbors"]

6
```

15.4 Einen radiusbasierten Nächste-Nachbarn-Klassifikator erstellen

Problem

Für die Beobachtung einer unbekannten Klasse müssen Sie ihre Klasse basierend auf der Klasse aller Beobachtungen innerhalb eines bestimmten Abstands vorhersagen.

Lösung

Verwenden Sie `RadiusNeighborsClassifier`:

```
# Bibliotheken laden
from sklearn.neighbors import RadiusNeighborsClassifier
from sklearn.preprocessing import StandardScaler
from sklearn import datasets

# Daten laden
iris = datasets.load_iris()
features = iris.data
target = iris.target

# Standardisierer erstellen
standardizer = StandardScaler()

# Merkmale standardisieren
features_standardized = standardizer.fit_transform(features)

# Einen Radius-Nachbarn-Klassifikator trainieren
rnn = RadiusNeighborsClassifier(
    radius=.5, n_jobs=-1).fit(features_standardized, target)

# Zwei Beobachtungen erzeugen
new_observations = [[ 1,  1,  1,  1]]
```

```
# Die Klasse der beiden Beobachtungen vorhersagen
rnn.predict(new_observations)
```

```
array([2])
```

Diskussion

In der KNN-Klassifizierung wird die Klasse einer Beobachtung aus den Klassen ihrer *k* Nachbarn vorhergesagt. Eine weniger gebräuchliche Technik ist die Klassifizierung in einem radiusbasierten (RNN-)Klassifikator, der die Klasse einer Beobachtung aus den Klassen aller Beobachtungen innerhalb eines gegebenen Radius *r* vorhersagt. In `scikit-learn` ähnelt `RadiusNeighborsClassifier` sehr dem `KNeighborsClassifier`, jedoch mit Ausnahme von zwei Parametern. Erstens müssen Sie in `RadiusNeighborsClassifier` mittels `radius` den Radius des festen Bereichs angeben, um festzustellen, ob eine Beobachtung ein Nachbar ist. Sofern es keinen triftigen Grund gibt, `radius` auf einen bestimmten Wert zu setzen, ist es am besten, diesen Parameter wie jeden anderen Hyperparameter zu behandeln und ihn während der Modellauswahl zu optimieren. Der zweite nützliche Parameter ist `outlier_label`. Er gibt an, welches Label eine Beobachtung erhalten soll, die keine benachbarten Beobachtungen innerhalb des Radius aufweist – was an sich oftmals ein nützliches Tool für die Erkennung von Ausreißern sein kann.

KAPITEL 16

Logistische Regression

16.0 Einführung

Trotz der Bezeichnung *Regression* ist die logistische Regression eigentlich eine weitverbreitete überwachte Klassifikationstechnik. Logistische Regression und ihre Erweiterungen, wie zum Beispiel die multinomiale logistische Regression, erlauben es uns, mit einem unkomplizierten und hinreichend bekannten Ansatz die Wahrscheinlichkeit vorherzusagen, mit der eine Beobachtung zu einer bestimmten Klasse gehört. Dieses Kapitel zeigt, wie sich verschiedene Klassifikatoren mithilfe von `scikit-learn` trainieren lassen.

16.1 Einen binären Klassifikator trainieren

Problem

Sie müssen ein einfaches Klassifikatormodell trainieren.

Lösung

Trainieren Sie eine logistische Regression in `scikit-learn` mit der Klasse `LogisticRegression`:

```
# Bibliotheken laden
from sklearn.linear_model import LogisticRegression
from sklearn import datasets
from sklearn.preprocessing import StandardScaler

# Daten mit nur zwei Klassen laden
iris = datasets.load_iris()
features = iris.data[:100,:]
target = iris.target[:100]

# Merkmale standardisieren
scaler = StandardScaler()
```

```
features_standardized = scaler.fit_transform(features)

# Logistisches Regressionsobjekt erstellen
logistic_regression = LogisticRegression(random_state=0)

# Modell trainieren
model = logistic_regression.fit(features_standardized, target)
```

Diskussion

Trotz des Begriffsbestandteils »Regression« ist eine logistische Regression eigentlich ein weitverbreiteter binärer Klassifikator (d.h., der Zielvektor kann nur zwei Werte annehmen). In einer logistischen Regression ist ein lineares Modell (z.B. $\beta_0 + \beta_1 x$) in eine logistische Funktion $\frac{1}{1+e^{-z}}$ (auch *Sigmoidfunktion* genannt) eingebunden, wie zum Beispiel:

$$P(y_i = 1 \mid X) = \frac{1}{1 + e^{-(\beta_0 + \beta_1 x)}}$$

Hierin ist $P(y_i = 1 \mid X)$ die Wahrscheinlichkeit, dass der Zielwert y_i der i-ten Beobachtung zur Klasse 1 gehört, X bezeichnet die Trainingsdaten, β_0 und β_1 sind die zu lernenden Parameter, und e ist die *eulersche Zahl* (2,71828...). Die logistische Funktion transformiert die Eingabe in einen Wert zwischen 0 und 1, sodass sich die Ausgabe als Wahrscheinlichkeit interpretieren lässt. Wenn $P(y_i = 1 \mid X)$ größer als 0,5 ist, wird Klasse 1 vorhergesagt, andernfalls Klasse 0.

In `scikit-learn` können wir ein logistisches Regressionsmodell mittels `LogisticRegression` lernen. Nachdem es trainiert ist, lässt sich mit dem Modell die Klasse von neuen Beobachtungen vorhersagen:

```
# Neue Beobachtung erzeugen
new_observation = [[.5, .5, .5, .5]]

# Klasse vorhersagen
model.predict(new_observation)
```

```
array([1])
```

In diesem Beispiel wurde unsere Beobachtung als zur Klasse 1 gehörig vorhergesagt. Zusätzlich können wir die Wahrscheinlichkeit anzeigen, dass eine Beobachtung ein Mitglied jeder Klasse ist:

```
# Vorhergesagte Wahrscheinlichkeiten anzeigen
model.predict_proba(new_observation)
```

```
array([[ 0.18823041,  0.81176959]])
```

Unsere Beobachtung hat eine Wahrscheinlichkeit von 18,8 %, in die Klasse 0 zu fallen, und eine Wahrscheinlichkeit von 81,1 %, der Klasse 1 anzugehören.

16.2 Einen Multiklassenklassifikator trainieren

Problem

Ihre Datenmenge lässt sich mehr als zwei Klassen zuordnen, und Sie müssen ein Klassifikatormodell trainieren.

Lösung

Trainieren Sie in `scikit-learn` mit `LogisticRegression` eine logistische Regression, wobei Sie multinomiale Methoden verwenden:

```
# Bibliotheken laden
from sklearn.linear_model import LogisticRegression
from sklearn import datasets
from sklearn.preprocessing import StandardScaler

# Daten laden
iris = datasets.load_iris()
features = iris.data
target = iris.target

# Merkmale standardisieren
scaler = StandardScaler()
features_standardized = scaler.fit_transform(features)

# Ein multinomiales logistisches Regresssionsobjekt erstellen
logistic_regression = LogisticRegression(random_state=0, multi_class="ovr")

# Modell trainieren
model = logistic_regression.fit(features_standardized, target)
```

Diskussion

Logistische Regressionen sind an sich nur binäre Klassifikatoren, können also keine Zielvektoren mit mehr als zwei Klassen verarbeiten. Allerdings gibt es zwei clevere Erweiterungen zur logistischen Regression, die genau das beherrschen. Erstens wird in der logistischen Regression der Art *1-vs-Rest* (*One-vs-Rest*, OVR) für jede Klasse ein Klassifikator trainiert, der die Stichproben dieser Klasse als positiv und alle anderen als negativ bewertet (wodurch das Verfahren zu einem binären Klassifizierungsproblem wird). Diese Regression geht davon aus, dass jedes Klassifizierungsproblem (z. B. Klasse 0 oder nicht) unabhängig ist.

Alternativ tritt bei einer *multinomialen logistischen Regression* (MLR) an die Stelle der logistischen Funktion, die wir in Rezept 15.1 kennengelernt haben, eine Softmax-Funktion:

$$P(y_i = k \mid X) = \frac{e^{\beta_k x_i}}{\sum_{j=1}^{K} e^{\beta_j x_i}}$$

Hierin ist $P(y_i = k \mid X)$ die Wahrscheinlichkeit, dass der Zielwert der i-ten Beobachtung y_i zur Klasse k gehört, und K ist die gesamte Anzahl der Klassen. Die MLR hat unter anderem den Vorzug, dass ihre vorhergesagten Wahrscheinlichkeiten mithilfe der Methode `predict_proba` zuverlässiger (d.h. besser kalibriert) sind.

In der Klasse `LogisticRegression` können Sie eine von zwei Techniken auswählen, wobei die Standardeinstellung ovr (One-vs-Rest) ist. Wenn Sie zu einer multinomialen Regression wechseln möchten, setzen Sie das Argument auf `multinomial`.

16.3 Varianz durch Regularisierung verringern

Problem

Sie müssen die Varianz Ihres logistischen Regressionsmodells verringern.

Lösung

Optimieren Sie den Hyperparameter `C` für die Regularisierungsstärke:

```
# Bibliotheken laden
from sklearn.linear_model import LogisticRegressionCV
from sklearn import datasets
from sklearn.preprocessing import StandardScaler

# Daten laden
iris = datasets.load_iris()
features = iris.data
target = iris.target

# Merkmale standardisieren
scaler = StandardScaler()
features_standardized = scaler.fit_transform(features)

# Entscheidungsbaum-Klassifikatorobjekt erstellen
logistic_regression = LogisticRegressionCV(
    penalty='l2', Cs=10, random_state=0, n_jobs=-1)

# Modell trainieren
model = logistic_regression.fit(features_standardized, target)
```

Diskussion

Regularisierung ist eine Methode, komplexe Modelle mit einem Strafterm zu beaufschlagen, um deren Varianz zu verringern. Insbesondere wird ein Strafterm – in der

Regel ein L1- oder L2-Strafterm – zur Verlustfunktion addiert, die wir minimieren möchten. Im L1-Strafterm

$$\alpha \sum_{j=1}^{p} \left|\hat{\beta}_j\right|$$

sind $\hat{\beta}_j$ die Parameter des j-ten von p Merkmalen, die gelernt werden sollen, und α ist ein Hyperparameter, der die Stärke der Regularisierung angibt. Der L2-Strafterm sieht so aus:

$$\alpha \sum_{j=1}^{p} \hat{\beta}_j^2$$

Höhere Werte von α erhöhen die Strafe für größere Parameterwerte (d.h. komplexere Modelle). `scikit-learn` folgt der allgemeinen Methode, `C` anstelle von α zu verwenden, wobei `C` der Kehrwert der Regularisierungsstärke ist: $C = 1/\alpha$. Um die Varianz zu reduzieren und gleichzeitig mit logistischer Regression zu arbeiten, können wir `C` als Hyperparameter behandeln, der zu optimieren ist, um den Wert von `C` zu finden, der das beste Modell hervorbringt. In `scikit-learn` können wir mithilfe von `LogisticRegressionCV` den Hyperparameter `C` effizient optimieren. Der Parameter `Cs` von `LogisticRegressionCV` übernimmt entweder einen Wertebereich für `C`, über dem zu suchen ist (wenn eine Liste von Gleitkommawerten als Argument bereitgestellt wird), oder generiert eine Liste von Kandidatenwerten auf einer logarithmischen Skala zwischen –10.000 und 10.000, aus denen ein Wert gezogen wird (wenn eine Ganzzahl übergeben wird).

Leider ist es mit `LogisticRegressionCV` nicht möglich, über verschiedene Strafterme zu suchen. Hierfür müssen wir auf nicht ganz so effiziente Modellauswahltechniken zurückgreifen, wie sie Kapitel 12 beschrieben hat.

16.4 Einen Klassifikator auf sehr großen Daten trainieren

Problem

Auf einem sehr großen Datenbestand müssen Sie ein einfaches Klassifikatormodell trainieren.

Lösung

Trainieren Sie eine logistische Regression in `scikit-learn` mit `LogisticRegression` mithilfe des Stochastic-Average-Gradienten-(SAG-)Solvers:

```
# Bibliotheken laden
from sklearn.linear_model import LogisticRegression
```

```
from sklearn import datasets
from sklearn.preprocessing import StandardScaler

# Daten laden
iris = datasets.load_iris()
features = iris.data
target = iris.target

# Merkmale standardisieren
scaler = StandardScaler()
features_standardized = scaler.fit_transform(features)

# Objekt für logistische Regression erstellen
logistic_regression = LogisticRegression(random_state=0, solver="sag")

# Modell trainieren
model = logistic_regression.fit(features_standardized, target)
```

Diskussion

Die `scikit-learn`-Klasse `LogisticRegression` bietet eine Reihe von Techniken für das Training einer logistischen Regression, sogenannte *Solver*. Meistens wird `scikit-learn` automatisch den besten Solver auswählen oder eine Warnung dazu ausgeben, dass sich mit einem vorgegebenen Solver etwas nicht bewerkstelligen lässt. Allerdings sollten Sie einen speziellen Fall beachten.

Eine genaue Erklärung ginge über die Grenzen dieses Buchs hinaus (weitere Informationen finden Sie auf den Folien von Mark Schmidt in »Siehe auch« auf Seite 258). Kurz gesagt, das Stochastic-Average-Gradientenverfahren ermöglicht, ein Modell wesentlich schneller als mit anderen Solvern zu trainieren, wenn die Daten sehr umfangreich sind. Allerdings reagiert das Verfahren äußerst empfindlich auf Skalierung, sodass die Standardisierung unserer Merkmale besonders wichtig ist. Mit der Einstellung `solver='sag'` lässt sich festlegen, dass der Lernalgorithmus diesen Solver verwenden soll.

Siehe auch

- Minimizing Finite Sums with the Stochastic Average Gradient Algorithm, Mark Schmidt (*http://bit.ly/2GRrVw0*)

16.5 Unausgewogene Klassen verarbeiten

Problem

Sie müssen ein einfaches Klassifikatormodell trainieren.

Lösung

Trainieren Sie eine logistische Regression in scikit-learn mittels LogisticRegression:

```
# Bibliotheken laden
import numpy as np
from sklearn.linear_model import LogisticRegression
from sklearn import datasets
from sklearn.preprocessing import StandardScaler

# Daten laden
iris = datasets.load_iris()
features = iris.data
target = iris.target

# Klasse stark unausgewogen machen, indem die ersten 40 Beobachtungen
# entfernt werden
features = features[40:,:]
target = target[40:]

# Zielvektor erzeugen, der anzeigt, wenn Klasse 0, sonst 1
target = np.where((target == 0), 0, 1)

# Merkmale standardisieren
scaler = StandardScaler()
features_standardized = scaler.fit_transform(features)

# Entscheidungsbaum-Klassifikatorobjekt erstellen
logistic_regression = LogisticRegression(random_state=0, class_weight="balanced")

# Modell trainieren
model = logistic_regression.fit(features_standardized, target)
```

Diskussion

Wie viele andere Lernalgorithmen in scikit-learn bringt LogisticRegression eine Methode mit, um unausgewogene Klassen zu verarbeiten. Wenn wir es mit stark unausgewogenen Klassen zu tun haben, für die noch keine Vorverarbeitung erfolgt ist, können wir den Parameter class_weight verwenden, um die Klassen zu gewichten und damit eine ausgewogene Mischung aller Klassen zu gewährleisten. Insbesondere bewirkt das Argument balanced, dass Klassen automatisch umgekehrt proportional zu ihrer Häufigkeit gewichtet werden:

$$w_j = \frac{n}{kn_j}$$

Hierin ist w_j das Gewicht der Klasse j, n steht für die Anzahl der Beobachtungen, n_j für die Anzahl der Beobachtungen in Klasse j und k für die Gesamtanzahl der Klassen.

KAPITEL 17

Support Vector Machines

17.0 Einführung

Um *Support Vector Machines* verstehen zu können, müssen Sie wissen, was *Hyperebenen* sind. Formal ausgedrückt, ist eine Hyperebene ein $n - 1$-Unterraum in einem n-dimensionalen Raum. Das mag kompliziert klingen, ist tatsächlich aber ziemlich einfach. Wollen wir beispielsweise einen zweidimensionalen Raum teilen, verwenden wir eine eindimensionale Hyperebene (d. h. eine Gerade). Möchten wir einen dreidimensionalen Raum teilen, verwenden wir eine zweidimensionale Hyperebene (d. h. ein Blatt Papier oder ein Betttuch). Eine Hyperebene ist lediglich eine Verallgemeinerung dieses Konzepts auf n Dimensionen.

Support Vector Machines klassifizieren Daten, indem sie die Hyperebene suchen, die die Lücke zwischen den Klassen in den Trainingsdaten maximiert. In einem zweidimensionalen Beispiel mit zwei Klassen kann man sich eine Hyperebene als das breiteste gerade »Band« (d. h. eine Linie mit Rändern) vorstellen, das die beiden Klassen trennt.

Dieses Kapitel beschäftigt sich mit dem Training von Support Vector Machines in unterschiedlichen Situationen und wirft einen Blick hinter die Kulissen, um zu verstehen, wie man das Konzept auf allgemeine Problemstellungen erweitern kann.

17.1 Einen linearen Klassifikator trainieren

Problem

Sie müssen ein Modell trainieren, um Beobachtungen zu klassifizieren.

Lösung

Verwenden Sie einen *Support Vector Classifier* (SVC), um die Hyperebene zu suchen, die den Bereich zwischen den Klassengrenzen maximiert:

```
# Bibliotheken laden
from sklearn.svm import LinearSVC
from sklearn import datasets
from sklearn.preprocessing import StandardScaler
import numpy as np

# Daten mit nur zwei Klassen und zwei Merkmalen laden
iris = datasets.load_iris()
features = iris.data[:100,:2]
target = iris.target[:100]

# Merkmale standardisieren
scaler = StandardScaler()
features_standardized = scaler.fit_transform(features)

# Support Vector Classifier erstellen
svc = LinearSVC(C=1.0)

# Modell trainieren
model = svc.fit(features_standardized, target)
```

Diskussion

Die scikit-learn-Klasse `LinearSVC` implementiert einen einfachen SVC. Um ein Gefühl dafür zu bekommen, was hinter einem SVC steckt, ist es am besten, die Daten und eine Hyperebene in einem Diagramm darzustellen. SVCs funktionieren auch in hohen Dimensionen, doch in unserer Lösung haben wir nur zwei Merkmale geladen und eine Teilmenge von Beobachtungen genommen, sodass die Daten nur zwei Klassen enthalten. Das Modell lässt sich dadurch gut visualisieren. Wie Sie wissen, sucht der SVC diejenige Hyperebene – eine Gerade bei nur zwei Dimensionen –, bei der der Bereich zwischen den Klassengrenzen am größten ist. Im folgenden Code stellen wir die beiden Klassen in einem zweidimensionalen Raum dar und zeichnen dann die Hyperebene ein:

```
# Bibliothek laden
from matplotlib import pyplot as plt

# Datenpunkte in der Farbe ihrer Klasse zeichnen
color = ["black" if c == 0 else "lightgrey" for c in target]
plt.scatter(features_standardized[:,0], features_standardized[:,1], c=color)

# Die Hyperebene erzeugen
w = svc.coef_[0]
a = -w[0] / w[1]
xx = np.linspace(-2.5, 2.5)
yy = a * xx - (svc.intercept_[0]) / w[1]

# Die Hyperebene zeichnen
plt.plot(xx, yy)
plt.axis("off"), plt.show();
```

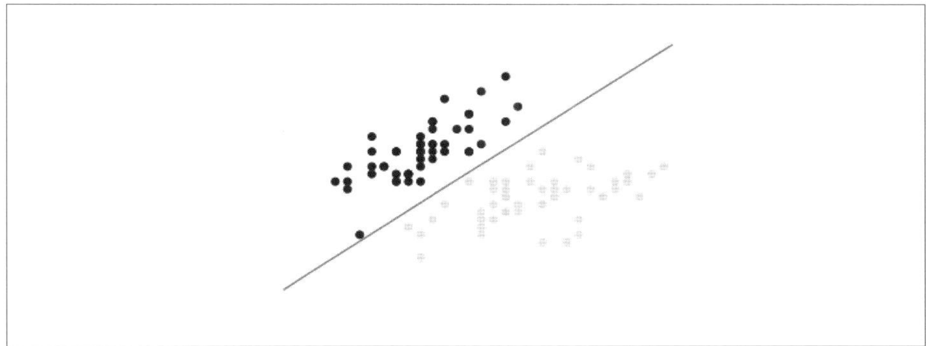

In dieser Visualisierung sind alle Beobachtungen der Klasse 0 schwarz dargestellt und Beobachtungen der Klasse 1 hellgrau. Die Hyperebene ist die Entscheidungsgrenze, wie neue Beobachtungen klassifiziert werden. Also wird jede Beobachtung oberhalb der Geraden der Klasse 0 zugeordnet, während jede Beobachtung unterhalb der Geraden der Klasse 1 zugerechnet wird. Davon können Sie sich überzeugen, wenn Sie eine neue Beobachtung in der linken oberen Ecke der Visualisierung erzeugen – sie sollte als Klasse 0 vorhergesagt werden:

```
# Neue Beobachtung erstellen
new_observation = [[ -2,  3]]

# Klasse der neuen Beobachtung vorhersagen
svc.predict(new_observation)
```

```
array([0])
```

Zu SVCs sind einige Punkte anzumerken. Erstens haben wir unser Beispiel aus Gründen der Visualisierung auf ein binäres Beispiel beschränkt (z.B. nur zwei Klassen), SVCs funktionieren jedoch genauso gut bei mehreren Klassen. Zweitens lässt sich aus unserer Visualisierung ableiten, dass die Hyperebene per definitionem linear (d.h. nicht kurvenförmig) ist. In diesem Beispiel ist das in Ordnung, weil die Daten linear separierbar sind, es demnach eine Hyperebene gibt, die die beiden Klassen einwandfrei trennt. In der Praxis ist das leider nur selten der Fall.

In der Regel wird es so sein, dass sich die Klassen nicht perfekt trennen lassen. In solchen Situationen besteht ein Gleichgewicht zwischen dem SVC, der den Randbereich der Hyperebene maximiert, und dem SVC, der die Fehlklassifizierung minimiert. Den zweiten Fall steuert in SVC der Hyperparameter *C* – der bei Fehlern beaufschlagte Strafterm. *C* ist ein Parameter des SVC-Lerners und dient als Bestrafung, wenn ein Datenpunkt der falschen Klasse zugeordnet wird. Bei kleinem *C* ist der Klassifikator mit falsch klassifizierten Daten (hoher Bias, aber geringe Varianz) einverstanden, ist *C* groß, wird der Klassifikator für falsch klassifizierte Daten stark bestraft und unternimmt demzufolge alles, um falsch klassifizierte Datenpunkte zu vermeiden (geringer Bias, aber hohe Varianz).

In `scikit-learn` wird C durch den Parameter `C` bestimmt und standardmäßig auf `C=1.0` gesetzt. Wir sollten C als Hyperparameter unseres Lernalgorithmus behandeln, den wir mit den in Kapitel 12 beschriebenen Modellauswahltechniken optimieren.

17.2 Nicht linear separierbare Klassen mit Kernels behandeln

Problem

Sie müssen einen SVC trainieren, doch Ihre Klassen sind nicht linear separierbar.

Lösung

Trainieren Sie eine Erweiterung einer SVM mithilfe von Kernel-Funktionen, um nichtlineare Entscheidungsgrenzen zu erzeugen:

```
# Bibliotheken laden
from sklearn.svm import SVC
from sklearn import datasets
from sklearn.preprocessing import StandardScaler
import numpy as np

# Startwert für Zufallszahlengenerator setzen
np.random.seed(0)

# Zwei Merkmale erzeugen
features = np.random.randn(200, 2)

# Mit einem XOR-Gatter (d. h. einer logischen Verknüpfung)
# nicht linear separierbare Klassen erzeugen
target_xor = np.logical_xor(features[:, 0] > 0, features[:, 1] > 0)
target = np.where(target_xor, 0, 1)

# Eine SVM mit einem RBF-Kernel erstellen
svc = SVC(kernel="rbf", random_state=0, gamma=1, C=1)

# Den Klassifikator trainieren
model = svc.fit(features, target)
```

Diskussion

Eine vollständige Erklärung von Support Vector Machines ginge über den Rahmen dieses Buchs hinaus. Eine Kurzversion dürfte aber für das Verständnis von SVMs und Kernels nützlich sein. Aus hier nicht genannten Gründen lässt sich ein *Support Vector Classifier* (SVC) wie folgt darstellen:

$$f(x) = \beta_0 + \sum_{i \in S} \alpha_i K\left(x_i, x_{i'}\right)$$

Hierin ist β_0 der Bias, S ist die Menge aller Support-Vector-Beobachtungen, α die zu lernenden Modellparameter, und (x_i, x_i') sind Paare von jeweils zwei Support-Vector-Beobachtungen x_i und x_i'. Wichtig ist vor allem die Kernel-Funktion K, die die Ähnlichkeit zwischen x_i und x_i' feststellt. Es ist nicht schlimm, wenn Sie Kernel-Funktionen noch nicht ganz verstehen. Für unsere Zwecke genügt es, zu wissen, dass erstens K den Typ der Hyperebene bestimmt, mit der unsere Klassen getrennt werden, und wir zweitens verschiedene Hyperebenen durch Verwendung unterschiedlicher Kernels erzeugen. Wenn wir zum Beispiel die einfache lineare Hyperebene haben wollen, wie wir sie in Rezept 17.1 erzeugt haben, können wir den linearen Kernel verwenden:

$$K(x_i, x_{i'}) = \sum_{j=1}^{p} x_{ij} x_{i'j}$$

Hier gibt p die Anzahl der Merkmale an. Wenn aber eine nichtlineare Entscheidungsgrenze infrage kommt, tauschen wir den linearen Kernel durch einen polynomialen Kernel:

$$K(x_i, x_{i'}) = \left(1 + \sum_{j=1}^{p} x_{ij} x_{i'j}\right)^2$$

Hierin ist d der Grad der polynomialen Kernel-Funktion. Alternativ können wir einen der gebräuchlichsten Kernels in SVMs verwenden – den Kernel mit radialer Basisfunktion:

$$K(x_i, x_{i'}) = e^{\left(-\gamma \sum_{j=1}^{p} \left(x_{ij} x_{i'j}\right)^2\right)}$$

Hierin ist γ ein Hyperparameter, der größer als null sein muss. In der obigen Erläuterung kommt es vor allem darauf an, dass man bei linear separierbaren Daten einen linearen Kernel durch einen alternativen Kernel austauschen kann, um eine Hyperebene mit einer nichtlinearen Entscheidungsgrenze zu erzeugen.

Was man mit Kernels erreichen will, lässt sich besser verstehen, wenn man ein einfaches Beispiel visualisiert. Diese Funktion, die auf einer Funktion von Sebastian Raschka basiert, plottet die Beobachtungen und die Hyperebene der Entscheidungsgrenze eines zweidimensionalen Raums. Sie müssen nicht unbedingt verstehen, wie diese Funktion arbeitet; ich habe sie hier aufgenommen, damit Sie selbstständig experimentieren können:

```
# Beobachtungen und Hyperebene mit Entscheidungsgrenze darstellen
from matplotlib.colors import ListedColormap
import matplotlib.pyplot as plt

def plot_decision_regions(X, y, classifier):
    cmap = ListedColormap(("red", "blue"))
    xx1, xx2 = np.meshgrid(np.arange(-3, 3, 0.02), np.arange(-3, 3, 0.02))
    Z = classifier.predict(np.array([xx1.ravel(), xx2.ravel()]).T)
```

```
    Z = Z.reshape(xx1.shape)
    plt.contourf(xx1, xx2, Z, alpha=0.1, cmap=cmap)

    for idx, cl in enumerate(np.unique(y)):
        plt.scatter(x=X[y == cl, 0], y=X[y == cl, 1],
                    alpha=0.8, c=cmap(idx),
                    marker="+", label=cl)
```

In unserer Lösung haben wir Daten, die zwei Merkmale (d.h. zwei Dimensionen) enthalten, und einen Zielvektor mit der Klasse jeder Beobachtung. Vor allem aber wurden die Klassen so zugeordnet, dass sie nicht linear separierbar sind. Das heißt, es lässt sich keine Gerade zeichnen, die die beiden Klassen trennt. Zuerst erstellen wir einen SVC mit einem linearen Kernel:

```
# SVC mit einem linearen Kernel erstellen
svc_linear = SVC(kernel="linear", random_state=0, C=1)

# Modell trainieren
svc_linear.fit(features, target)

SVC(C=1, cache_size=200, class_weight=None, coef0=0.0,
  decision_function_shape='ovr', degree=3, gamma='auto', kernel='linear',
  max_iter=-1, probability=False, random_state=0, shrinking=True,
  tol=0.001, verbose=False)
```

Da wir nur zwei Merkmale haben, bewegen wir uns in einem zweidimensionalen Raum und können die Beobachtungen, ihre Klassen und die lineare Hyperebene unseres Modells visualisieren:

```
# Beobachtungen und Hyperebene plotten
plot_decision_regions(features, target, classifier=svc_linear)
plt.axis("off"), plt.show();
```

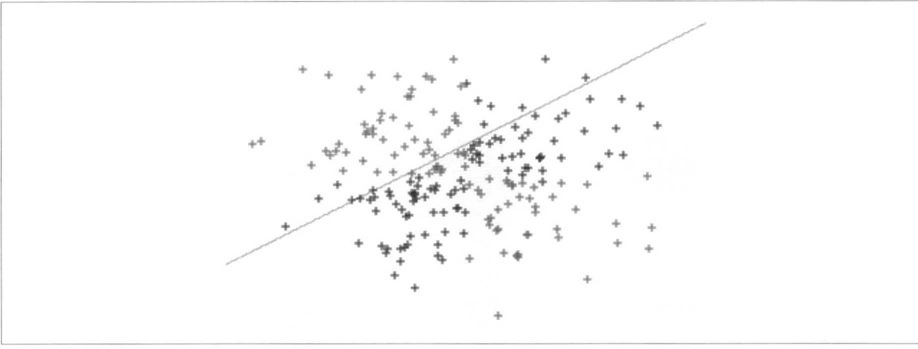

Es zeigt sich, dass unsere lineare Hyperebene die beiden Klassen nur schlecht teilt! Tauschen wir jetzt den linearen Kernel durch einen Kernel mit radialer Basisfunktion (RBF) und trainieren wir damit ein neues Modell:

```
# Eine SVM mit einem RBF-Kernel erstellen
svc = SVC(kernel="rbf", random_state=0, gamma=1, C=1)
```

```
# Den Klassifikator trainieren
model = svc.fit(features, target)
```

Dann visualisieren wir die Beobachtungen und die Hyperebene:

```
# Beobachtungen und Hyperebene plotten
plot_decision_regions(features, target, classifier=svc)
plt.axis("off"), plt.show();
```

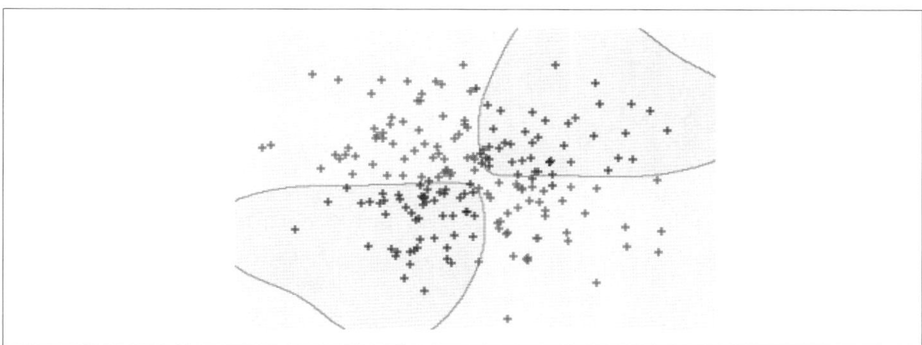

Mit dem RBF-Kernel konnten wir eine Entscheidungsgrenze erzeugen, die die beiden Klassen wesentlich besser trennt als die Version mit dem linearen Kernel. Nicht zuletzt deshalb verwendet man Kernels in SVMs.

In `scikit-learn` können Sie den gewünschten Kernel über den Parameter `kernel` auswählen. Nachdem Sie einen Kernel ausgewählt haben, müssen Sie die passenden Kernel-Optionen festlegen, beispielsweise den Wert von d (mit dem Parameter `degree`) in polynomialen Kernels und γ (mit dem Parameter `gamma`) in RBF-Kernels. Außerdem ist es erforderlich, den Bestrafungsterm anzugeben (mit dem Parameter C). Beim Trainieren des Modells sollten Sie in der Regel alle diese Angaben als Hyperparameter behandeln und über Modellauswahltechniken diejenige Wertekombination ermitteln, die das Modell mit der besten Performance ergibt.

17.3 Vorhergesagte Wahrscheinlichkeiten erzeugen

Problem

Für eine Beobachtung müssen Sie die vorhergesagten Klassenwahrscheinlichkeiten kennen.

Lösung

Wenn Sie die `scikit-learn`-Klasse `SVC` verwenden, setzen Sie `probability=True`, trainieren das Modell und verwenden dann `predict_proba`, um die kalibrierten Wahrscheinlichkeiten anzuzeigen:

```
# Bibliotheken laden
from sklearn.svm import SVC
from sklearn import datasets
from sklearn.preprocessing import StandardScaler
import numpy as np

# Daten laden
iris = datasets.load_iris()
features = iris.data
target = iris.target

# Merkmale standardisieren
scaler = StandardScaler()
features_standardized = scaler.fit_transform(features)

# SVC-Objekt erstellen
svc = SVC(kernel="linear", probability=True, random_state=0)

# Klassifikator trainieren
model = svc.fit(features_standardized, target)

# Neue Beobachtung erzeugen
new_observation = [[.4, .4, .4, .4]]

# Vorhergesagte Wahrscheinlichkeiten anzeigen
model.predict_proba(new_observation)

array([[ 0.00588822,  0.96874828,  0.0253635 ]])
```

Diskussion

Viele der überwachten Lernalgorithmen, die wir besprochen haben, stützen sich auf Wahrscheinlichkeitsschätzungen, um Klassen vorherzusagen. Zum Beispiel werden im k-nächste-Nachbarn-Verfahren die Klassen der *k* Nachbarn einer Beobachtung als Stimmen behandelt, um eine Wahrscheinlichkeit zu bilden, dass eine Beobachtung dieser Klasse angehört. Dann wird die Klasse mit der höchsten Wahrscheinlichkeit vorhergesagt. Die Verwendung einer Hyperebene im SVC, um Entscheidungsbereiche zu erzeugen, gibt naturgemäß keine Wahrscheinlichkeitsschätzung darüber aus, dass eine Beobachtung zu einer bestimmten Klasse gehört. Mit einigen Einschränkungen können wir jedoch tatsächlich kalibrierte Klassenwahrscheinlichkeiten ausgeben. In einem SVC mit zwei Klassen bietet sich die *Platt-Skalierung* an. Dabei wird zuerst der SVC trainiert und anschließend eine separate logistische Regression mit Kreuzvalidierung, um die SVC-Ausgaben auf Wahrscheinlichkeiten abzubilden:

$$P(y = 1 \mid x) = \frac{1}{1 + e^{(A * f(x) + B)}}$$

Hierin sind A und B Parametervektoren, und f ist der vorzeichenbehaftete Abstand der i-ten Beobachtung von der Hyperebene. Bei mehr als zwei Klassen wird eine Erweiterung der Platt-Skalierung verwendet.

In der Praxis bringt das Erzeugen vorhergesagter Wahrscheinlichkeiten vor allem zwei Probleme mit sich. Da wir zum einen ein zweites Modell mit Kreuzvalidierung trainieren, kann das Erzeugen vorhergesagter Wahrscheinlichkeiten die erforderliche Zeit für das Trainieren unseres Modells spürbar verlängern. Zum anderen werden die vorhergesagten Wahrscheinlichkeiten per Kreuzvalidierung erzeugt und müssen somit nicht immer den vorhergesagten Klassen entsprechen. Das heißt, eine Beobachtung könnte als zur Klasse 1 gehörig vorhergesagt werden, aber eine vorhergesagte Wahrscheinlichkeit für eine Zugehörigkeit zur Klasse 1 von weniger als 0,5 haben.

In `scikit-learn` müssen die vorhergesagten Wahrscheinlichkeiten erzeugt werden, wenn das Modell trainiert wird. Hierzu können wir den Parameter `probability` von `SVC` auf `True` setzen. Nachdem das Modell trainiert ist, können wir die geschätzten Wahrscheinlichkeiten für jede Klasse mit `predict_proba` ausgeben.

17.4 Stützvektoren bestimmen

Problem

Sie müssen bestimmen, welche Beobachtungen als *Stützvektoren* (engl. *Support Vectors*) für die Entscheidungshyperebene dienen.

Lösung

Trainieren Sie das Modell und verwenden Sie dann `support_vectors_`:

```
# Bibliotheken laden
from sklearn.svm import SVC
from sklearn import datasets
from sklearn.preprocessing import StandardScaler
import numpy as np

# Daten mit nur zwei Klassen laden
iris = datasets.load_iris()
features = iris.data[:100,:]
target = iris.target[:100]

# Merkmale standardisieren
scaler = StandardScaler()
features_standardized = scaler.fit_transform(features)

# SVC-Objekt erstellen
svc = SVC(kernel="linear", random_state=0)
```

```
# Klassifikator trainieren
model = svc.fit(features_standardized, target)

# Stützvektoren anzeigen
model.support_vectors_
```

```
array([[-0.5810659 ,  0.43490123, -0.80621461, -0.50581312],
       [-1.52079513, -1.67626978, -1.08374115, -0.8607697 ],
       [-0.89430898, -1.46515268,  0.30389157,  0.38157832],
       [-0.5810659 , -1.25403558,  0.09574666,  0.55905661]])
```

Diskussion

Ihren Namen verdanken SVMs der Tatsache, dass die Hyperebene durch eine relativ kleine Anzahl von Beobachtungen bestimmt wird, die sogenannten Stützvektoren. Die Hyperebene kann man sich bildlich als von diesen Stützvektoren »getragen« vorstellen. Demzufolge sind diese Stützvektoren für unser Modell sehr wichtig. Wenn wir zum Beispiel eine Beobachtung, die kein Stützvektor ist, aus den Daten entfernen, ändert sich das Modell nicht; entfernen wir dagegen einen Stützvektor, wird die Hyperebene nicht mehr den maximalen Randbereich haben.

Nachdem wir einen SVC trainiert haben, bietet uns `scikit-learn` eine Reihe von Optionen, um den Stützvektor zu ermitteln. In unserer Lösung haben wir mit `support_vectors_` die Merkmale der eigentlichen Beobachtungen der vier Stützvektoren in unserem Modell ausgegeben. Alternativ können wir die Indizes der Stützvektoren mit `support_` anzeigen:

```
model.support_
```

```
array([23, 41, 57, 98], dtype=int32)
```

Schließlich lässt sich mit `n_support_` die Anzahl der Stützvektoren ermitteln, die zu jeder Klasse gehören:

```
model.n_support_
```

```
array([2, 2], dtype=int32)
```

17.5 Unausgewogene Klassen verarbeiten

Problem

Sie müssen einen SVM-Klassifikator für einen Datenbestand mit unausgewogenen Klassen trainieren.

Lösung

Vergrößern Sie mit `class_weight` den Strafterm für die Fehlklassifizierung der kleineren Klasse:

```
# Bibliotheken laden
from sklearn.svm import SVC
from sklearn import datasets
from sklearn.preprocessing import StandardScaler
import numpy as np

# Daten mit nur zwei Klassen laden
iris = datasets.load_iris()
features = iris.data[:100,:]
target = iris.target[:100]

# Klasse stark unausgewogen machen, indem die ersten 40 Beobachtungen
# entfernt werden
features = features[40:,:]
target = target[40:]

# Zielvektor erzeugen, der Zugehörigkeit zu Klasse 0 oder 1 anzeigt
target = np.where((target == 0), 0, 1)

# Merkmale standardisieren
scaler = StandardScaler()
features_standardized = scaler.fit_transform(features)

# SVC erstellen
svc = SVC(kernel="linear", class_weight="balanced", C=1.0, random_state=0)

# Klassifikator trainieren
model = svc.fit(features_standardized, target)
```

Diskussion

In SVMs ist *C* ein Hyperparameter, der den Strafterm für Falschklassifizierung einer Beobachtung bestimmt. Um unausgewogene Klassen in SVMs zu verarbeiten, kann man C nach Klassen gewichten, sodass gilt:

$$C_k = C * w_j$$

Hierin ist *C* der Strafterm für Falschklassifizierung, w_j ist ein Gewicht, das umgekehrt proportional zur Häufigkeit der Klasse *j* ist, und C_j Straftermist der C-Wert für die Klasse *j*. Das allgemeine Konzept besteht darin, den für Fehlklassifizierung von Minderheitenklassen zu erhöhen, um zu verhindern, dass sie von der Mehrheitsklasse »überwältigt« werden.

Wenn wir `SVC` in `scikit-learn` verwenden, können wir mit `class_weight='balanced'` die Werte für C_j automatisch festlegen lassen. Das Argument `balanced` gewichtet die Klassen automatisch wie folgt:

$$w_j = \frac{n}{kn_j}$$

Hierin ist w_j das Gewicht für Klasse *j*, *n* ist die Anzahl der Beobachtungen, n_j die Anzahl der Beobachtungen in Klasse *j* und *k* die Gesamtanzahl der Klassen.

KAPITEL 18

Naive Bayes-Klassifikatoren

18.0 Einführung

Der *Satz von Bayes* ist die führende Methode, um die Wahrscheinlichkeit eines Ereignisses $P(A \mid B)$ angesichts neuer Informationen $P(B \mid A)$ und der A-priori-Wahrscheinlichkeit des Ereignisses $P(A)$ zu beschreiben:

$$P(A \mid B) = \frac{P(B \mid A)\,P(A)}{P(B)}$$

Die Popularität der bayesschen Methode ist im letzten Jahrzehnt sprunghaft gestiegen und konkurriert immer mehr mit herkömmlichen frequentistischen Anwendungen in wissenschaftlichen, staatlichen und kommerziellen Einrichtungen. Im maschinellen Lernen taucht der Satz von Bayes zur Klassifizierung in Form des naiven Bayes-Klassifikators auf. Naive Bayes-Klassifikatoren vereinen eine Reihe von wünschenswerten Eigenschaften im praktischen maschinellen Lernen in einem einzigen Klassifikator. Zu diesen Eigenschaften gehören:

1. Intuitiver Ansatz.
2. Die Möglichkeit, mit kleinen Datensätzen zu arbeiten.
3. Geringe Berechnungskosten für Training und Vorhersage.
4. Oftmals stabile Ergebnisse in einer Vielfalt von Einstellungen.

Insbesondere beruht ein naiver Bayes-Klassifikator auf:

$$P\left(y \mid x_1, \cdots, x_j\right) = \frac{P\left(x_1, \cdots x_j \mid y\right)P(y)}{P\left(x_1, \cdots, x_j\right)}$$

Dabei gilt:

- $P(y \mid x_1, \cdots, x_j)$ wird als *Posterior* bezeichnet und ist die Wahrscheinlichkeit, dass eine Beobachtung zur Klasse y gehört, wenn die Werte der Beobachtung für die j Merkmale $x_1, \ldots, x_j$ gegeben sind.

- $P(x_1, \dots x_j \mid y)$ ist die sogenannte Likelihood (Mutmaßlichkeit, auch Plausibilität), und zwar die *Likelihood* der Werte einer Beobachtung für die Merkmale $x_1, \dots, x_j$, wenn ihre Klasse y gegeben ist.
- $P(y)$ wird als *Prior* bezeichnet und ist unser vorhandenes Wissen über die Wahrscheinlichkeit der Klasse y, bevor wir die Daten gesehen haben.
- $P(x_1, \dots, x_j)$ ist die sogenannte *Randverteilung*.

In naivem Bayes vergleichen wir die A-posteriori-Werte einer Beobachtung für jede mögliche Klasse. Insbesondere vergleichen wir die Zähler der A-posteriori-Werte für jede Klasse, da die Randverteilung über diesen Vergleichen konstant ist. Für jede Beobachtung wird die Klasse mit dem größten A-posteriori-Nenner zur vorhergesagten Klasse $\hat{y}$.

Zu naiven Bayes-Klassifikatoren sind zwei wichtige Punkte anzumerken. Erstens haben wir für jedes Merkmal in den Daten die statistische Verteilung der Likelihood $P(x_j \mid y)$ anzunehmen. Die gängigen Verteilungen sind die Normal- (Gauß-), die multinomiale und die Bernoulli-Verteilung. Die gewählte Verteilung ergibt sich oftmals aus dem Wesen der Merkmale (kontinuierlich, binär usw.). Zweitens geht der Name der naiven Bayes-Klassifikatoren darauf zurück, dass wir für jedes Merkmal und seine resultierende Likelihood Unabhängigkeit annehmen. Diese »naive« Annahme ist häufig falsch, verhindert in der Praxis aber kaum, dass hoch qualitative Klassifikatoren erstellt werden.

Dieses Kapitel zeigt, wie sich in `scikit-learn` drei Typen von naiven Bayes-Klassifikatoren mit drei verschiedenen Likelihood-Verteilungen trainieren lassen.

18.1 Einen Klassifikator für kontinuierliche Merkmale trainieren

Problem

Sie haben nur kontinuierliche Merkmale und möchten einen naiven Bayes-Klassifikator trainieren.

Lösung

Verwenden Sie in `scikit-learn` einen gaußschen naiven Bayes-Klassifikator:

```
# Bibliotheken laden
from sklearn import datasets
from sklearn.naive_bayes import GaussianNB

# Daten laden
iris = datasets.load_iris()
features = iris.data
target = iris.target
```

```
# Gaußsches naives Bayes-Objekt erstellen
classifer = GaussianNB()

# Modell trainieren
model = classifer.fit(features, target)
```

Diskussion

Der gebräuchlichste Typ des naiven Bayes-Klassifikators ist der gaußsche naive Bayes-Klassifikator. Für einen gaußschen naiven Bayes-Klassifikator nehmen wir an, dass die Likelihood der Merkmalswerte x für eine gegebene Klasse y einer Normalverteilung folgt:

$$p(x_j \mid y) = \frac{1}{\sqrt{2\pi\sigma_y^2}} e^{-\frac{(x_j - \mu_y)^2}{2\sigma_y^2}}$$

Hierin sind σ_y^2 und μ_y die Varianz und der Mittelwert des Merkmals x_j für die Klasse y. Da Normalverteilung angenommen wird, eignet sich der gaußsche naive Bayes-Klassifikator am besten in den Fällen, in denen alle Merkmale kontinuierlich sind.

In `scikit-learn` trainieren wir ein gaußsches naives Bayes-Modell genau wie jedes andere Modell mithilfe von `fit` und können dann wiederum Vorhersagen über die Klasse einer Beobachtung machen:

```
# Neue Beobachtung erzeugen
new_observation = [[ 4,  4,  4,  0.4]]

# Klasse vorhersagen
model.predict(new_observation)
```

```
array([1])
```

Bei naiven Bayes-Klassifikatoren ist es besonders interessant, dass sie es uns ermöglichen, ein Vorwissen über die jeweiligen Zielklassen zuzuweisen. Hierfür ist der Parameter `priors` von `GaussianNB` vorgesehen. Er übernimmt eine Liste der Wahrscheinlichkeiten, die jeder Klasse des Zielvektors zugeordnet werden:

```
# Gaußsches naives Bayes-Objekt mit A-priori-Wahrscheinlichkeiten jeder Klasse
# erzeugen
clf = GaussianNB(priors=[0.25, 0.25, 0.5])

# Modell trainieren
model = classifer.fit(features, target)
```

Wenn wir dem Parameter `priors` keinerlei Argumente hinzufügen, wird der Prior anhand der Daten angepasst.

Schließlich ist zu beachten, dass die rohen vorhergesagten Wahrscheinlichkeiten von gaußschen naiven Bayes-Klassifikatoren (mittels `predict_proba` ausgegeben) nicht kalibriert sind. Man sollte ihnen also nicht vertrauen. Wenn wir nützliche vorhergesagte Wahrscheinlichkeiten erzeugen wollen, müssen wir sie mit einer isotonischen Regression oder einer verwandten Methode kalibrieren.

Siehe auch

- How the Naive Bayes Classifier Works in Machine Learning, Dataaspirant (*http://bit.ly/2F6trtt*)

18.2 Einen Klassifikator für diskrete und abzählbare Merkmale trainieren

Problem

Bei diskreten oder abzählbaren Daten müssen Sie einen naiven Bayes-Klassifikator trainieren.

Lösung

Verwenden Sie einen multinomialen naiven Bayes-Klassifikator:

```
# Bibliotheken laden
import numpy as np
from sklearn.naive_bayes import MultinomialNB
from sklearn.feature_extraction.text import CountVectorizer

# Text erzeugen
text_data = np.array(['I love Brazil. Brazil!',
                      'Brazil is best',
                      'Germany beats both'])

# Bag of Words erzeugen
count = CountVectorizer()
bag_of_words = count.fit_transform(text_data)

# Merkmalsmatrix erzeugen
features = bag_of_words.toarray()

# Zielvektor erzeugen
target = np.array([0,0,1])

# Multinomiales naives Bayes-Objekt mit A-priori-Wahrscheinlichkeiten jeder
# Klasse erzeugen
classifer = MultinomialNB(class_prior=[0.25, 0.5])

# Modell trainieren
model = classifer.fit(features, target)
```

Diskussion

Ein multinomialer naiver Bayes-Klassifikator funktioniert ähnlich wie ein gaußscher naiver Bayes-Klassifikator, wobei aber die Merkmale als multinomial verteilt angenommen werden. In der Praxis heißt das, dass dieser Klassifikator oft zum Einsatz kommt, wenn wir diskrete Daten verarbeiten (z.B. Filmbewertungen, die von 1 bis 5 reichen). Eine der häufigsten Anwendungen der multinomialen naiven Bayes-Klassifikatoren ist die Textklassifizierung mithilfe von Bag-of-Words- oder Tf-idf-Ansätzen (siehe die Rezepte 6.8 und 6.9).

In unserer Lösung haben wir einen Minitextdatensatz von drei Beobachtungen erzeugt und die Textstrings in eine Bag-of-Words-Merkmalsmatrix und einen dazugehörenden Zielvektor konvertiert. Dann haben wir mittels `MultinomialNB` ein Modell trainiert und dabei die A-priori-Wahrscheinlichkeiten für die beiden Klassen (`pro-brazil` und `pro-germany`) definiert.

`MultinomialNB` arbeitet ähnlich wie `GaussianNB`; Modelle werden mittels `fit` trainiert, und Beobachtungen lassen sich mit `predict` vorhersagen:

```
# Neue Beobachtung erzeugen
new_observation = [[0, 0, 0, 1, 0, 1, 0]]

# Klasse der neuen Beobachtung vorhersagen
model.predict(new_observation)
```

```
array([0])
```

Wenn `class_prior` nicht angegeben ist, werden die A-priori-Wahrscheinlichkeiten aus den Daten gelernt. Wollen wir jedoch eine Gleichverteilung als Prior verwenden, können wir `fit_prior=False` setzen.

Schließlich enthält `MultinomialNB` einen additiven Glättungsparameter `alpha`, der optimiert werden sollte. Der Standardwert ist `1.0`, wobei `0.0` bedeutet, dass keine Glättung stattfindet.

18.3 Einen naiven Bayes-Klassifikator für binäre Merkmale trainieren

Problem

Sie haben binäre Merkmalsdaten und müssen einen naiven Bayes-Klassifikator trainieren.

Lösung

Verwenden Sie einen naiven Bayes-Klassifikator mit Bernoulli-Verteilung:

```
# Bibliotheken laden
import numpy as np
from sklearn.naive_bayes import BernoulliNB

# Drei binäre Merkmale erzeugen
features = np.random.randint(2, size=(100, 3))

# Einen binären Zielvektor erzeugen
target = np.random.randint(2, size=(100, 1)).ravel()

# Ein bernoullisches naives Bayes-Objekt mit A-priori-Verteilungen
# jeder Klasse erzeugen
classifer = BernoulliNB(class_prior=[0.25, 0.5])

# Modell trainieren
model = classifer.fit(features, target)
```

Diskussion

Der bernoullische naive Bayes-Klassifikator geht davon aus, dass alle Merkmale binär sind und somit nur zwei Werte annehmen (z. B. ein nominales kategorisches Merkmal, das 1-aus-*n*-codiert ist). Wie seine multinomiale Variante wird der bernoullische naive Bayes-Klassifikator in der Textklassifizierung eingesetzt, wenn die Merkmalsmatrix einfach die Anwesenheit oder Abwesenheit eines Worts in einem Dokument darstellt. Darüber hinaus besitzt `BernoulliNB` wie `MultinomialNB` einen additiven Hyperparameter `alpha`, der eine Glättung bewirkt und den Sie mithilfe von Modellauswahltechniken optimieren. Wenn Sie schließlich Priors verwenden möchten, können Sie im Parameter `class_prior` eine Liste übergeben, die die A-priori-Wahrscheinlichkeiten für jede Klasse enthält. Möchten Sie einen einheitlichen Prior verwenden, setzen Sie `fit_prior=False`:

```
model_uniform_prior = BernoulliNB(class_prior=None, fit_prior=True)
```

18.4 Vorhergesagte Wahrscheinlichkeiten kalibrieren

Problem

Sie möchten die vorhergesagten Wahrscheinlichkeiten von naiven Bayes-Klassifikatoren kalibrieren, damit sie interpretierbar sind.

Lösung

Verwenden Sie `CalibratedClassifierCV`:

```
# Bibliotheken laden
from sklearn import datasets
```

```
from sklearn.naive_bayes import GaussianNB
from sklearn.calibration import CalibratedClassifierCV

# Daten laden
iris = datasets.load_iris()
features = iris.data
target = iris.target

# Gaußsches naives Bayes-Objekt erstellen
classifer = GaussianNB()

# Kalibrierte Kreuzvalidierung mit Sigmoidkalibrierung erzeugen
classifer_sigmoid = CalibratedClassifierCV(classifer, cv=2, method='sigmoid')

# Wahrscheinlichkeiten kalibrieren
classifer_sigmoid.fit(features, target)

# Neue Beobachtung erzeugen
new_observation = [[ 2.6,  2.6,  2.6,  0.4]]

# Kalibrierte Wahrscheinlichkeiten anzeigen
classifer_sigmoid.predict_proba(new_observation)

array([[ 0.31859969,  0.63663466,  0.04476565]])
```

Diskussion

Klassenwahrscheinlichkeiten sind ein gängiger und nützlicher Bestandteil von Modellen des maschinellen Lernens. In `scikit-learn` erlauben es uns die meisten Lernalgorithmen, mithilfe von `predict_proba` die vorhergesagten Wahrscheinlichkeiten der Klassenmitgliedschaft anzuzeigen. Dies kann äußerst hilfreich sein, wenn wir zum Beispiel eine bestimmte Klasse nur dann vorhersagen wollen, wenn das Modell die Wahrscheinlichkeit, dass es sich um diese Klasse handelt, mit über 90 % beziffert. Einige Modelle, einschließlich der naiven Bayes-Klassifikatoren, geben jedoch Wahrscheinlichkeiten aus, die nicht auf den realen Gegebenheiten basieren. Das heißt, `predict_proba` könnte für eine Beobachtung die Zugehörigkeit zu einer bestimmten Klasse mit 0,70 vorhersagen, während die Wahrscheinlichkeit in Wirklichkeit bei 0,10 oder 0,99 liegt. Insbesondere tendieren die rohen vorhergesagten Wahrscheinlichkeiten in den naiven Bayes-Modellen zu Extremwerten von 0 und 1, obwohl das Ranking der vorhergesagten Wahrscheinlichkeiten für die verschiedenen Zielklassen gültig ist.

Um aussagekräftige Wahrscheinlichkeitsvorhersagen zu bekommen, müssen wir eine sogenannte *Kalibrierung* durchführen. In `scikit-learn` können wir mit der Klasse `CalibratedClassifierCV` gut klassifizierte Wahrscheinlichkeitsvorhersagen mittels *k*-facher Kreuzvalidierung erzeugen. In `CalibratedClassifierCV` werden die Modelle anhand der Trainingsdatensätze trainiert und die vorhergesagten Wahrscheinlichkeiten anhand des Testdatensatzes kalibriert. Die zurückgegebenen Wahrscheinlichkeitsvorhersagen sind der Mittelwert der *k* Folds.

Mit unserer Lösung lässt sich der Unterschied zwischen rohen und gut kalibrierten Wahrscheinlichkeitsvorhersagen verdeutlichen. Als Klassifikator haben wir in unserer Lösung einen gaußschen naiven Bayes-Klassifikator erzeugt. Wenn wir diesen Klassifikator trainieren und dann die Klassenwahrscheinlichkeiten für eine neue Beobachtung vorhersagen, können wir äußerst extreme Wahrscheinlichkeitsschätzungen feststellen:

```
# Einen gaußschen naiven Bayes-Klassifikator trainieren und dann
# die Klassenwahrscheinlichkeiten vorhersagen
classifer.fit(features, target).predict_proba(new_observation)

array([[ 2.58229098e-04,   9.99741447e-01,   3.23523643e-07]])
```

Nachdem wir jedoch die vorhergesagten Wahrscheinlichkeiten kalibriert haben (was in unserer Lösung geschehen ist), erhalten wir gänzlich andere Ergebnisse:

```
# Kalibrierte Wahrscheinlichkeiten anzeigen
classifer_sigmoid.predict_proba(new_observation)

array([[ 0.31859969,  0.63663466,  0.04476565]])
```

`CalibratedClassifierCV` bietet zwei Kalibrierungsmethoden– das Sigmoidmodell von Platt und die isotonische Regression –, die durch den Parameter `method` definiert werden. Auch wenn wir hier aus Platzgründen nicht auf die Spezifika eingehen können, sei zumindest erwähnt, dass isotonische Regression ein nichtparametrisches Verfahren ist und zur Überanpassung tendiert, wenn die Stichprobengrößen sehr klein sind (z.B. 100 Beobachtungen). Unserer Lösung liegt der Iris-Datensatz mit 150 Beobachtungen zugrunde, und demzufolge haben wir das Sigmoidmodell von Platt verwendet.

KAPITEL 19

Clustering

19.0 Einführung

In einem großen Teil dieses Buchs haben wir überwachtes maschinelles Lernen betrachtet – wo wir sowohl auf die Merkmale als auch auf das Ziel Zugriff haben. Leider ist das nicht immer der Fall. Häufig haben wir es mit Situationen zu tun, in denen wir nur die Merkmale kennen. Stellen Sie sich zum Beispiel vor, Sie haben Datensätze mit den Umsätzen aus einem Lebensmittelgeschäft und möchten die Verkäufe danach aufteilen, ob der Käufer Mitglied eines Discount-Klubs ist oder nicht. Mit überwachtem Lernen wäre dies nicht möglich, weil uns das Ziel fehlt, um die Modelle zu trainieren und zu bewerten. Allerdings gibt es eine weitere Option: nicht überwachtes Lernen. Wenn das Verhalten der Discount-Klub-Mitglieder und -Nichtmitglieder im Lebensmittelgeschäft tatsächlich ungleichartig ist, wird der durchschnittliche Unterschied im Verhalten zwischen zwei Mitgliedern kleiner sein als der durchschnittliche Unterschied im Verhalten zwischen einem Mitglieds- und einem Nichtmitgliedskäufer. Anders ausgedrückt: Es gibt zwei Cluster von Beobachtungen.

Clustering-Algorithmen sollen nun diese latenten Gruppierungen von Beobachtungen identifizieren. Geschieht das zufriedenstellend, können wir die Klasse der Beobachtungen vorhersagen, und zwar selbst ohne Zielvektor. Es gibt viele Clustering-Algorithmen, und sie nutzen ein breites Spektrum von Methoden, um die Cluster in den Daten zu erkennen. Dieses Kapitel behandelt eine Auswahl von Clustering-Algorithmen mit `scikit-learn` und zeigt, wie man sie in der Praxis einsetzt.

19.1 K-Means-Clustering

Problem

Sie möchten Beobachtungen in *k* Gruppen einteilen.

Lösung

Verwenden Sie *k-Means-Clustering*:

```
# Bibliotheken laden
from sklearn import datasets
from sklearn.preprocessing import StandardScaler
from sklearn.cluster import KMeans

# Daten laden
iris = datasets.load_iris()
features = iris.data

# Merkmale standardisieren
scaler = StandardScaler()
features_std = scaler.fit_transform(features)

# k-mean-Objekt erstellen
cluster = KMeans(n_clusters=3, random_state=0, n_jobs=-1)

# Modell trainieren
model = cluster.fit(features_std)
```

Diskussion

k-Means-Clustering ist eine der gebräuchlichsten Clustering-Techniken. Der Algorithmus versucht, Beobachtungen zu *k* Gruppen zu gruppieren, wobei jede Gruppe ungefähr die gleiche Varianz hat. Die Anzahl *k* der Gruppen legt der Benutzer als Hyperparameter fest. Speziell gilt in *k*-Means:

1. *k* Cluster-»Mittelpunkte« werden an zufälligen Positionen erzeugt.
2. Für jede Beobachtung wird
   a. der Abstand zwischen jeder Beobachtung und den *k* Mittelpunkten berechnet.
   b. die Beobachtung dem Cluster des nächsten Mittelpunkts zugeordnet.
3. Die Mittelpunkte werden verschoben zu den Mittelwerten (d.h. den Mitten) ihrer jeweiligen Cluster.
4. Die Schritte 2 und 3 werden wiederholt, bis sich keine Mitgliedschaft einer Beobachtung mehr zu einem Cluster ändert.

An diesem Punkt gilt der Algorithmus als konvergiert und stoppt.

Bei *k*-Means sind unbedingt drei Dinge zu berücksichtigen. Erstens geht *k*-Means-Clustering davon aus, dass die Cluster konvex geformt sind (z.B. kreisförmig, kugelförmig). Zweitens sind alle Merkmale gleich skaliert. In unserer Lösung haben wir die Merkmale standardisiert, um dieser Annahme zu entsprechen. Drittens sind die Gruppen ausgewogen (d.h., sie enthalten ungefähr die gleiche Anzahl von Beobachtungen). Wenn zu vermuten ist, dass sich diese Annahmen nicht erfüllen lassen, sollten Sie andere Clustering-Konzepte ins Auge fassen.

Das Paket scikit-learn implementiert *k*-Means-Clustering in der Klasse KMeans. Der wichtigste Parameter ist n_clusters, der die Anzahl der Cluster *k* festlegt. In manchen Situationen bestimmt das Wesen der Daten den Wert für *k* (z.B. werden die Daten über die Schüler einer Schule einen Cluster pro Note aufweisen), doch oftmals kennen wir die Anzahl der Cluster nicht. In diesen Fällen werden wir *k* basierend auf einem Kriterium auswählen. Zum Beispiel messen Silhouettenkoeffizienten (siehe Rezept 11.9) die Ähnlichkeit innerhalb von Clustern im Vergleich zur Ähnlichkeit zwischen Clustern. Da *k*-Means-Clustering zudem rechentechnisch sehr aufwendig ist, sollten wir möglichst alle Kerne des Computerprozessors nutzen. Dies lässt sich mit n_jobs=-1 festlegen.

In unserer Lösung haben wir ein wenig geschummelt und auf den Iris-Datensatz zurückgegriffen, denn wir wissen, dass es hier drei Klassen gibt. Also setzen wir k = 3. Mit labels_ lassen sich die vorhergesagten Klassen jeder Beobachtung anzeigen:

```
# Vorhergesagte Klassen anzeigen
model.labels_

array([1, 1, 1, 1, 1, 1, 1, 1, 1, 1, 1, 1, 1, 1, 1, 1, 1, 1, 1, 1, 1, 1, 1,
       1, 1, 1, 1, 1, 1, 1, 1, 1, 1, 1, 1, 1, 1, 1, 1, 1, 1, 1, 1, 1, 1, 1,
       1, 1, 1, 1, 0, 0, 0, 2, 2, 2, 0, 2, 2, 2, 2, 2, 2, 2, 2, 0, 2, 2, 2,
       2, 0, 2, 2, 2, 2, 0, 0, 0, 2, 2, 2, 2, 2, 2, 2, 0, 0, 2, 2, 2, 2, 2,
       2, 2, 2, 2, 2, 2, 2, 2, 0, 2, 0, 0, 0, 0, 2, 0, 0, 0, 0, 0, 0, 2, 2,
       0, 0, 0, 0, 2, 0, 2, 0, 2, 0, 0, 2, 0, 0, 0, 0, 0, 0, 2, 2, 0, 0, 0,
       2, 0, 0, 0, 2, 0, 0, 0, 2, 0, 0, 2], dtype=int32)
```

Wenn wir dies mit der wahren Klasse der Beobachtung vergleichen, zeigt sich, dass *k*-Means trotz abweichender Klassenbezeichner (d.h. 1, 2 und 3) brauchbare Ergebnisse geliefert hat:

```
# Wahre Klasse anzeigen
iris.target

array([0, 0, 0, 0, 0, 0, 0, 0, 0, 0, 0, 0, 0, 0, 0, 0, 0, 0, 0, 0, 0, 0, 0,
       0, 0, 0, 0, 0, 0, 0, 0, 0, 0, 0, 0, 0, 0, 0, 0, 0, 0, 0, 0, 0, 0, 0,
       0, 0, 0, 0, 1, 1, 1, 1, 1, 1, 1, 1, 1, 1, 1, 1, 1, 1, 1, 1, 1, 1, 1,
       1, 1, 1, 1, 1, 1, 1, 1, 1, 1, 1, 1, 1, 1, 1, 1, 1, 1, 1, 1, 1, 1, 1,
       1, 1, 1, 1, 1, 1, 1, 1, 2, 2, 2, 2, 2, 2, 2, 2, 2, 2, 2, 2, 2, 2, 2,
       2, 2, 2, 2, 2, 2, 2, 2, 2, 2, 2, 2, 2, 2, 2, 2, 2, 2, 2, 2, 2, 2, 2,
       2, 2, 2, 2, 2, 2, 2, 2, 2, 2, 2, 2])
```

Wie Sie sich aber vorstellen können, fällt die Performance von *k*-Means erheblich, sogar bedenklich, wenn wir die falsche Anzahl von Clustern auswählen.

Schließlich können wir wie bei anderen scikit-learn-Algorithmen den trainierten Cluster verwenden, um den Wert von neuen Beobachtungen vorherzusagen:

```
# Neue Beobachtung erzeugen
new_observation = [[0.8, 0.8, 0.8, 0.8]]

# Cluster der Beobachtung vorhersagen
model.predict(new_observation)

array([0], dtype=int32)
```

Die Beobachtung wird vorhergesagt als zu dem Cluster gehörig, dessen Mittelpunkt am nächsten liegt. Diese Mittelpunkte lassen sich sogar mit `cluster_centers_` anzeigen:

```
# Clustermitten anzeigen
model.cluster_centers_
```

```
array([[ 1.13597027,  0.09659843,  0.996271  ,  1.01717187],
       [-1.01457897,  0.84230679, -1.30487835, -1.25512862],
       [-0.05021989, -0.88029181,  0.34753171,  0.28206327]])
```

Siehe auch

- Introduction to K-means Clustering, DataScience.com (*http://bit.ly/2Hjik1f*)

19.2 K-Means-Clustering beschleunigen

Problem

Sie möchten Beobachtungen in *k* Gruppen gruppieren, doch *k*-Means dauert zu lange.

Lösung

Verwenden Sie einen Mini-Batch von *k*-Means:

```
# Bibliotheken laden
from sklearn import datasets
from sklearn.preprocessing import StandardScaler
from sklearn.cluster import MiniBatchKMeans

# Daten laden
iris = datasets.load_iris()
features = iris.data

# Merkmale standardisieren
scaler = StandardScaler()
features_std = scaler.fit_transform(features)

# k-mean-Objekt erstellen
cluster = MiniBatchKMeans(n_clusters=3, random_state=0, batch_size=100)

# Modell trainieren
model = cluster.fit(features_std)
```

Diskussion

Mini-Batch-*k*-Means arbeitet ähnlich wie der *k*-Means-Algorithmus, der in Rezept 19.1 diskutiert wurde. Ohne zu sehr ins Detail zu gehen, besteht der Unterschied darin, dass in Mini-Batch-*k*-Means der rechentechnisch aufwendigste Schritt nur auf einer zufälligen Stichprobe von Beobachtungen durchgeführt wird, anstatt alle Beobachtungen einzubeziehen. Dieser Ansatz kann die Zeit erheblich verringern, die der Algorithmus benötigt, um Konvergenz zu erreichen (d.h. die Daten anzupassen). Dabei sind die Einbußen an Qualität nur minimal.

`MiniBatchKMeans` arbeitet ähnlich wie `KMeans`, aber mit einem signifikanten Unterschied: Der Parameter `batch_size` steuert die Anzahl der zufällig ausgewählten Beobachtungen in jedem Batch. Je größer der Batch, desto rechenintensiver ist der Trainingsprozess.

19.3 Clustering mittels Mean-Shift

Problem

Sie möchten Beobachtungen gruppieren, ohne die Anzahl der Cluster oder deren Form vorgeben zu müssen.

Lösung

Verwenden Sie Mean-Shift-Clustering:

```
# Bibliotheken laden
from sklearn import datasets
from sklearn.preprocessing import StandardScaler
from sklearn.cluster import MeanShift

# Daten laden
iris = datasets.load_iris()
features = iris.data

# Merkmale standardisieren
scaler = StandardScaler()
features_std = scaler.fit_transform(features)

# meanshift-Objekt erstellen
cluster = MeanShift(n_jobs=-1)

# Modell trainieren
model = cluster.fit(features_std)
```

Diskussion

Wie bereits weiter oben angesprochen, ist es bei *k*-Means-Clustering nachteilig, dass wir vor dem Training die Anzahl der Cluster *k* festlegen müssen und die Methode Annahmen über die Form der Cluster trifft. Ein Clustering-Algorithmus ohne diese Einschränkungen ist *Mean-Shift*.

Mean-Shift ist zwar ein einfaches Konzept, doch relativ schwierig zu erklären. Demzufolge dürfte eine Analogie am besten geeignet sein. Stellen Sie sich ein sehr nebliges Fußballfeld vor (d. h. einen zweidimensionalen Merkmalsraum), auf dem zehn Personen stehen (d. h. unsere Beobachtungen). Da es neblig ist, kann eine Person nur auf kurze Entfernung sehen. In jeder Minute sieht sich jede Person um und geht einen Schritt in die Richtung, in der sie die meisten Personen wahrnehmen kann. Mit der Zeit gruppieren sich die Menschen, da sie wiederholt auf immer größer werdende Personengruppen zugehen. Das Ergebnis sind Personencluster, die sich auf dem Feld verteilen. Die Personen werden den Clustern zugeordnet, die sie schließlich erreicht haben.

Die eigentliche Implementierung von Mean-Shift in `scikit-learn` – `MeanShift` – ist komplexer, folgt aber der gleichen grundlegenden Logik. Zwei wichtige Parameter von `MeanShift` sollten Sie unbedingt kennen. Erstens legt `bandwidth` den Radius des Bereichs (d. h. den Kernel) fest, nach dem eine Beobachtung die Verschieberichtung bestimmt. In unserer Analogie gibt `bandwidth` an, wie weit eine Person durch den Nebel sehen kann. Diesen Parameter können Sie manuell einstellen, doch wird standardmäßig eine vernünftige Bandbreite automatisch geschätzt (mit spürbar höherem Rechenaufwand). Zweitens gibt es manchmal in Mean-Shift keine anderen Beobachtungen im Kernel einer Beobachtung. Das heißt, eine Person auf unserem Fußballfeld kann keine einzige andere Person sehen. Standardmäßig weist `MeanShift` alle diese »verwaisten« Beobachtungen dem Kernel der nächsten Beobachtung zu. Wenn Sie jedoch diese Waisen weglassen wollen, können Sie `cluster_all=False` setzen, wobei verwaiste Beobachtungen das Label `-1` erhalten.

Siehe auch

- The mean shift clustering algorithm, EFAVDB (*http://efavdb.com/mean-shift/*)

Clustering mit DBSCAN

Problem

Sie möchten Beobachtungen in Clustern mit höherer Dichte gruppieren.

Lösung

Verwenden Sie DBSCAN-Clustering:

```
# Bibliotheken laden
from sklearn import datasets
from sklearn.preprocessing import StandardScaler
from sklearn.cluster import DBSCAN

# Daten laden
iris = datasets.load_iris()
features = iris.data
```

```
# Merkmale standardisieren
scaler = StandardScaler()
features_std = scaler.fit_transform(features)

# meanshift-Objekt erstellen
cluster = DBSCAN(n_jobs=-1)

# Modell trainieren
model = cluster.fit(features_std)
```

Diskussion

DBSCAN geht auf die Idee zurück, dass Cluster Bereiche sind, in denen viele Beobachtungen dicht zusammengepackt sind, und trifft keine Annahmen über die Clusterform. Die Abläufe in DBSCAN sehen folgendermaßen aus:

1. Es wird eine zufällige Beobachtung x_i gewählt.
2. Wenn x_i eine Mindestanzahl von nahen Nachbarn hat, betrachten wir sie als Teil eines Clusters.
3. Schritt 2 wird rekursiv für alle Nachbarn von x_i wiederholt, dann für den Nachbarn des Nachbarn usw. Dies sind die Kernbeobachtungen des Clusters.
4. Wenn es in Schritt 3 keine Beobachtungen mehr in der Nähe gibt, wird ein neuer Zufallspunkt gewählt (d.h., es wird erneut mit Schritt 1 begonnen).

Nachdem dies abgeschlossen ist, hat sich ein Satz von Kernbeobachtungen für eine Anzahl von Clustern gebildet. Schließlich wird jede Beobachtung in der Nähe eines Clusters, jedoch keine Kernstichprobe, als Teil eines Clusters betrachtet, während jede Beobachtung, die nicht in der Nähe des Clusters liegt, als Ausreißer bezeichnet wird.

In `DBSCAN` sind drei Hauptparameter festzulegen:

`eps`
: Der maximale Abstand von einer Beobachtung, damit eine andere Beobachtung als ihr Nachbar gilt.

`min_samples`
: Die minimale Anzahl von Beobachtungen mit einem kleineren Abstand als `eps` von einer anderen Beobachtung, damit diese als Kernbeobachtung betrachtet wird.

`metric`
: Die von `eps` verwendete Abstandsmetrik – zum Beispiel `minkowski` oder `euclidean`. (Wenn Sie den Minkowski-Abstand verwenden, können Sie mit dem Parameter `p` den Exponenten der Minkowski-Metrik festlegen.)

Ein Blick auf die Cluster in unseren Trainingsdaten zeigt, dass zwei Cluster mit den Bezeichnungen `0` und `1` identifiziert wurden, während die Ausreißerbeobachtungen mit `-1` bezeichnet sind:

```
# Clustermitgliedschaft
model.labels_

array([ 0,  0,  0,  0,  0,  0,  0,  0,  0,  0,  0,  0,  0,  0, -1, -1,  0,
        0,  0,  0,  0,  0, -1,  0,  0,  0,  0,  0,  0,  0,  0,  0, -1, -1,
        0,  0,  0,  0,  0,  0,  0, -1,  0,  0,  0,  0,  0,  0,  0,  0,  1,
        1,  1,  1,  1,  1, -1, -1,  1, -1, -1,  1, -1,  1,  1,  1,  1,  1,
       -1,  1,  1,  1, -1,  1,  1,  1,  1,  1,  1,  1,  1,  1,  1,  1,  1,
       -1,  1, -1,  1,  1,  1,  1,  1, -1,  1,  1,  1,  1, -1,  1, -1,  1,
        1,  1,  1, -1, -1, -1, -1, -1,  1,  1,  1,  1, -1,  1,  1, -1, -1,
       -1,  1,  1, -1,  1,  1, -1,  1,  1,  1, -1, -1, -1,  1,  1,  1, -1,
       -1,  1,  1,  1,  1,  1,  1,  1,  1,  1,  1,  1, -1,  1])
```

Siehe auch

- DBSCAN, Wikipedia (*https://en.wikipedia.org/wiki/DBSCAN*)

19.4 Clustering durch hierarchisches Zusammenführen

Problem

Sie möchten Beobachtungen mit einer Hierarchie von Clustern gruppieren.

Lösung

Verwenden Sie agglomeratives Clustering:

```
# Bibliotheken laden
from sklearn import datasets
from sklearn.preprocessing import StandardScaler
from sklearn.cluster import AgglomerativeClustering

# Daten laden
iris = datasets.load_iris()
features = iris.data

# Merkmale standardisieren
scaler = StandardScaler()
features_std = scaler.fit_transform(features)

# meanshift-Objekt erstellen
cluster = AgglomerativeClustering(n_clusters=3)

# Modell trainieren
model = cluster.fit(features_std)
```

Diskussion

Agglomeratives Clustering ist ein leistungsfähiger, flexibler, hierarchischer Clustering-Algorithmus. Bei dieser Technik beginnen alle Beobachtungen als ihre eigenen Cluster. Als Nächstes werden Cluster, die bestimmte Kriterien erfüllen, zusammengeführt. Dieser Vorgang wiederholt sich, wobei die Cluster wachsen, bis ein gewisser Endpunkt erreicht ist. In `scikit-learn` bestimmt `AgglomerativeClustering` anhand des Parameters `linkage` die Strategie für das Zusammenführen, um folgende Elemente zu minimieren:

1. Varianz der zusammengeführten Cluster (`ward`).
2. Mittlerer Abstand zwischen Beobachtungen von Clusterpaaren (`average`).
3. Maximaler Abstand zwischen Beobachtungen von Clusterpaaren (`complete`).

Zudem sollten Sie zwei weitere Parameter kennen. Zum einen bestimmt der Parameter `affinity` die Abstandsmetrik für `linkage` (`minkowski`, `euclidean` usw.), und zum anderen legt `n_clusters` die Anzahl der Cluster fest, die der Clustering-Algorithmus zu finden versucht. Das heißt, Cluster werden nacheinander zusammengeführt, bis nur noch `n_clusters` Cluster übrig bleiben.

Wie bei anderen Clustering-Algorithmen, die dieses Buch beschrieben hat, können Sie mit `labels_` den Cluster anzeigen, dem jede Beobachtung zugewiesen wird:

```
# Clustermitgliedschaft anzeigen
model.labels_

array([1, 1, 1, 1, 1, 1, 1, 1, 1, 1, 1, 1, 1, 1, 1, 1, 1, 1, 1, 1, 1, 1, 1,
       1, 1, 1, 1, 1, 1, 1, 1, 1, 1, 1, 1, 1, 1, 1, 1, 1, 1, 2, 1, 1, 1, 1,
       1, 1, 1, 1, 0, 0, 0, 2, 0, 2, 0, 2, 0, 2, 2, 0, 2, 0, 2, 0, 2, 2, 2,
       2, 0, 0, 0, 0, 0, 0, 0, 0, 0, 2, 2, 2, 2, 0, 2, 0, 0, 2, 2, 2, 2, 0,
       2, 2, 2, 2, 2, 0, 2, 2, 0, 0, 0, 0, 0, 2, 0, 0, 0, 0, 0, 0, 0, 0, 0,
       0, 0, 0, 0, 2, 0, 0, 0, 0, 0, 0, 0, 0, 0, 0, 0, 0, 0, 0, 0, 0, 0, 0,
       0, 0, 0, 0, 0, 0, 0, 0, 0, 0, 0])
```

KAPITEL 20

Neuronale Netze

20.0 Einführung

Die grundlegende Einheit neuronaler Netze ist das *Neuron* (auch *Knoten* genannt). Ein Neuron übernimmt einen oder mehrere Eingangswerte, multipliziert jeden Eingangswert mit einem Parameter (auch *Gewicht* genannt), summiert die gewichteten Eingangswerte zusammen mit einem Schwellenwert (Bias, normalerweise 1) und übergibt dann den Wert an eine *Aktivierungsfunktion*. Der Ausgang der Aktivierungsfunktion wird anschließend weiter an andere Neuronen tiefer im neuronalen Netz gesendet (falls vorhanden).

Neuronale Netze vom Typ *Feedforward* – auch als *mehrschichtiges Perzeptron* bezeichnet – sind die einfachsten neuronalen Netze, die in realen Umgebungen eingerichtet werden. Neuronale Netze lassen sich als Reihe verknüpfter Schichten darstellen, die ein Netz bilden, das die Merkmalswerte einer Beobachtung an dem einen Ende und den Zielwert (z.B. die Klasse der Beobachtung) am anderen Ende verbindet. Der Name *Feedforward* leitet sich aus der Tatsache ab, dass die Merkmalswerte einer Beobachtung »vorwärts« (engl. forward) durch das Netz »geleitet« (engl. feed) werden, wobei jede Schicht die Merkmalswerte nacheinander transformiert mit dem Ziel, dass die Ausgabe am Ende gleich dem Zielwert ist.

Im Besonderen enthalten Feedforward-Netze Neuronen in drei Arten von Schichten. Am Anfang des neuronalen Netzes befindet sich eine Eingabeschicht, in der jedes Neuron den Wert einer Beobachtung für ein einzelnes Merkmal enthält. Wenn zum Beispiel eine Beobachtung 100 Merkmale umfasst, besteht die Eingabeschicht aus 100 Neuronen. Am Ende des neuronalen Netzes befindet sich die Ausgabeschicht, die die Ausgabe von versteckten Schichten in brauchbare Werte für die gestellte Aufgabe transformiert. Besteht unser Ziel zum Beispiel in einer binären Klassifizierung, käme eine Ausgabeschicht infrage, in der ein einziges Neuron seine Ausgabe über eine Sigmoidfunktion in einen Wert zwischen 0 und 1 skaliert, was eine vorhergesagte Klassenwahrscheinlichkeit darstellt. Zwischen den Eingabe- und Ausgabeschichten liegen sogenannte »versteckte« Schichten (Hidden Layers). Diese versteckten Schichten (die eigentlich überhaupt nicht versteckt sind) transformieren die Merkmalswerte aus der Eingabeschicht in etwas, das, sobald es von der Ausgabeschicht verarbeitet wurde, der Zielklasse ähnelt. Neuronale Netze mit vielen versteckten Schichten (z.B. 10, 100, 1.000) gelten als »tiefe« Netze, und ihre Anwendung bezeichnet man als *Deep Learning*.

Neuronale Netze werden typischerweise so erstellt, dass man alle Parameter mit kleinen Zufallswerten aus einer Gauß- oder Gleichverteilung initialisiert. Sobald eine Beobachtung (oder, häufiger, ein Satz von Beobachtungen, ein sogenannter *Batch*) das Netz passiert hat, wird der ausgegebene Wert mit dem wahren Wert mittels einer Verlustfunktion verglichen. Diesen Ablauf nennt man *Forward Propagation* (etwa Fortpflanzung nach vorn). Als Nächstes geht ein Algorithmus »rückwärts« (engl. backward) durch das Netz und ermittelt, wie viel jeder Parameter zum Fehler zwischen den vorhergesagten und den wahren Werten beigetragen hat. Dieser Vorgang heißt *Backpropagation* (etwa Fehlerrückführung). Bei jedem Parameter bestimmt der Algorithmus, wie jedes Gewicht anzupassen ist, um die Ausgabe zu verbessern.

Neuronale Netze lernen, indem sie diesen Prozess von Forward Propagation und Backpropagation für jede Beobachtung in den Trainingsdaten mehrmals absolvieren. Die Werte der Parameter werden bei jedem Durchlauf aktualisiert. Wenn alle Beobachtungen das Netz einmal passiert haben, spricht man von einer *Epoche*. Das Training besteht in der Regel aus mehreren Epochen.

In diesem Kapitel verwenden wir die beliebte Python-Bibliothek `Keras`, um eine breite Palette an neuronalen Netzen zu erstellen, zu trainieren und zu bewerten. `Keras` ist eine High-Level-Bibliothek, die auf andere Bibliotheken wie `TensorFlow` und `Theano` als ihre »Engine« zurückgreift. Für uns hat `Keras` den Vorteil, dass wir uns auf den Entwurf und das Training des Netzes konzentrieren und die spezifischen Details der Tensor-Operationen den anderen Bibliotheken überlassen können.

Mit `Keras`-Code erstellte neuronale Netze lassen sich sowohl mit CPUs (d.h. auf Ihrem Laptop) als auch mit GPUs (d.h. auf einem spezialisierten Deep-Learning-Computer) trainieren. In der Praxis mit echten Daten ist es unbedingt zu empfehlen, neuronale Netze mit GPUs zu trainieren. Für Lernzwecke sind jedoch alle neuronalen Netze in diesem Buch genügend klein und einfach, sodass sie sich auch auf einem Laptop in wenigen Minuten trainieren lassen. Denken Sie aber daran, dass das Training mit CPUs bei größeren Netzen und umfangreicheren Trainingsdaten beträchtlich langsamer ist als das Training mit GPUs.

20.1 Vorverarbeitung der Daten für neuronale Netze

Problem

Sie möchten die Daten vorverarbeiten, um sie in ein neuronales Netz einzuspeisen.

Lösung

Standardisieren Sie jedes Merkmal mit StandardScaler von scikit-learn:

```
# Bibliotheken laden
from sklearn import preprocessing
import numpy as np

# Merkmal erzeugen
features = np.array([[-100.1, 3240.1],
                     [-200.2, -234.1],
                     [5000.5, 150.1],
                     [6000.6, -125.1],
                     [9000.9, -673.1]])

# Skalierer erstellen
scaler = preprocessing.StandardScaler()

# Das Merkmal transformieren
features_standardized = scaler.fit_transform(features)

# Merkmal anzeigen
features_standardized

array([[-1.12541308,  1.96429418],
       [-1.15329466, -0.50068741],
       [ 0.29529406, -0.22809346],
       [ 0.57385917, -0.42335076],
       [ 1.40955451, -0.81216255]])
```

Diskussion

Obwohl dieses Rezept dem Rezept 4.3 sehr ähnelt, lohnt sich eine Wiederholung, weil es für neuronale Netze so wichtig ist. Typischerweise werden die Parameter eines neuronalen Netzes mit kleinen Zufallszahlen initialisiert (d.h. erzeugt). Neuronale Netze liefern oftmals nur unbefriedigende Ergebnisse, wenn die Merkmalswerte wesentlich größer als die Parameterwerte sind. Da die Merkmalswerte einer Beobachtung zusammengefasst werden, wenn sie die einzelnen Neuronen durchlaufen, ist es wichtig, alle Merkmale auf dieselbe Skala abzubilden.

Deshalb ist es empfehlenswert (wenn auch nicht immer notwendig – etwa wenn es ausschließlich binäre Merkmale gibt), jedes Merkmal zu standardisieren, sodass die Werte des Merkmals den Mittelwert 0 bekommen und die Standardabweichung 1. Mit StandardScaler von scikit-learn lässt sich das leicht bewerkstelligen.

Von der Wirkung der Standardisierung können Sie sich überzeugen, wenn Sie Mittelwert und Standardabweichung unserer ersten Merkmale anzeigen:

```
# Mittelwert und Standardabweichung anzeigen
print("Mittelwert:", round(features_standardized[:,0].mean()))
print("Standardabweichung:", features_standardized[:,0].std())

Mittelwert: 0.0
Standardabweichung: 1.0
```

20.2 Ein neuronales Netz entwerfen

Problem

Sie möchten ein neuronales Netz entwerfen.

Lösung

Verwenden Sie das Modell Sequential von Keras:

```
# Bibliotheken laden
from keras import models
from keras import layers

# Neuronales Netz beginnen
network = models.Sequential()

# Vollständig verbundene Schicht mit einer ReLU-Aktivierungsfunktion hinzufügen
network.add(layers.Dense(units=16, activation="relu", input_shape=(10,)))

# Vollständig verbundene Schicht mit einer ReLU-Aktivierungsfunktion hinzufügen
network.add(layers.Dense(units=16, activation="relu"))

# Vollständig verbundene Schicht mit einer Sigmoid-Aktivierungsfunktion hinzufügen
network.add(layers.Dense(units=1, activation="sigmoid"))

# Neuronales Netz kompilieren
network.compile(loss="binary_crossentropy", # Kreuzentropie
                optimizer="rmsprop", # Root Mean Square Propagation
                metrics=["accuracy"]) # Performancemetrik Genauigkeit

Using TensorFlow backend.
```

Diskussion

Neuronale Netze bestehen aus Schichten von Neuronen. Allerdings gibt es unglaublich viele Arten von Schichten und unzählige Möglichkeiten, sie zur Netzarchitektur zu kombinieren. Zwar gibt es derzeit gängige Architekturmuster (die wir auch in diesem Kapitel behandeln), doch die richtige Architektur auszuwählen, ist meist eine Kunst und Gegenstand vieler Untersuchungen.

Um ein Feedforward-Netz in Keras zu konstruieren, ist eine Reihe von Entscheidungen über die Netzarchitektur und den Trainingsprozess zu treffen. Wie bereits erwähnt, gilt für jedes Neuron in den versteckten Schichten, dass es

1. eine Anzahl von Eingaben empfängt,
2. jeden Eingang mit einem Parameterwert gewichtet,
3. alle gewichteten Eingänge zusammen mit einem Schwellenwert (Bias, typischerweise 1) summiert,

4. dann meistens eine Funktion (*Aktivierungsfunktion* genannt) darauf anwendet und
5. die Ausgabe an Neuronen in der nächsten Schicht sendet.

Erstens müssen wir für jede Schicht in den versteckten und Ausgabeschichten die Anzahl der Neuronen und die Aktivierungsfunktion festlegen. Im Großen und Ganzen gilt: Je mehr Neuronen eine Schicht umfasst, desto komplexere Muster kann das Netz lernen. Mehr Neuronen bedeutet aber auch, dass das Netz zu einer Überanpassung an die Trainingsdaten neigt, was sich nachteilig auf die Performance der Testdaten auswirkt.

Eine beliebte Aktivierungsfunktion für versteckte Schichten ist der *Rectifier*:

$$f(z) = \max(0, z)$$

Hierin ist z die Summe der gewichteten Eingänge und des Schwellenwerts. Ein Neuron, das diese Aktivierungsfunktion verwendet, wird als *Rectified Linear Unit* (ReLU) bezeichnet. Wie aus der Funktionsdefinition hervorgeht, gibt die Aktivierungsfunktion z zurück, wenn z größer als 0 ist, und andernfalls 0. Diese einfache Aktivierungsfunktion hat eine Reihe wünschenswerter Eigenschaften (deren Diskussion allerdings über den Rahmen dieses Buchs hinausginge), weshalb man sie in neuronalen Netzen gern verwendet. Dennoch sollten Sie sich darüber im Klaren sein, dass viele Dutzend Aktivierungsfunktionen existieren.

Zweitens müssen Sie die Anzahl der versteckten Schichten im Netz definieren. Mehr Schichten ermöglichen dem Netz, komplexere Beziehungen zu lernen, was aber mit einem höheren Rechenaufwand verbunden ist.

Drittens ist die Struktur der Aktivierungsfunktion (falls vorhanden) der Ausgabeschicht zu definieren. Das Wesen der Ausgabefunktion wird oftmals durch das Ziel des Netzes bestimmt. Gängige Muster der Ausgabeschicht sind unter anderem:

Binäre Klassifikation
: Ein Neuron mit einer Sigmoid-Aktivierungsfunktion.

Mehrklassige Klassifikation
: *k* Neuronen (wobei *k* die Anzahl der Zielklassen angibt) und eine Softmax-Aktivierungsfunktion.

Regression
: Ein Neuron ohne Aktivierungsfunktion.

Viertens müssen Sie eine Verlustfunktion definieren (die Funktion, die misst, wie gut ein vorhergesagter Wert dem wahren Wert entspricht). Auch diese Funktion wird oftmals durch den Problemtyp bestimmt:

Binäre Klassifizierung
: Binäre Kreuzentropie.

Mehrklassige Klassifizierung
: Kategorische Kreuzentropie.

Regression
: Mittlere quadratische Abweichung.

Fünftens ist es erforderlich, einen Optimierer zu definieren, den man sich intuitiv vorstellen kann als unsere Strategie, die Verlustfunktion zu »umgehen«, um die Parameterwerte zu finden, die den kleinsten Fehler erzeugen. Als Optimierer wählt man häufig einen stochastischen Gradientenabstieg mit Momentum, RMSProp (*Root Mean Square Propagation*, etwa Propagierung der mittleren quadratischen Abweichung) und adaptiver Momentschätzung (weitere Informationen zu diesen Optimierern in »Siehe auch« auf dieser Seite).

Sechstens können wir eine oder mehrere Metriken auswählen, um die Performance zu bewerten, beispielsweise Genauigkeit.

Mit `Keras` lassen sich neuronale Netze nach zwei Methoden erstellen. Das sequenzielle Modell erzeugt neuronale Netze, indem Schichten übereinandergestapelt werden. Eine alternative Methode ist die sogenannte funktionale API, die aber eher für Forscher als für Praktiker relevant ist.

In unserer Lösung haben wir mit dem sequenziellen Modell von `Keras` ein zweischichtiges neuronales Netz erzeugt (bei der Zählung der Schichten fällt die Eingabeschicht weg, weil für sie keine Parameter zu lernen sind). Jede Schicht ist »dicht« (auch »vollständig verbunden« genannt), das heißt, dass alle Neuronen der vorherigen Schicht mit allen Neuronen in der nächsten Schicht verbunden sind. In der ersten versteckten Schicht haben wir `units=16` und `activation='relu'` gesetzt, sodass diese Schicht 16 Neuronen mit Rectifier-Aktivierungsfunktionen enthält. In `Keras` muss die erste versteckte Schicht in jedem Netz mit einem Parameter `input_shape` die Gestalt der Merkmalsdaten angeben. Zum Beispiel sagt `(10, )` der ersten Schicht, dass für jede Beobachtung zehn Merkmalswerte zu erwarten sind. Unsere zweite Schicht ist die gleiche wie die erste, nur dass hier der Parameter `input_shape` nicht erforderlich ist. Da dieses Netz für binäre Klassifizierung konzipiert ist, enthält die Ausgabeschicht lediglich ein Neuron mit einer Sigmoid-Aktivierungsfunktion, die die Ausgabe auf einen Bereich zwischen 0 und 1 transformiert (was die Wahrscheinlichkeit darstellt, dass eine Beobachtung zur Klasse 1 gehört).

Bevor wir schließlich unser Modell trainieren können, müssen wir `Keras` mitteilen, wie das Netz lernen soll. Dazu legen wir in der Methode `compile` den Optimierungsalgorithmus (`RMSProp`), die Verlustfunktion (`binary_crossentropy`) und eine oder mehrere Performancemetriken fest.

Siehe auch

- Losses, Keras (*https://keras.io/losses/*)
- Loss functions for classification, Wikipedia (*http://bit.ly/2FwpCkM*)
- On Loss Functions for Deep Neural Networks in Classification, Katarzyna Janocha, Wojciech Marian Czarnecki (*https://arxiv.org/abs/1702.05659*)

20.3 Einen binären Klassifikator trainieren

Problem

Sie möchten ein neuronales Netz als binären Klassifikator trainieren.

Lösung

Konstruieren Sie mit Keras ein Feedforward-Netz und trainieren Sie es mit der Methode fit:

```
# Bibliotheken laden
import numpy as np
from keras.datasets import imdb
from keras.preprocessing.text import Tokenizer
from keras import models
from keras import layers

# Startwert für Zufallszahlengenerator
np.random.seed(0)

# Die gewünschte Anzahl der Merkmale festlegen
number_of_features = 1000

# Daten und Zielvektor aus Filmkritik-Daten laden
(data_train, target_train), (data_test, target_test) = imdb.load_data(
    num_words=number_of_features)

# Filmkritik-Daten in 1-aus-n-codierte Merkmalsmatrix konvertieren
tokenizer = Tokenizer(num_words=number_of_features)
features_train = tokenizer.sequences_to_matrix(data_train, mode="binary")
features_test = tokenizer.sequences_to_matrix(data_test, mode="binary")

# Neuronales Netz beginnen
network = models.Sequential()

# Vollständig verbundene Schicht mit einer ReLU-Aktivierungsfunktion hinzufügen
network.add(layers.Dense(units=16, activation="relu", input_shape=(
    number_of_features,)))

# Vollständig verbundene Schicht mit einer ReLU-Aktivierungsfunktion hinzufügen
network.add(layers.Dense(units=16, activation="relu"))

# Vollständig verbundene Schicht mit einer Sigmoid-Aktivierungsfunktion hinzufügen
network.add(layers.Dense(units=1, activation="sigmoid"))

# Neuronales Netz kompilieren
network.compile(loss="binary_crossentropy", # Kreuzentropie
                optimizer="rmsprop", # Root Mean Square Propagation
                metrics=["accuracy"]) # Performancemetrik Genauigkeit
```

```
# Neuronales Netz trainieren
history = network.fit(features_train, # Merkmale
                      target_train, # Zielvektor
                      epochs=3, # Anzahl der Epochen
                      verbose=1, # nach jeder Epoche Beschreibung ausgeben
                      batch_size=100, # Anzahl von Beobachtungen pro Batch
                      validation_data=(features_test, target_test)) # Testdaten
```

```
Using TensorFlow backend.

Train on 25000 samples, validate on 25000 samples
Epoch 1/3
25000/25000 [==============================]
- 1s - loss: 0.4215 - acc: 0.8105 - val_loss: 0.3386 - val_acc: 0.8555
Epoch 2/3
25000/25000 [==============================]
- 1s - loss: 0.3242 - acc: 0.8645 - val_loss: 0.3258 - val_acc: 0.8633
Epoch 3/3
25000/25000 [==============================]
- 1s - loss: 0.3121 - acc: 0.8699 - val_loss: 0.3265 - val_acc: 0.8599
```

Diskussion

In Rezept 20.2 haben wir diskutiert, wie man ein neuronales Netz mit dem sequenziellen Modell von Keras konstruiert. Nun trainieren wir dieses neuronale Netz mit realen Daten. Konkret verwenden wir 50.000 Filmkritiken (25.000 als Trainingsdaten, 25.000 für Testzwecke reserviert), die in positive und negative Bewertungen kategorisiert werden. Wir konvertieren den Text der Kritiken in 5.000 binäre Merkmale, die die Anwesenheit von einem der 1.000 häufigsten Wörter anzeigen. Vereinfacht ausgedrückt, verwenden unsere neuronalen Netze 25.000 Beobachtungen, jede mit 1.000 Merkmalen, um vorherzusagen, ob eine Filmkritik positiv oder negativ ist.

Wir nutzen das gleiche neuronale Netz wie in Rezept 20.2 (eine detaillierte Erklärung ist dort zu finden). Neu in diesem Rezept ist nur, dass wir das neuronale Netz nicht nur erstellt, sondern auch trainiert haben.

In Keras trainieren wir ein neuronales Netz mit der Methode `fit`. Es sind sechs wesentliche Parameter zu definieren. Die beiden ersten Parameter sind die Merkmale und der Zielvektor der Trainingsdaten. Die Gestalt der Merkmalsmatrix lässt sich mittels `shape` anzeigen:

```
# Gestalt der Merkmalsmatrix anzeigen
features_train.shape
```

```
(25000, 1000)
```

Der Parameter `epochs` definiert, wie viele Epochen beim Trainieren der Daten zu durchlaufen sind. Mit `verbose` lässt sich festlegen, wie viele Informationen während des Trainings ausgegeben werden, wobei `0` keine Ausgabe, `1` die Ausgabe einer

Fortschrittsleiste und 2 eine Protokollzeile pro Epoche bedeuten. Die Anzahl der Beobachtungen, die das Netz durchlaufen sollen, bevor die Parameter aktualisiert werden, legen Sie mit batch_size fest.

Schließlich haben wir einen Testdatensatz zurückgelegt, um das Modell zu bewerten. Diese Testmerkmale und der Zielvektor können Argumente des Parameters validation_data sein und für die Bewertung herangezogen werden. Alternativ könnten wir mit validation_split definieren, welcher Teil der Trainingsdaten für die Bewertung reserviert werden soll.

In scikit-learn hat die Methode fit ein trainiertes Modell zurückgegeben, doch in Keras liefert fit ein History-Objekt zurück, das die Verlustwerte und Performancemetriken zu jeder Epoche enthält.

20.4 Einen Klassifikator für mehrere Klassen trainieren

Problem

Sie möchten ein neuronales Netz mit einem Klassifikator für mehrere Klassen trainieren.

Lösung

Konstruieren Sie mit Keras ein Feedforward-Netz mit einer Ausgabeschicht, die Softmax-Aktivierungsfunktionen verwendet:

```
# Bibliotheken laden
import numpy as np
from keras.datasets import reuters
from keras.utils.np_utils import to_categorical
from keras.preprocessing.text import Tokenizer
from keras import models
from keras import layers

# Startwert für Zufallsgenerator festlegen
np.random.seed(0)

# Gewünschte Anzahl der Merkmale festlegen
number_of_features = 5000

# Merkmale und Zieldaten laden
data = reuters.load_data(num_words=number_of_features)
(data_train, target_vector_train), (data_test, target_vector_test) = data

# Merkmalsdaten in eine 1-aus-n-codierte Merkmalsmatrix konvertieren
tokenizer = Tokenizer(num_words=number_of_features)
features_train = tokenizer.sequences_to_matrix(data_train, mode="binary")
features_test = tokenizer.sequences_to_matrix(data_test, mode="binary")
```

```
# Zielvektor 1-aus-n codieren, um eine Zielmatrix zu erzeugen
target_train = to_categorical(target_vector_train)
target_test = to_categorical(target_vector_test)

# Neuronales Netz beginnen
network = models.Sequential()

# Vollständig verbundene Schicht mit einer ReLU-Aktivierungsfunktion hinzufügen
network.add(layers.Dense(units=100,
                         activation="relu",
                         input_shape=(number_of_features,)))

# Vollständig verbundene Schicht mit einer ReLU-Aktivierungsfunktion hinzufügen
network.add(layers.Dense(units=100, activation="relu"))

# Vollständig verbundene Schicht mit einer Softmax-Aktivierungsfunktion hinzufügen
network.add(layers.Dense(units=46, activation="softmax"))

# Neuronales Netz kompilieren
network.compile(loss="categorical_crossentropy", # Kreuzentropie
                optimizer="rmsprop", # Root Mean Square Propagation
                metrics=["accuracy"]) # Performancemetrik Genauigkeit

# Neuronales Netz trainieren
history = network.fit(features_train, # Merkmale
                      target_train, # Ziel
                      epochs=3, # Drei Epochen
                      verbose=0, # Keine Ausgabe
                      batch_size=100, # Anzahl der Beobachtungen pro Batch
                      validation_data=(features_test, target_test)) # Testdaten

Using TensorFlow backend.
```

Diskussion

In dieser Lösung haben wir ein ähnliches neuronales Netz wie für den binären Klassifikator im letzten Rezept erzeugt, aber mit einigen bemerkenswerten Änderungen. Erstens stammen unsere Daten von 11.228 Meldungen der Nachrichtenagentur Reuters. Jede Meldung ist in 46 Themenbereiche unterteilt. Unsere Merkmalsdaten haben wir vorbereitet, indem wir die Meldungen in 5.000 Merkmale konvertiert haben (wobei die Anwesenheit eines bestimmten Wortes in den Meldungen gekennzeichnet wurde). Die Zieldaten haben wir durch eine One-Hot-Codierung so vorbereitet, dass wir eine Zielmatrix erhalten, die angibt, zu welcher der 46 Klassen eine Beobachtung gehört:

```
# Zielmatrix anzeigen
target_train

array([[ 0.,  0.,  0., ...,  0.,  0.,  0.],
       [ 0.,  0.,  0., ...,  0.,  0.,  0.],
       [ 0.,  0.,  0., ...,  0.,  0.,  0.],
       ...,
```

```
    [ 0., 0., 0., ..., 0., 0., 0.],
    [ 0., 0., 0., ..., 0., 0., 0.],
    [ 0., 0., 0., ..., 0., 0., 0.]])
```

Zweitens haben wir die Anzahl der Neuronen in jeder der versteckten Schichten erhöht, damit das neuronale Netz die komplexeren Beziehungen zwischen den 46 Klassen darstellen kann. Da dies ein Klassifizierungsproblem mit mehreren Klassen ist, haben wir drittens eine Ausgabeschicht mit 46 Neuronen (eines pro Klasse) mit einer Softmax-Aktivierungsfunktion verwendet. Die Softmax-Aktivierungsfunktion gibt ein Array von 46 Werten mit der Gesamtsumme 1 zurück. Diese 46 Werte stellen die Wahrscheinlichkeit einer Beobachtung dar, zu jeder der 46 Klassen zu gehören.

Viertens haben wir eine Verlustfunktion ausgewählt, die für eine mehrklassige Klassifikation geeignet ist: die kategorische Kreuzentropie-Verlustfunktion `categorical_crossentropy`.

20.5 Einen Regressor trainieren

Problem

Sie möchten ein neuronales Netz für Regression trainieren.

Lösung

Konstruieren Sie mit `Keras` ein Feedforward-Netz mit einem einzelnen Ausgabeneuron und ohne Aktivierungsfunktion:

```
# Bibliotheken laden
import numpy as np
from keras.preprocessing.text import Tokenizer
from keras import models
from keras import layers
from sklearn.datasets import make_regression
from sklearn.model_selection import train_test_split
from sklearn import preprocessing

# Startwert für Zufallszahlengenerator setzen
np.random.seed(0)

# Merkmalsmatrix und Zielvektor generieren
features, target = make_regression(n_samples = 10000,
                                   n_features = 3,
                                   n_informative = 3,
                                   n_targets = 1,
                                   noise = 0.0,
                                   random_state = 0)

# Die Daten in Trainings- und Testdatensätze trennen
features_train, features_test, target_train, target_test = train_test_split(
```

```
features, target, test_size=0.33, random_state=0)

# Neuronales Netz beginnen
network = models.Sequential()

# Vollständig verbundene Schicht mit einer ReLU-Aktivierungsfunktion hinzufügen
network.add(layers.Dense(units=32,
                         activation="relu",
                         input_shape=(features_train.shape[1],)))

# Vollständig verbundene Schicht mit einer ReLU-Aktivierungsfunktion hinzufügen
network.add(layers.Dense(units=32, activation="relu"))

# Vollständig verbundene Schicht ohne Aktivierungsfunktion hinzufügen
network.add(layers.Dense(units=1))

# Neuronales Netz kompilieren
network.compile(loss="mse", # mittlere quadratische Abweichung
                optimizer="RMSprop", # Optimierungsalgorithmus
                metrics=["mse"]) # mittlere quadratische Abweichung

# Neuronales Netz trainieren
history = network.fit(features_train, # Merkmale
                      target_train, # Zielvektor
                      epochs=10, # Anzahl der Epochen
                      verbose=0, # keine Ausgabe
                      batch_size=100, # Anzahl der Beobachtungen pro Batch
                      validation_data=(features_test, target_test)) # Testdaten

Using TensorFlow backend.
```

Diskussion

Es ist durchaus möglich, mit einem neuronalen Netz kontinuierliche Werte statt Klassenwahrscheinlichkeiten vorherzusagen. Bei unserem binären Klassifikator (Rezept 20.3) hat eine Ausgabeschicht mit einem einzigen Neuron und einer Sigmoid-Aktivierungsfunktion eine Wahrscheinlichkeit geliefert, dass eine Beobachtung zur Klasse 1 gehört. Vor allem aber bildet die Sigmoidfunktion den Ausgabewert in einen Bereich zwischen 0 und 1 ab. Wenn wir diese Beschränkung entfernen, indem wir die Aktivierungsfunktion weglassen, kann die Ausgabe ein kontinuierlicher Wert sein. Und da wir eine Regression trainieren, sollten wir eine geeignete Verlustfunktion und Bewertungsmetrik verwenden, in unserem Fall die mittlere quadratische Abweichung:

$$\text{MSE} = \frac{1}{n}\sum_{i=1}^{n}\left(\widehat{y}_i - y_i\right)^2$$

Hierin ist n die Anzahl der Beobachtungen, y_i ist der wahre Wert, den wir für die Beobachtung i des Ziels y vorherzusagen versuchen, und $\hat{y}_i$ ist der vom Modell vorhergesagte Wert für y_i.

Da wir letztlich simulierte Daten der scikit-learn-Funktion make_regression verwenden, brauchen wir die Merkmale nicht zu standardisieren. Beachten Sie aber, dass in fast allen praktischen Fällen eine Standardisierung notwendig wäre.

20.6 Vorhersagen treffen

Problem

Sie möchten mit einem neuronalen Netz Vorhersagen treffen.

Lösung

Konstruieren Sie mit Keras ein Feedforward-Netz und verwenden Sie dann predict, um Vorhersagen zu treffen:

```
# Bibliotheken laden
import numpy as np
from keras.datasets import imdb
from keras.preprocessing.text import Tokenizer
from keras import models
from keras import layers

# Startwert für Zufallszahlengenerator setzen
np.random.seed(0)

# Die gewünschte Anzahl von Merkmalen festlegen
number_of_features = 10000

# Daten und Zielvektor von IMDB-Filmdaten laden
(data_train, target_train), (data_test, target_test) = imdb.load_data(
    num_words=number_of_features)

# IMDB-Daten in eine 1-aus-n-codierte Merkmalsmatrix konvertieren
tokenizer = Tokenizer(num_words=number_of_features)
features_train = tokenizer.sequences_to_matrix(data_train, mode="binary")
features_test = tokenizer.sequences_to_matrix(data_test, mode="binary")

# Neuronales Netz beginnen
network = models.Sequential()

# Vollständig verbundene Schicht mit einer ReLU-Aktivierungsfunktion hinzufügen
network.add(layers.Dense(units=16,
                         activation="relu",
                         input_shape=(number_of_features,)))

# Vollständig verbundene Schicht mit einer ReLU-Aktivierungsfunktion hinzufügen
network.add(layers.Dense(units=16, activation="relu"))

# Vollständig verbundene Schicht mit einer Sigmoid-Aktivierungsfunktion hinzufügen
network.add(layers.Dense(units=1, activation="sigmoid"))
```

```
# Neuronales Netz kompilieren
network.compile(loss="binary_crossentropy", # Kreuzentropie
                optimizer="rmsprop", # Root Mean Square Propagation
                metrics=["accuracy"]) # Performancemetrik Genauigkeit

# Neuronales Netz trainieren
history = network.fit(features_train, # Merkmale
                      target_train, # Zielvektor
                      epochs=3, # Anzahl der Epochen
                      verbose=0, # keine Ausgabe
                      batch_size=100, # Anzahl der Beobachtungen pro Batch
                      validation_data=(features_test, target_test)) # Testdaten

# Klassen der Testmenge vorhersagen
predicted_target = network.predict(features_test)
```

```
Using TensorFlow backend.
```

Diskussion

In Keras lassen sich Vorhersagen leicht treffen. Nachdem Sie das neuronale Netz trainiert haben, können Sie die Methode `predict` aufrufen. Diese Methode übernimmt als Argument einen Satz von Merkmalen und gibt die vorhergesagte Ausgabe für jede Beobachtung aus. In unserer Lösung wird das neuronale Netz für binäre Klassifizierung eingerichtet, sodass die vorhergesagte Ausgabe die Wahrscheinlichkeit darstellt, dass die Beobachtung zur Klasse 1 gehört. Beobachtungen mit vorhergesagten Werten, die sehr nahe bei 1 liegen, gehören höchstwahrscheinlich zur Klasse 1, während Beobachtungen mit vorhergesagten Werten nahe 0 höchstwahrscheinlich in Klasse 0 fallen. Zum Beispiel liefert der folgende Code die vorhergesagte Wahrscheinlichkeit, dass die erste Beobachtung in unserer Testmerkmalsmatrix zur Klasse 1 gehört:

```
# Die Wahrscheinlichkeit anzeigen, dass die erste Beobachtung zur Klasse 1 gehört
predicted_target[0]
```

```
array([ 0.83937484], dtype=float32)
```

20.7 Den Trainingsverlauf visualisieren

Problem

Im Verlust- und/oder Genauigkeits-Score möchten Sie den »Sweet Spot« (den optimalen Punkt) finden.

Lösung

Visualisieren Sie mit `Matplotlib` den Verlust des Test- und Trainingsdatensatzes über jeder Epoche:

```
# Bibliotheken laden
import numpy as np
from keras.datasets import imdb
from keras.preprocessing.text import Tokenizer
from keras import models
from keras import layers
import matplotlib.pyplot as plt

# Startwert für Zufallszahlengenerator setzen
np.random.seed(0)

# Gewünschte Anzahl der Merkmale festlegen
number_of_features = 10000

# Daten und Zielvektor aus den Filmkritik-Daten laden
(data_train, target_train), (data_test, target_test) = imdb.load_data(
    num_words=number_of_features)

# Filmkritik-Daten in eine 1-aus-n-codierte Merkmalsmatrix konvertieren
tokenizer = Tokenizer(num_words=number_of_features)
features_train = tokenizer.sequences_to_matrix(data_train, mode="binary")
features_test = tokenizer.sequences_to_matrix(data_test, mode="binary")

# Neuronales Netz beginnen
network = models.Sequential()

# Vollständig verbundene Schicht mit einer ReLU-Aktivierungsfunktion hinzufügen
network.add(layers.Dense(units=16,
                         activation="relu",
                         input_shape=(number_of_features,)))

# Vollständig verbundene Schicht mit einer ReLU-Aktivierungsfunktion hinzufügen
network.add(layers.Dense(units=16, activation="relu"))

# Vollständig verbundene Schicht mit einer Sigmoid-Aktivierungsfunktion hinzufügen
function network.add(layers.Dense(units=1, activation="sigmoid"))

# Neuronales Netz kompilieren
network.compile(loss="binary_crossentropy", # Kreuzentropie
                optimizer="rmsprop", # Root Mean Square Propagation
                metrics=["accuracy"]) # Performancemetrik Genauigkeit

# Neuronales Netz trainieren
history = network.fit(features_train, # Merkmale
                      target_train, # Ziel
                      epochs=15, # Anzahl der Epochen
                      verbose=0, # keine Ausgabe
                      batch_size=1000, # Anzahl der Beobachtungen pro Batch
                      validation_data=(features_test, target_test)) # Testdaten

# Die Verläufe von Trainings- und Testverlusten abrufen
training_loss = history.history["loss"]
test_loss = history.history["val_loss"]

# Zähler für die Anzahl der Epochen erstellen
epoch_count = range(1, len(training_loss) + 1)
```

```
# Verlustverlauf visualisieren
plt.plot(epoch_count, training_loss, "r--")
plt.plot(epoch_count, test_loss, "b-")
plt.legend(["Trainingsverlust", "Testverlust"])
plt.xlabel("Epoche")
plt.ylabel("Verlust")
plt.show();

Using TensorFlow backend.
```

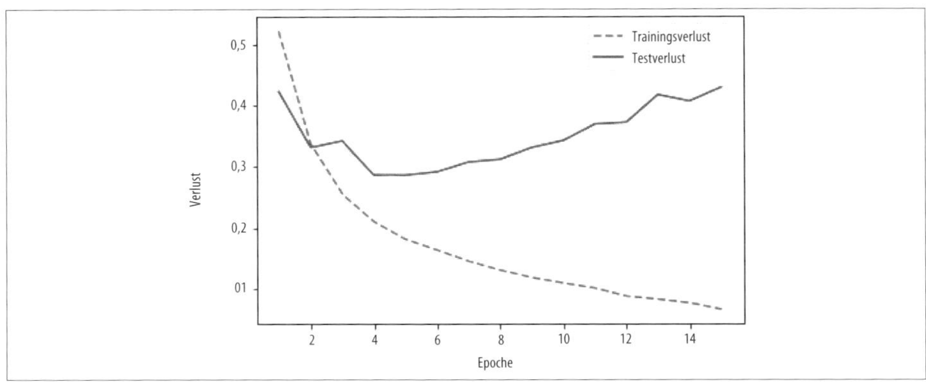

Alternativ können wir nach dem gleichen Ansatz die Trainings- und Testgenauigkeiten über jeder Epoche visualisieren:

```
# Verläufe von Trainings- und Testgenauigkeit abrufen
training_accuracy = history.history["acc"]
test_accuracy = history.history["val_acc"]
plt.plot(epoch_count, training_accuracy, "r--")
plt.plot(epoch_count, test_accuracy, "b-")

# Genauigkeitsverlauf visualisieren
plt.legend(["Trainingsgenauigkeit", "Testgenauigkeit"])
plt.xlabel("Epoche")
plt.ylabel("Genauigkeit")
plt.show();
```

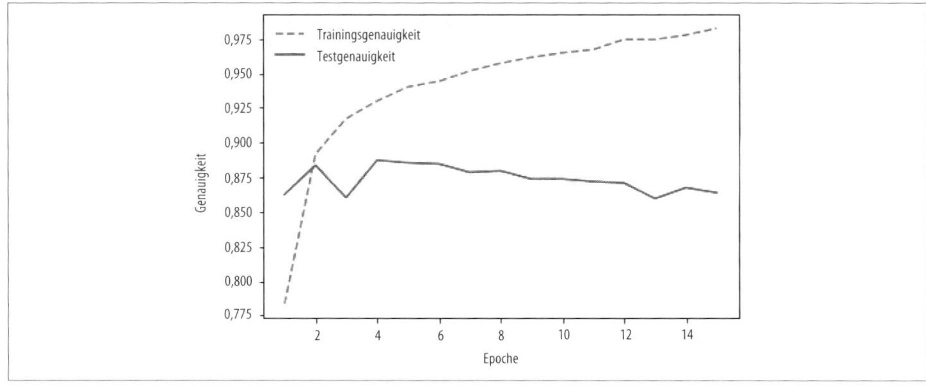

Diskussion

Bei einem neu erzeugten neuronalen Netz wird die Performance schlecht sein. Wenn das neuronale Netz auf den Trainingsdaten lernt, nimmt der Fehler des Modells sowohl auf dem Trainingsdatensatz als auch auf dem Testdatensatz tendenziell zu. An einem bestimmten Punkt jedoch beginnt das neuronale Netz, sich die Trainingsdaten zu »merken« und sich zu stark anzupassen. Sobald dies geschieht, nimmt der Trainingsfehler ab, während der Testfehler zunimmt. Deshalb gibt es in vielen Fällen einen »Sweet Spot« – einen Punkt, an dem der Testfehler (um den es uns hauptsächlich geht) am niedrigsten ist. Dieser Effekt zeigt sich deutlich in der Lösung, wo wir den Trainings- und den Testverlust in jeder Epoche visualisieren. Beachten Sie, dass der Testfehler um Epoche fünf am geringsten ist. Danach steigt der Trainingsverlust wieder an, und auch der Testverlust nimmt zu. Dies ist der Punkt, an dem das Modell überangepasst wird.

20.8 Überanpassung durch Regularisierung der Gewichte vermindern

Problem

Sie möchten Überanpassung vermindern.

Lösung

Versuchen Sie, die Parameter des Netzes mit einem Strafterm zu beaufschlagen, auch *Regularisierung der Gewichte* genannt:

```
# Bibliotheken laden
import numpy as np
from keras.datasets import imdb
from keras.preprocessing.text import Tokenizer
from keras import models
from keras import layers
from keras import regularizers

# Startwert für Zufallszahlengenerator setzen
np.random.seed(0)

# Gewünschte Anzahl der Merkmale festlegen
number_of_features = 1000

# Daten und Zielvektor aus den Filmkritik-Daten laden
(data_train, target_train), (data_test, target_test) = imdb.load_data(
    num_words=number_of_features)
```

```
# Filmkritik-Daten in eine 1-aus-n-codierte Merkmalsmatrix konvertieren
tokenizer = Tokenizer(num_words=number_of_features)
features_train = tokenizer.sequences_to_matrix(data_train, mode="binary")
features_test = tokenizer.sequences_to_matrix(data_test, mode="binary")

# Neuronales Netz beginnen
network = models.Sequential()

# Vollständig verbundene Schicht mit einer ReLU-Aktivierungsfunktion hinzufügen
network.add(layers.Dense(units=16,
                         activation="relu",
                         kernel_regularizer=regularizers.l2(0.01),
                         input_shape=(number_of_features,)))

# Vollständig verbundene Schicht mit einer ReLU-Aktivierungsfunktion hinzufügen
network.add(layers.Dense(units=16,
                         kernel_regularizer=regularizers.l2(0.01),
                         activation="relu"))

# Vollständig verbundene Schicht mit einer Sigmoid-Aktivierungsfunktion hinzufügen
network.add(layers.Dense(units=1, activation="sigmoid"))

# Neuronales Netz kompilieren
network.compile(loss="binary_crossentropy", # Kreuzentropie
                optimizer="rmsprop", # Root Mean Square Propagation
                metrics=["accuracy"]) # Performancemetrik Genauigkeit

# Neuronales Netz trainieren
history = network.fit(features_train, # Merkmale
                      target_train, # Zielvektor
                      epochs=3, # Anzahl der Epochen
                      verbose=0, # keine Ausgabe
                      batch_size=100, # Anzahl der Beobachtungen pro Batch
                      validation_data=(features_test, target_test)) # Testdaten

Using TensorFlow backend.
```

Diskussion

Die Überanpassung von neuronalen Netzen lässt sich unterbinden, wenn man die Parameter (d.h. die Gewichte) des neuronalen Netzes mit einem Strafterm verknüpft, sodass sie eher kleinere Werte annehmen. Dadurch entsteht ein einfacheres Modell, das für eine Überanpassung weniger anfällig ist. Diese Methode bezeichnet man als *Regularisierung* oder *Abklingen der Gewichte*. Im Besonderen wird bei der Regularisierung der Gewichte ein Strafterm der Verlustfunktion hinzugefügt, wie zum Beispiel bei der *L2-Norm*.

In Keras können wir eine Regularisierung der Gewichte veranlassen, wenn wir in den Parametern einer Schicht `kernel_regularizer=regularizers.l2(0.01)` angeben. Im Beispiel gibt der Wert `0.01` an, wie stark wir höhere Parameterwerte bestrafen.

20.9 Überanpassung durch frühes Stoppen verringern

Problem

Sie möchten Überanpassung verringern.

Lösung

Versuchen Sie, das Training zu beenden, wenn der Testverlust nicht mehr abnimmt. Diese Strategie wird als *frühes Stoppen* bezeichnet.

```
# Bibliotheken laden
import numpy as np
from keras.datasets import imdb
from keras.preprocessing.text import Tokenizer
from keras import models
from keras import layers
from keras.callbacks import EarlyStopping, ModelCheckpoint

# Startwert für Zufallszahlengenerator setzen
np.random.seed(0)

# Die gewünschte Anzahl der Merkmale festlegen
number_of_features = 1000

# Daten und Zielvektor aus den Filmkritik-Daten laden
(data_train, target_train), (data_test, target_test) = imdb.load_data(
    num_words=number_of_features)

# Filmkritik-Daten in eine 1-aus-n-codierte Merkmalsmatrix konvertieren
tokenizer = Tokenizer(num_words=number_of_features)
features_train = tokenizer.sequences_to_matrix(data_train, mode="binary")
features_test = tokenizer.sequences_to_matrix(data_test, mode="binary")

# Neuronales Netz beginnen
network = models.Sequential()

# Vollständig verbundene Schicht mit einer ReLU-Aktivierungsfunktion hinzufügen
network.add(layers.Dense(units=16,
                         activation="relu",
                         input_shape=(number_of_features,)))

# Vollständig verbundene Schicht mit einer ReLU-Aktivierungsfunktion hinzufügen
network.add(layers.Dense(units=16, activation="relu"))

# Vollständig verbundene Schicht mit einer Sigmoid-Aktivierungsfunktion hinzufügen
network.add(layers.Dense(units=1, activation="sigmoid"))

# Neuronales Netz kompilieren
```

```
network.compile(loss="binary_crossentropy", # Kreuzentropie
                optimizer="rmsprop", # Root Mean Square Propagation
                metrics=["accuracy"]) # Performancemetrik Genauigkeit

# Callback-Funktionen einrichten, um Training frühzeitig zu stoppen und das
# bislang beste Modell zu speichern
callbacks = [EarlyStopping(monitor="val_loss", patience=2),
             ModelCheckpoint(filepath="best_model.h5",
                             monitor="val_loss",
                             save_best_only=True)]

# Neuronales Netz trainieren
history = network.fit(features_train, # Merkmale
                      target_train, # Zielvektor
                      epochs=20, # Anzahl der Epochen
                      callbacks=callbacks, # frühes Stoppen
                      verbose=0, # Beschreibung nach jeder Epoche ausgeben
                      batch_size=100, # Anzahl der Beobachtungen pro Batch
                      validation_data=(features_test, target_test)) # Testdaten
```

```
Using TensorFlow backend.
```

Diskussion

Wie in Rezept 20.7 diskutiert, werden in der Regel in den ersten Trainingsepochen sowohl die Trainings- als auch die Testfehler abnehmen, aber an einem bestimmten Punkt beginnt das Netz, die Trainingsdaten zu »memorieren«. Dadurch verringert sich der Trainingsfehler weiterhin, während der Testfehler zunimmt. Aufgrund dieses Phänomens sollte der Trainingsprozess überwacht und das Training gestoppt werden, sobald der Testfehler zunimmt – dies ist eine der effektivsten und am häufigsten angewendeten Methoden, um einer Überanpassung entgegenzuwirken. Diese Strategie wird als *frühes Stoppen* bezeichnet.

In Keras lässt sich frühes Stoppen als Callback-Funktion implementieren. Derartige Funktionen kann man in bestimmten Phasen des Trainingsprozesses – beispielsweise am Ende jeder Epoche – anwenden. Konkret haben wir in unserer Lösung mit `EarlyStopping(monitor='val_loss', patience=2)` festgelegt, dass wir den Testverlust (den Validierungsverlust) in jeder Epoche überwachen möchten und dass, nachdem sich der Testverlust nach zwei Epochen nicht verbessert hat, das Training unterbrochen wird.

Da wir aber `patience=2` gesetzt haben, bekommen wir nicht das beste Modell, sondern das Modell zwei Epochen nach dem besten Modell. Deshalb können wir optional mit `ModelCheckpoint` eine zweite Operation einbauen, die das Modell nach dem Checkpoint in einer Datei sichert (was nützlich sein kann, wenn eine mehrtägige Sitzung aus irgendeinem Grund unterbrochen wird). Es ist sicherlich hilfreich, `save_best_only=True` zu setzen, weil `ModelCheckpoint` dann nur das beste Modell speichert.

20.10 Überanpassung durch Dropout verringern

Problem

Sie möchten Überanpassung verringern.

Lösung

Führen Sie mithilfe von Dropout Rauschen in die Architektur des Netzes ein:

```
# Bibliotheken laden
import numpy as np
from keras.datasets import imdb
from keras.preprocessing.text import Tokenizer
from keras import models
from keras import layers

# Startwert für den Zufallszahlengenerator setzen
np.random.seed(0)

# Gewünschte Anzahl der Merkmale festlegen
number_of_features = 1000

# Daten und Zielvektor aus Filmkritik-Daten laden
(data_train, target_train), (data_test, target_test) = imdb.load_data(
    num_words=number_of_features)

# Filmkritik-Daten in eine 1-aus-n-codierte Merkmalsmatrix konvertieren
tokenizer = Tokenizer(num_words=number_of_features)
features_train = tokenizer.sequences_to_matrix(data_train, mode="binary")
features_test = tokenizer.sequences_to_matrix(data_test, mode="binary")

# Neuronales Netz beginnen
network = models.Sequential()

# Eine Dropout-Schicht für die Eingabeschicht hinzufügen
network.add(layers.Dropout(0.2, input_shape=(number_of_features,)))

# Vollständig verbundene Schicht mit einer ReLU-Aktivierungsfunktion hinzufügen
network.add(layers.Dense(units=16, activation="relu"))

# Eine Dropout-Schicht für die vorherige versteckte Schicht hinzufügen
network.add(layers.Dropout(0.5))

# Vollständig verbundene Schicht mit einer ReLU-Aktivierungsfunktion hinzufügen
network.add(layers.Dense(units=16, activation="relu"))

# Eine Dropout-Schicht für die vorherige versteckte Schicht hinzufügen
network.add(layers.Dropout(0.5))

# Vollständig verbundene Schicht mit einer Sigmoid-Aktivierungsfunktion
hinzufügen
```

```
network.add(layers.Dense(units=1, activation="sigmoid"))

# Neuronales Netz kompilieren
network.compile(loss="binary_crossentropy", # Kreuzentropie
                optimizer="rmsprop", # Root Mean Square Propagation
                metrics=["accuracy"]) # Performancemetrik Genauigkeit

# Neuronales Netz trainieren
history = network.fit(features_train, # Merkmale
                      target_train, # Zielvektor
                      epochs=3, # Anzahl der Epochen
                      verbose=0, # Keine Ausgabe
                      batch_size=100, # Anzahl der Beobachtungen pro Batch
                      validation_data=(features_test, target_test)) # Testdaten

Using TensorFlow backend.
```

Diskussion

Dropout ist eine beliebte und leistungsfähige Methode, um neuronale Netze zu regularisieren. In Dropout wird jedes Mal, wenn ein Batch von Beobachtungen zum Training erzeugt wird, ein Teil der Neuronen in einer oder mehreren Schichten mit null multipliziert (d.h. fallen gelassen). In dieser Einstellung wird jeder Batch auf demselben Netz (z.B. denselben Parametern) trainiert, aber jeweils mit einer etwas anderen Version der Architektur dieses Netzes konfrontiert.

Dropout ist effektiv, da die Neuronen durch das ständige und zufällige Fallenlassen von Neuronen in jedem Batch gezwungen werden, Parameterwerte zu lernen, die unter den verschiedensten Netzarchitekturen funktionieren. Sie lernen also, robust gegenüber Störungen (z.B. Rauschen) in den anderen versteckten Einheiten zu sein, und das verhindert, dass das Netz die Trainingsdaten einfach auswendig lernt.

Es ist möglich, Dropout sowohl in der versteckten als auch in der Eingabeschicht hinzuzufügen. Wird eine Eingabeschicht fallen gelassen, wird ihr Merkmalswert für diesen Batch nicht in das Netz eingeführt. Eine gängige Wahl für den Anteil der fallen zu lassenden Neuronen ist 0,2 für Eingabeneuronen und 0,5 für versteckte Neuronen.

In `Keras` lässt sich Dropout implementieren, wenn man Dropout-Schichten in die Netzarchitektur einbaut. Jede `Dropout`-Schicht lässt in jedem Batch eine Anzahl von Neuronen in der vorherigen Schicht fallen, wobei der Benutzer die Anzahl der Neuronen in einem Hyperparameter festlegt. Denken Sie daran, dass in `Keras` die Eingabeschicht als erste Schicht angenommen und nicht mittels `add` hinzugefügt wird. Wenn Sie also die Eingabeschicht mit Dropout ausstatten möchten, fügen Sie Ihrer Netzarchitektur als erste Schicht eine Dropout-Schicht hinzu. Für diese Schicht wird sowohl der Anteil der Neuronen, die fallen zu lassen sind, angegeben (`0.2`) als auch mit `input_shape` die Gestalt der Beobachtungsdaten definiert. Als Nächstes fügen wir eine Dropout-Schicht mit `0.5` nach jeder versteckten Schicht hinzu.

20.11 Den Fortschritt beim Training eines Modells speichern

Problem

Für ein neuronales Netz, dessen Training viel Zeit in Anspruch nimmt, möchten Sie den Fortschritt für den Fall speichern, dass das Training unterbrochen wird.

Lösung

Verwenden Sie die Callback-Funktion `ModelCheckpoint`, um das Modell nach jeder Epoche zu speichern:

```
# Bibliotheken laden
import numpy as np
from keras.datasets import imdb
from keras.preprocessing.text import Tokenizer
from keras import models
from keras import layers
from keras.callbacks import ModelCheckpoint

# Startwert für Zufallsgenerator setzen
np.random.seed(0)

# Gewünschte Anzahl der Merkmale festlegen
number_of_features = 1000

# Daten und Zieldaten aus Filmkritik-Daten laden
(data_train, target_train), (data_test, target_test) = imdb.load_data(
    num_words=number_of_features)

# Filmkritik-Daten in eine 1-aus-n-codierte Merkmalsmatrix konvertieren
tokenizer = Tokenizer(num_words=number_of_features)
features_train = tokenizer.sequences_to_matrix(data_train, mode="binary")
features_test = tokenizer.sequences_to_matrix(data_test, mode="binary")

# Neuronales Netz beginnen
network = models.Sequential()

# Vollständig verbundene Schicht mit einer ReLU-Aktivierungsfunktion hinzufügen
network.add(layers.Dense(units=16,
                         activation="relu",
                         input_shape=(number_of_features,)))

# Vollständig verbundene Schicht mit einer ReLU-Aktivierungsfunktion hinzufügen
network.add(layers.Dense(units=16, activation="relu"))

# Vollständig verbundene Schicht mit einer Sigmoid-Aktivierungsfunktion hinzufügen
network.add(layers.Dense(units=1, activation="sigmoid"))
```

```
# Neuronales Netz kompilieren
network.compile(loss="binary_crossentropy", # Kreuzentropie
                optimizer="rmsprop", # Root Mean Square Propagation
                metrics=["accuracy"]) # Performancemetrik Genauigkeit

# Callback-Funktionen einrichten, um das Training früh zu stoppen und das bislang
# beste Modell zu speichern
checkpoint = [ModelCheckpoint(filepath="models.hdf5")]

# Neuronales Netz trainieren
history = network.fit(features_train, # Merkmale
                      target_train, # Zielvektor
                      epochs=3, # Anzahl der Epochen
                      callbacks=checkpoint, # Checkpoint
                      verbose=0, # keine Ausgabe
                      batch_size=100, # Anzahl der Beobachtungen pro Batch
                      validation_data=(features_test, target_test)) # Testdaten

Using TensorFlow backend.
```

Diskussion

In Rezept 20.8 haben wir die Callback-Funktion `ModelCheckpoint` in Verbindung mit `EarlyStopping` verwendet, um die Überwachung und das Training zu beenden, wenn sich der Testfehler nicht mehr verbessert. Allerdings gibt es noch einen anderen, profaneren Grund, `ModelCheckpoint` zu verwenden: In der Praxis ist es durchaus üblich, dass das Training neuronaler Netze stunden- oder sogar tagelang läuft. In dieser Zeit kann vieles schiefgehen: Die Netzstromversorgung des Computers fällt aus, der Server stürzt ab, oder leichtfertige Doktoranden schließen Ihren Laptop.

Die Callback-Funktion `ModelCheckpoint` entschärft solche Situationen, indem sie das Modell nach jeder Epoche speichert, und zwar an dem im Parameter `filepath` festgelegten Speicherort. Wenn hier nur ein Dateiname angegeben ist (z.B. *models.hdf5*), wird diese Datei durch das neueste Modell jeder Epoche überschrieben. Wenn Sie das beste Modell nur entsprechend der Performance einer Verlustfunktion speichern möchten, können Sie `save_best_only=True` und `monitor='val_loss'` setzen, um eine Datei nicht zu überschreiben, wenn das Modell einen schlechteren Testverlust als das vorherige Modell hat. Alternativ können Sie das Modell jeder Epoche in seiner eigenen Datei speichern, indem Sie die Epochennummer und den Testverlust in den Dateinamen selbst einbinden. Wenn Sie zum Beispiel `filepath` auf `model_{epoch:02d}_{val_loss:.2f}.hdf5` setzen, würde der Name der Datei, die das gespeicherte Modell nach der 11. Epoche mit einem Testverlustwert von `0.33` speichert, *model_10_0.35.hdf5* lauten (die Epochennummer ist 0-indiziert).

20.12 Neuronale Netze mit k-facher Kreuzvalidierung

Problem

Sie möchten ein neuronales Netz mittels *k*-facher Kreuzvalidierung bewerten.

Lösung

Oftmals ist es weder notwendig noch empfehlenswert, neuronale Netze mittels *k*-facher Kreuzvalidierung zu bewerten. Wenn es aber zweckmäßig sein sollte, verwenden Sie einen `scikit-learn`-Wrapper von `Keras`, sodass die sequenziellen Modelle von `Keras` die `scikit-learn`-API verwenden können:

```
# Bibliotheken laden
import numpy as np
from keras import models
from keras import layers
from keras.wrappers.scikit_learn import KerasClassifier
from sklearn.model_selection import cross_val_score
from sklearn.datasets import make_classification

# Startwert für Zufallszahlengenerator setzen
np.random.seed(0)

# Anzahl der Merkmale
number_of_features = 100

# Merkmalsmatrix und Zielvektor generieren
features, target = make_classification(n_samples = 10000,
                                       n_features = number_of_features,
                                       n_informative = 3,
                                       n_redundant = 0,
                                       n_classes = 2,
                                       weights = [.5, .5],
                                       random_state = 0)

# Funktion erstellen, die ein kompiliertes Netz zurückgibt
def create_network():

    # Neuronales Netz beginnen
    network = models.Sequential()

    # Vollständig verbundene Schicht mit einer ReLU-Aktivierungsfunktion
    # hinzufügen
    network.add(layers.Dense(units=16, activation="relu", input_shape=(
        number_of_features,)))

    # Vollständig verbundene Schicht mit einer ReLU-Aktivierungsfunktion hinzufügen
    network.add(layers.Dense(units=16, activation="relu"))
```

```
    # Vollständig verbundene Schicht mit einer Sigmoid-Aktivierungsfunktion hinzufügen
    network.add(layers.Dense(units=1, activation="sigmoid"))

    # Neuronales Netz kompilieren
    network.compile(loss="binary_crossentropy", # Kreuzentropie
                    optimizer="rmsprop", # Root Mean Square Propagation
                    metrics=["accuracy"]) # Performancemetrik Genauigkeit

    # Kompiliertes Netz zurückgeben
    return network

# Wrapper um Keras-Modell legen, sodass scikit-learn es verwenden kann
neural_network = KerasClassifier(build_fn=create_network,
                                 epochs=10,
                                 batch_size=100,
                                 verbose=0)

# Neuronales Netz mit dreifacher Kreuzvalidierung bewerten
cross_val_score(neural_network, features, target, cv=3)

Using TensorFlow backend.

array([ 0.90461907,  0.77437743,  0.87068707])
```

Diskussion

Theoretisch gibt es keinen Grund, warum wir Kreuzvalidierung nicht verwenden können, um neuronale Netze zu bewerten. Allerdings werden neuronale Netze oftmals auf sehr großen Datensätzen eingesetzt und brauchen mitunter Stunden oder sogar Tage für das Training. Bei solchen langen Trainingszeiten ist es demnach nicht ratsam, zusätzlichen Rechenaufwand für eine *k*-fache Kreuzvalidierung zu betreiben. Wenn zum Beispiel ein Modell normalerweise einen Tag für das Training benötigt, wäre für eine 10-fache Kreuzvalidierung mit 10 Tagen zu rechnen. Bei großen Datensätzen ist es oftmals besser, das neuronale Netz einfach auf einer Testmenge zu bewerten.

Bei kleineren Datensätzen kann *k*-fache Kreuzvalidierung nützlich sein, um die Performance des neuronalen Netzes auf höchstem Niveau zu bewerten. Dies ist in `Keras` möglich, weil wir jedes neuronale Netz so in einen Wrapper einhüllen können, dass sich die in `scikit-learn` verfügbaren Bewertungsfeatures nutzen lassen, einschließlich der *k*-fachen Kreuzvalidierung. Hierzu müssen wir zuerst eine Funktion erzeugen, die ein kompiliertes neuronales Netz zurückgibt. Als Nächstes verwenden wir `KerasClassifier` (falls wir einen Klassifikator haben, für einen Regressor ist `KerasRegressor` vorgesehen), um einen Wrapper um das Modell zu legen, sodass es für `scikit-learn` zugänglich ist. Nun können wir unser neuronales Netz genau wie jeden anderen `scikit-learn`-Lernalgorithmus (z. B. Random Forests, logistische Regression) einsetzen. In unserer Lösung haben wir `cross_val_score` verwendet, um eine dreifache Kreuzvalidierung auf unserem neuronalen Netz auszuführen.

20.13 Neuronale Netze optimieren

Problem

Sie möchten die besten Hyperparameter für Ihr neuronales Netz automatisch auswählen.

Lösung

Kombinieren Sie ein neuronales Netz von Keras mit einem der Modellauswahltools von scikit-learn, wie zum Beispiel GridSearchCV:

```
# Bibliotheken laden
import numpy as np
from keras import models
from keras import layers
from keras.wrappers.scikit_learn import KerasClassifier
from sklearn.model_selection import GridSearchCV
from sklearn.datasets import make_classification

# Startwert für Zufallszahlengenerator setzen
np.random.seed(0)

# Anzahl der Merkmale
number_of_features = 100

# Merkmalsmatrix und Zielvektor erzeugen
features, target = make_classification(n_samples = 10000,
                                       n_features = number_of_features,
                                       n_informative = 3,
                                       n_redundant = 0,
                                       n_classes = 2,
                                       weights = [.5, .5],
                                       random_state = 0)

# Funktion erzeugen, die ein kompiliertes Netz zurückgibt
def create_network(optimizer="rmsprop"):

    # Neuronales Netz beginnen
    network = models.Sequential()

    # Vollständig verbundene Schicht mit einer ReLU-Aktivierungsfunktion
    # hinzufügen
    network.add(layers.Dense(units=16,
                             activation="relu",
                             input_shape=(number_of_features,)))

    # Vollständig verbundene Schicht mit einer ReLU-Aktivierungsfunktion
    # hinzufügen
    network.add(layers.Dense(units=16, activation="relu"))

    # Vollständig verbundene Schicht mit einer Sigmoid-Aktivierungsfunktion hinzufügen
    network.add(layers.Dense(units=1, activation="sigmoid"))
```

```
    # Neuronales Netz kompilieren
    network.compile(loss="binary_crossentropy", # Kreuzentropie
                    optimizer=optimizer, # Optimierer
                    metrics=["accuracy"]) # Performancemetrik Genauigkeit

    # Kompiliertes Netz zurückgeben
    return network

# Wrapper um Keras-Modell legen, sodass es sich von scikit-learn verwenden lässt
neural_network = KerasClassifier(build_fn=create_network, verbose=0)

# Hyperparameterraum erstellen
epochs = [5, 10]
batches = [5, 10, 100]
optimizers = ["rmsprop", "adam"]

# Hyperparameteroptionen erzeugen
hyperparameters = dict(optimizer=optimizers, epochs=epochs, batch_size=batches)

# Gittersuche erstellen
grid = GridSearchCV(estimator=neural_network, param_grid=hyperparameters)

# Gittersuche anpassen
grid_result = grid.fit(features, target)
```

```
Using TensorFlow backend.
```

Diskussion

Die scikit-learn-Modellauswahltechniken im Mittelpunkt der Rezepte 12.1 und 12.2 sollten die besten Hyperparameter eines scikit-learn-Modells ermitteln. Rezept 20.12 hat gezeigt, dass sich ein Wrapper um das neuronale Netz legen lässt, sodass es für die scikit-learn-API zugänglich ist. Jetzt kombinieren wir diese beiden Techniken, um die besten Hyperparameter eines neuronalen Netzes festzustellen.

Die Hyperparameter eines Modells sind wichtig und sollten sorgfältig ausgewählt werden. Bevor wir uns jedoch darauf versteifen, dass Modellauswahlstrategien wie die Gittersuche eine gute Idee sind, müssen wir uns darüber im Klaren sein, dass dieser Gittersuchvorgang eine Woche oder länger dauern kann, wenn allein schon das Modell zwölf Stunden oder einen ganzen Tag für das Training benötigt. Die automatische Optimierung der Hyperparameter von neuronalen Netzen ist demzufolge keine Wunderwaffe, unter bestimmten Umständen aber ein nützliches Instrument.

In unserer Lösung haben wir Gittersuche mit Kreuzvalidierung über eine Reihe von Optionen für den Optimierungsalgorithmus, die Anzahl der Epochen und die Batch-Größe durchgeführt. Selbst die Ausführung dieses Minibeispiels hat einige Minuten gedauert, doch nachdem alles erledigt ist, können wir mit best_params_ die Hyperparameter des neuronalen Netzes mit den besten Ergebnissen anzeigen:

```
# Hyperparameter des besten neuronalen Netzes
grid_result.best_params_
```

```
{'batch_size': 10, 'epochs': 5, 'optimizer': 'adam'}
```

20.14 Neuronale Netze visualisieren

Problem

Sie möchten die Architektur eines neuronalen Netzes schnell visualisieren.

Lösung

Verwenden Sie model_to_dot oder plot_model von Keras:

```
# Bibliotheken laden
from keras import models
from keras import layers
from IPython.display import SVG
from keras.utils.vis_utils import model_to_dot
from keras.utils import plot_model

# Neuronales Netz beginnen
network = models.Sequential()

# Vollständig verbundene Schicht mit einer ReLU-Aktivierungsfunktion hinzufügen
network.add(layers.Dense(units=16, activation="relu", input_shape=(10,)))

# Vollständig verbundene Schicht mit einer ReLU-Aktivierungsfunktion hinzufügen
network.add(layers.Dense(units=16, activation="relu"))

# Vollständig verbundene Schicht mit einer Sigmoid-Aktivierungsfunktion hinzufügen
network.add(layers.Dense(units=1, activation="sigmoid"))

# Netzarchitektur visualisieren
SVG(model_to_dot(network, show_shapes=True).create(prog="dot", format="svg"))

Using TensorFlow backend.
```

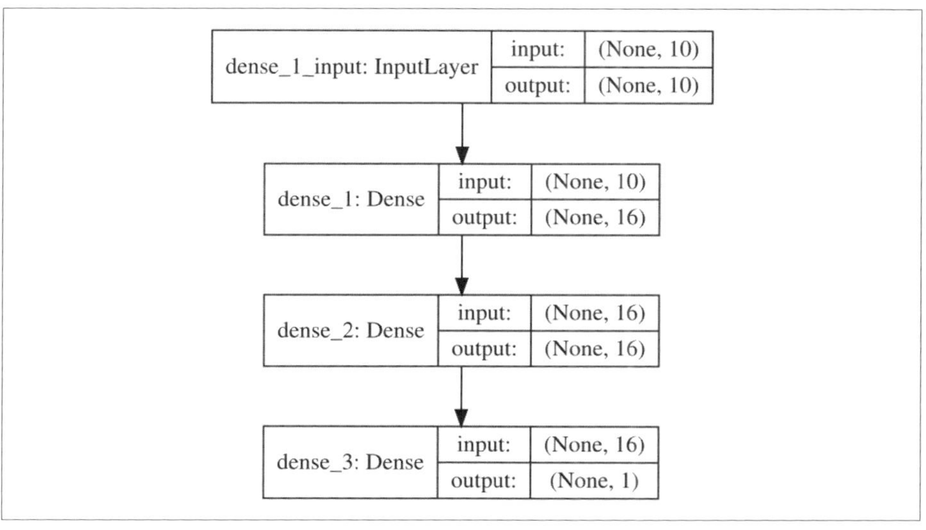

Möchten Sie die Visualisierung als Datei speichern, können Sie alternativ `plot_model` verwenden:

```
# Die Visualisierung als Datei speichern
plot_model(network, show_shapes=True, to_file="network.png")
```

Diskussion

Keras bietet Utility-Funktionen, mit denen sich neuronale Netze schnell visualisieren lassen. Wenn Sie ein neuronales Netz in einem Jupyter Notebook anzeigen möchten, können Sie das mit `model_to_dot` tun. Der Parameter `show_shapes` zeigt die Gestalt der Eingänge und Ausgänge, was bei einer Fehlersuche hilfreich sein kann. Für ein einfacheres Modell können Sie `show_shapes=True` setzen:

```
# Netzarchitektur visualisieren
SVG(model_to_dot(network, show_shapes=False).create(prog="dot", format="svg"))
```

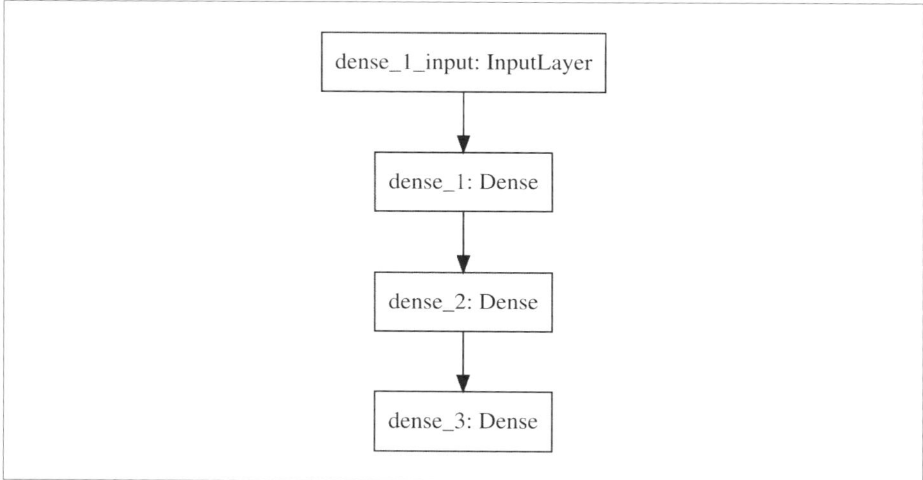

20.15 Bilder klassifizieren

Problem

Sie möchten Bilder mit einem *Convolutional Neural Network* (CNN) klassifizieren.

Lösung

Erzeugen Sie mittels Keras ein neuronales Netz, das mindestens einen Convolutional Layer enthält:

```
import numpy as np
from keras.datasets import mnist
```

```
from keras.models import Sequential
from keras.layers import Dense, Dropout, Flatten
from keras.layers.convolutional import Conv2D, MaxPooling2D
from keras.utils import np_utils
from keras import backend as K

# Festlegen, dass der Kanalwert der Farbe zuerst erscheint
K.set_image_data_format("channels_first")

# Startwert für den Zufallsgenerator setzen
np.random.seed(0)

# Bildinformationen festlegen
channels = 1
height = 28
width = 28

# Daten und Ziel aus MNIST-Daten laden
(data_train, target_train), (data_test, target_test) = mnist.load_data()

# Bilddaten für das Training in Merkmale umformen
data_train = data_train.reshape(data_train.shape[0], channels, height, width)

# Bilddaten für den Test in Merkmale umformen
data_test = data_test.reshape(data_test.shape[0], channels, height, width)

# Pixel-Intensität in den Bereich zwischen 0 und 1 skalieren
features_train = data_train / 255 features_test = data_test / 255

# Ziel 1-aus-n-codieren
target_train = np_utils.to_categorical(target_train)
target_test = np_utils.to_categorical(target_test)
number_of_classes = target_test.shape[1]

# Neuronales Netz beginnen
network = Sequential()

# Convolutional Layer mit 64 Filtern, einem 5 x 5-Fenster und einer ReLU-
# Aktivierungsfunktion hinzufügen
network.add(Conv2D(filters=64,
                   kernel_size=(5, 5),
                   input_shape=(channels, width, height),
                   activation='relu'))

# Max-Pooling-Schicht mit einem 2 x 2-Fenster hinzufügen
network.add(MaxPooling2D(pool_size=(2, 2)))

# Dropout-Schicht hinzufügen
network.add(Dropout(0.5))

# Schicht hinzufügen, um Eingabe abzuflachen
network.add(Flatten())
```

```
# Vollständig verbundene Schicht mit 128 Neuronen und ReLU-Aktivierungsfunktion
# hinzufügen
network.add(Dense(128, activation="relu"))

# Dropout-Schicht hinzufügen
network.add(Dropout(0.5))

# Vollständig verbundene Schicht mit Softmax-Aktivierungsfunktion hinzufügen
network.add(Dense(number_of_classes, activation="softmax"))

# Neuronales Netz kompilieren
network.compile(loss="categorical_crossentropy", # Kreuzentropie
                optimizer="rmsprop", # Root Mean Square Propagation
                metrics=["accuracy"]) # Performancemetrik Genauigkeit

# Neuronales Netz trainieren
network.fit(features_train, # Merkmale
            target_train, # Ziel
            epochs=2, # Anzahl der Epochen
            verbose=0, # nach jeder Epoche keine Beschreibung ausgeben
            batch_size=1000, # Anzahl der Beobachtungen pro Batch
            validation_data=(features_test, target_test)) # Daten für Bewertung
```

```
Using TensorFlow backend.

<keras.callbacks.History at 0x133f37e80>
```

Diskussion

Ein *Convolutional Neural Network* (»faltendes neuronales Netz«, CNN, auch ConvNet genannt) ist ein beliebter Netztyp, der sich in der Computervision als sehr effektiv erwiesen hat (z.B. beim Erkennen von Katzen, Hunden, Flugzeugen und sogar Hot Dogs). Es ist durchaus möglich, Feedforward-Netze für Bilder zu verwenden, wobei jedes Pixel ein Merkmal ist. Allerdings stoßen wir dabei auf zwei große Probleme. Erstens berücksichtigen Feedforward-Netze nicht die räumliche Struktur der Pixel. Zum Beispiel könnten wir ein Bild von 10 × 10 Pixeln in einen Vektor von 100 Pixelmerkmalen konvertieren. In diesem Fall würde das Feedforward-Netz die Beziehung des ersten Merkmals (z.B. des Pixelwerts) zum zehnten Merkmal genauso betrachten wie zum elften Merkmal. In Wirklichkeit stellt aber das zehnte Merkmal ein Pixel auf der anderen Seite des Bilds als das erste Merkmal dar, während das elfte Merkmal das Pixel verkörpert, das direkt unter dem ersten Pixel liegt. Zweitens (und damit im Zusammenhang stehend) lernen Feedforward-Netze globale Beziehungen in den Merkmalen anstelle von lokalen Mustern. Einfacher ausgedrückt, heißt das, dass Feedforward-Netze nicht in der Lage sind, ein Objekt zu erkennen, unabhängig davon, wo es in einem Bild erscheint. Stellen Sie sich zum Beispiel vor, Sie trainierten ein neuronales Netz, um Gesichter zu erkennen, und diese Gesichter erscheinen dann irgendwo im Bild – von oben rechts über die Mitte bis unten links.

Die Stärke von CNNs ist ihre Fähigkeit, mit diesen beiden (und anderen) Problemen umzugehen. Eine vollständige Erklärung von CNNs ginge weit über den Rahmen dieses Buchs hinaus, doch eine kurze Erläuterung dürfte hilfreich sein. Die Daten eines einzelnen Bilds enthalten zwei oder drei Dimensionen: Höhe, Breite und Tiefe. Die beiden ersten sollten ohne Weiteres klar sein, doch die letzte verdient eine Erklärung. Die Tiefe ist die Farbe eines Pixels. In Graustufenbildern ist die Tiefe nur ein Wert (die Intensität des Pixels), und demzufolge ist das Bild eine Matrix. In Farbbildern wird jedoch die Farbe eines Pixels durch mehrere Werte dargestellt. Zum Beispiel besteht in einem RGB-Bild die Farbe eines Bilds aus drei Werten, die den Farben Rot, Grün und Blau zugeordnet sind. Die Daten für ein Bild kann man sich deshalb als einen dreidimensionalen Tensor vorstellen: *Breite* × *Höhe* × *Tiefe* (als *Merkmalskarten* bezeichnet). In CNNs kann man sich eine Faltung (keine Sorge, wenn Sie die theoretischen Details nicht verstehen) so vorstellen, dass ein Fenster über die Pixel eines Bilds gleitet, wobei sowohl das individuelle Pixel als auch seine Nachbarn betrachtet werden. Dann werden die rohen Bilddaten in einen neuen, dreidimensionalen Tensor transformiert, in dem die ersten beiden Dimensionen ungefähr Breite und Höhe darstellen, während die dritte Dimension (die die Farbwerte enthält) jetzt die Muster – *Filter* genannt – darstellt (zum Beispiel eine scharfe Ecke oder einen schwungvollen Farbverlauf), zu dem dieses Pixel »gehört«.

Das zweite wichtige Konzept für unsere Zwecke sind Pooling-Schichten. Diese verschieben ein Fenster über die Daten (obwohl sie normalerweise nur jedes *n*-te Pixel betrachten, Striding genannt). Dabei wird der Umfang der Daten verringert, indem das Fenster in bestimmter Weise summiert wird. Die gebräuchlichste Methode ist *Max-Pooling*, die den maximalen Wert in jedem Fenster an die nächste Schicht sendet. Ein Grund für Max-Pooling ist rein praktischer Natur; der Faltungsprozess erzeugt viele zusätzliche Lernparameter, wodurch die Verarbeitung sehr schnell schwerfällig werden kann. Zweitens kann man sich Max-Pooling ganz anschaulich als »Verkleinern« (Herauszoomen) eines Bilds vorstellen.

Ein Beispiel könnte hier nützlich sein. Stellen Sie sich ein Bild mit dem Gesicht eines Hundes vor. Der erste Convolutional Layer könnte Muster wie etwa Umrisse finden. Dann verwenden wir eine Max-Pooling-Schicht, um »herauszuzoomen«, und einen zweiten Convolutional Layer, um Muster wie etwa die Hundeohren zu finden. Danach dient eine weitere Max-Pooling-Schicht dazu, noch einmal herauszuzoomen, und ein letzter Convolutional Layer, um Muster wie Hundegesichter zu finden.

Schließlich werden oftmals vollständig verbundene Schichten am Ende des Netzes verwendet, um die eigentliche Klassifizierung vorzunehmen.

Obwohl unsere Lösung nach einer Menge von Codezeilen aussehen mag, ist sie tatsächlich unserem binären Klassifikator weiter oben in diesem Kapitel sehr ähnlich. Diese Lösung stützt sich auf den berühmten MNIST-Datensatz, der ein De-facto-Benchmark-Datensatz im maschinellen Lernen ist. Der MNIST-Datensatz enthält

70.000 kleine Bilder (28 × 28) mit handgeschriebenen Ziffern von 0 bis 9. Dieser Datensatz ist mit Bezeichnern versehen, sodass die tatsächliche Ziffer (d.h. die Klasse) für jedes kleine Bild bekannt ist. Die standardmäßige Aufteilung in Trainings- und Testdaten sieht 60.000 Bilder für das Training und 10.000 Bilder zum Testen vor.

Wir haben die Daten in das Format reorganisiert, das von einem CNN erwartet wird. Konkret haben wir mit `reshape` die Beobachtungsdaten in die von `Keras` erwartete Gestalt konvertiert. Als Nächstes haben wir die Werte in einen Bereich von 0 bis 1 skaliert, da die Trainingsleistung leiden kann, wenn die Werte einer Beobachtung wesentlich größer sind als die Parameter des Netzes (die mit kleinen Zahlen initialisiert werden). Schließlich haben wir die Zieldaten 1-aus-n-codiert, sodass das Ziel jeder Beobachtung 10 Klassen umfasst, die die Ziffern 0 bis 9 verkörpern.

Mit dem Bilddatenprozess können wir unser CNN aufbauen. Zuerst fügen wir einen Convolutional Layer hinzu und geben die Anzahl der Filter und andere Eigenschaften an. Die Größe des Fensters ist ein Hyperparameter; allerdings ist 3 × 3 der Standard für die meisten Bilder, auch wenn oftmals größere Fenster für größere Bilder üblich sind. Zweitens fügen wir eine Max-Pooling-Schicht hinzu, die die nahe liegenden Pixel summiert. Drittens reduzieren wir mit einer Dropout-Schicht die Gefahr einer Überanpassung. Viertens konvertieren wir mit einer abflachenden Schicht (die die mehrdimensionalen Ausgaben in einen eindimensionalen Vektor überführt) die gefalteten Eingänge in ein Format, das sich für eine vollständig verbundene Schicht eignet. Schließlich kommen noch die vollständig verbundenen Schichten und eine Ausgabeschicht für die eigentliche Klassifizierung hinzu. Da es sich um ein Multiklassen-Klassifizierungsproblem handelt, verwenden wir in der Ausgangsschicht die Softmax-Aktivierungsfunktion.

Dies ist lediglich ein sehr einfaches Beispiel für ein Convolutional Neural Network. Üblicherweise werden Sie es mit wesentlich tieferen Netzen zu tun haben, bei denen viel mehr Convolutional und Max-Pooling-Schichten übereinandergestapelt sind.

20.16 Höhere Performance durch Bildverbesserung

Problem

Sie möchten die Performance Ihres CNN verbessern.

Lösung

Unterziehen Sie die Bilder einer Vorverarbeitung und Aufbesserung mit `ImageDataGenerator`, bevor Sie die Daten verwenden:

```
# Bibliothek laden
from keras.preprocessing.image import ImageDataGenerator

# Bildverbesserung erstellen
augmentation = ImageDataGenerator(featurewise_center=True, # ZCA-Weißzeichnen
                        zoom_range=0.3, # zufällig in Bilder hineinzoomen
                        width_shift_range=0.2, # Bilder zufällig verschieben
                                horizontal_flip=True, # Bilder zufällig kippen
                                rotation_range=90) # zufällig drehen

# Alle Bilder aus dem Verzeichnis 'raw/images' verarbeiten
augment_images = augmentation.flow_from_directory("raw/images", # Bildordner
                                         batch_size=32, # Batch-Größe
                                         class_mode="binary", # Klassen
                                         save_to_dir="processed/images")
```

```
Using TensorFlow backend.

Found 12665 images belonging to 2 classes.
```

Diskussion

Zuerst die Bitte um Entschuldigung – der Code dieser Lösung lässt sich bei Ihnen nicht unmittelbar ausführen, weil Sie nicht über die erforderlichen Bilderordner verfügen. Da sich jedoch die Bilder ohnehin meistens in entsprechenden Ordnern befinden, erschien es doch sinnvoll, den Code hier anzugeben. Die Technik sollten Sie problemlos auf Ihre eigenen Bilder übertragen können.

Die Performance eines CNN lässt sich unter anderem dadurch verbessern, dass man die Bilder vorverarbeitet. Auch wenn wir in Kapitel 8 schon eine Reihe von Techniken diskutiert haben, lohnt sich ein Blick auf den `ImageDataGenerator` von `Keras`, der eine ganze Palette an grundlegenden Vorverarbeitungstechniken enthält. So haben wir in unserer Lösung mit `featurewise_center=True` die Pixel über die gesamten Daten standardisiert.

Die Performance lässt sich auch verbessern, wenn man Rauschen hinzufügt. Neuronale Netze haben die interessante Eigenschaft, entgegen intuitiven Annahmen eine bessere Leistung zu zeigen, wenn die Daten mit Rauschen versehen werden. Der Grund liegt darin, dass das zusätzliche Rauschen die neuronalen Netze gegenüber realem Rauschen robuster macht und zudem eine Überanpassung an die Daten verhindert.

Beim Training von CNNs für Bilder können wir unseren Beobachtungen Rauschen hinzufügen, indem wir die Bilder auf verschiedene Weise zufällig transformieren, beispielsweise Bilder kippen oder zoomen. Selbst kleine Änderungen können die Modellperformance signifikant verbessern. Diese Transformationen lassen sich mit derselben `ImageDataGenerator`-Klasse ausführen. Die `Keras`-Dokumentation (einen Verweis darauf finden Sie im Abschnitt »Siehe auch« auf Seite 326) listet sämtliche verfügbaren Transformationen auf; unser Beispiel enthält allerdings eine Probe davon, unter anderem zufälliges Zoomen, Verschieben, Kippen und Drehen.

Die Ausgabe von `flow_from_directory` ist ein Python-Generatorobjekt. Das hängt damit zusammen, dass wir in den meisten Fällen die Bilder auf Abruf verarbeiten wollen, sowie sie in das neuronale Netz zum Training eingespeist werden. Wollten wir alle Bilder vor dem Training verarbeiten, könnten wir den Generator einfach in einer Schleife aufrufen.

Und da `augment_images` ein Generator ist, müssen wir `fit_generator` statt `fit` verwenden, um das neuronale Netz zu trainieren, zum Beispiel:

```
# Neuronales Netz trainieren
network.fit_generator(augment_images,
                      # Anzahl, wie oft der Generator für jede Epoche aufzurufen
                      # ist
                      steps_per_epoch=2000,
                      # Anzahl der Epochen
                      epochs=5,
                      # Testdatengenerator
                      validation_data=augment_images_test,
                      # Anzahl der Elemente, für die der Generator für jede
                      # Testepoche aufzurufen ist
                      validation_steps=800)
```

Alle Beispielbilder, die dieses Rezept als Quelle verwendet, stehen auf GitHub (*http://bit.ly/2FvrVVq*) zur Verfügung.

Siehe auch

- Image Preprocessing, Keras (*https://keras.io/preprocessing/image/*)

20.17 Text klassifizieren

Problem

Sie möchten Textdaten klassifizieren.

Lösung

Verwenden Sie ein rekurrentes neuronales Netz mit *Long Short-Term Memory* (LSTM):

```
# Bibliotheken laden
import numpy as np
from keras.datasets import imdb
from keras.preprocessing import sequence
from keras import models
from keras import layers

# Startwert für Zufallszahlengenerator setzen
np.random.seed(0)
```

```
# Gewünschte Anzahl der Merkmale festlegen
number_of_features = 1000

# Daten und Zielvektor aus Filmkritik-Daten laden
(data_train, target_train), (data_test, target_test) = imdb.load_data(
    num_words=number_of_features)

# Durch Auffüllen oder Kürzen jede Beobachtung auf 400 Merkmale bringen
features_train = sequence.pad_sequences(data_train, maxlen=400)
features_test = sequence.pad_sequences(data_test, maxlen=400)

# Neuronales Netz beginnen
network = models.Sequential()

# Eine eingebettete Schicht hinzufügen
network.add(layers.Embedding(input_dim=number_of_features, output_dim=128))

# Eine LSTM-Schicht mit 128 Einheiten hinzufügen
network.add(layers.LSTM(units=128))

# Vollständig verbundene Schicht mit einer Sigmoid-Aktivierungsfunktion hinzufügen
network.add(layers.Dense(units=1, activation="sigmoid"))

# Neuronales Netz kompilieren
network.compile(loss="binary_crossentropy", # Kreuzentropie
                optimizer="Adam", # Adam-Optimierung
                metrics=["accuracy"]) # Performancemetrik Genauigkeit

# Neuronales Netz trainieren
history = network.fit(features_train, # Merkmale
                      target_train, # Ziel
                      epochs=3, # Anzahl der Epochen
                      verbose=0, # nach jeder Epoche keine Beschreibung ausgeben
                      batch_size=1000, # Anzahl der Beobachtungen pro Batch
                      validation_data=(features_test, target_test)) # Testdaten

Using TensorFlow backend.
```

Diskussion

Oftmals wollen wir Textdaten klassifizieren. Obwohl dies mit einer Art CNN möglich ist, konzentrieren wir uns auf eine beliebtere Option: das *rekurrente neuronale Netz* (RNN). Derartige Netze zeichnen sich vor allem dadurch aus, dass Informationen schleifenartig im Netz zurückgeführt werden. Das verleiht rekurrenten neuronalen Netzen eine Art Gedächtnis, sodass sie sequenzielle Daten besser verstehen können. Ein beliebter RNN-Typ ist das LSTM-Netz (*Long Short-Term Memory*), das es Informationen ermöglicht, in einer Schleife das Netz rückwärts zu durchlaufen. Für weitere Details sei auf die zusätzlichen Quellen verwiesen.

In dieser Lösung möchten wir mit unseren Filmkritik-Daten aus Rezept 20.3 ein LSTM-Netz trainieren, um vorherzusagen, ob diese Kritiken positiv oder negativ sind. Bevor wir aber das Netz trainieren können, ist etwas Vorverarbeitung der Daten erforderlich. Die Textdaten liegen in Form einer Liste von Ganzzahlen vor:

```
# Erste Beobachtung anzeigen
print(data_train[0])

[1, 14, 22, 16, 43, 530, 973, 2, 2, 65, 458, 2, 66, 2, 4, 173, 36, 256, 5, 25,
    100, 43, 838, 112, 50, 670, 2, 9, 35, 480, 284, 5, 150, 4, 172, 112, 167, 2,
    336, 385, 39, 4, 172, 2, 2, 17, 546, 38, 13, 447, 4, 192, 50, 16, 6, 147, 2,
    19, 14, 22, 4, 2, 2, 469, 4, 22, 71, 87, 12, 16, 43, 530, 38, 76, 15, 13, 2,
    4, 22, 17, 515, 17, 12, 16, 626, 18, 2, 5, 62, 386, 12, 8, 316, 8, 106, 5, 4,
    2, 2, 16, 480, 66, 2, 33, 4, 130, 12, 16, 38, 619, 5, 25, 124, 51, 36, 135,
    48, 25, 2, 33, 6, 22, 12, 215, 28, 77, 52, 5, 14, 407, 16, 82, 2, 8, 4, 107,
    117, 2, 15, 256, 4, 2, 7, 2, 5, 723, 36, 71, 43, 530, 476, 26, 400, 317, 46,
    7, 4, 2, 2, 13, 104, 88, 4, 381, 15, 297, 98, 32, 2, 56, 26, 141, 6, 194, 2,
    18, 4, 226, 22, 21, 134, 476, 26, 480, 5, 144, 30, 2, 18, 51, 36, 28, 224,
    92, 25, 104, 4, 226, 65, 16, 38, 2, 88, 12, 16, 283, 5, 16, 2, 113, 103, 32,
    15, 16, 2, 19, 178, 32]
```

In dieser Liste entspricht jede Ganzzahl einem bestimmten Wort. Da jedoch die einzelnen Filmkritiken nicht die gleiche Anzahl von Wörtern enthalten, sind die Beobachtungen unterschiedlich lang. Bevor wir also diese Daten in unser neuronales Netz einspeisen können, müssen wir alle Beobachtungen auf die gleiche Länge bringen. Das lässt sich mit pad_sequences bewerkstelligen. Diese Funktion füllt die Daten jeder Beobachtung so auf, dass alle Beobachtungen die gleiche Größe haben. Davon können Sie sich überzeugen, wenn Sie sich die erste Beobachtung ansehen, nachdem pad_sequences sie bearbeitet hat:

```
# Erste Beobachtung anzeigen
print(features_test[0])

[   0   0   0   0   0   0   0   0   0   0   0   0   0   0   0   0   0   0
    0   0   0   0   0   0   0   0   0   0   0   0   0   0   0   0   0   0
    0   0   0   0   0   0   0   0   0   0   0   0   0   0   0   0   0   0
    0   0   0   0   0   0   0   0   0   0   0   0   0   0   0   0   0   0
    0   0   0   0   0   0   0   0   0   0   0   0   0   0   0   0   0   0
    0   0   0   0   0   0   0   0   0   0   0   0   0   0   0   0   0   0
    0   0   0   0   0   0   0   0   0   0   0   0   0   0   0   0   0   0
    0   0   0   0   0   0   0   0   0   0   0   0   0   0   0   0   0   0
    0   0   0   0   0   0   0   0   0   0   0   0   0   0   0   0   0   0
    0   0   0   0   0   0   0   0   0   0   0   0   0   0   0   0   0   0
    0   0   0   0   0   0   0   0   0   0   0   0   0   0   0   0   0   0
    0   0   0   0   0   0   0   0   0   0   0   0   0   0   0   0   0   0
    0   0   0   0   0   0   0   0   0   0   0   0   0   0   0   0   0   0
    0   0   0   0   0   0   0   0   0   0   0   0   0   0   0   0   0   0
    0   0   0   0   0   0   0   0   0   0   0   0   0   0   0   0   0   0
    0   0   0   0   0   0   0   0   0   0   0   0   0   0   0   0   0   0
    0   0   0   0   0   0   0   0   0   0   0   0   0   0   0   0   0   0
    0   0   0   0   0   0   0   0   0   0   0   0   0   0   0   0   0   0
    0   0   0   0   1  89  27   2   2  17 199 132   5   2  16   2  24   8
  760   4   2   7   4  22   2   2  16   2  17   2   7   2   2   9   4   2
    8  14 991  13 877  38  19  27 239  13 100 235  61 483   2   4   7   4
   20 131   2  72   8  14 251  27   2   7 308  16 735   2  17  29 144  28
   77   2  18  12]
```

Als Nächstes verwenden wir eine äußerst vielversprechende Technik in der Verarbeitung natürlicher Sprache: *Worteinbettungen*. In unserem binären Klassifikator aus Rezept 20.3 haben wir die Beobachtungen 1-aus-n-codiert und die so konvertierten Daten als Eingänge in das neuronale Netz verwendet. Dieses Mal wollen wir aber jedes Wort als Vektor in einem mehrdimensionalen Raum darstellen und die Ähnlichkeit zwischen Wörtern durch den Abstand zwischen zwei Vektoren interpretieren. In `Keras` lässt sich das durch Hinzufügen einer `Embedding`-Schicht bewerkstelligen. Für jeden Wert, der an die `Embedding`-Schicht gesendet wird, gibt diese einen Vektor aus, der das Wort darstellt. Die folgende Schicht ist unsere LSTM-Schicht mit 128 Einheiten, die es erlaubt, Informationen von früheren Eingaben in zukünftigen Eingaben wiederzuverwenden, wodurch die sequenzielle Natur der Daten direkt berücksichtigt wird. Da es sich letztlich um ein binäres Klassifizierungsproblem handelt (jede Kritik ist positiv oder negativ), fügen wir eine vollständig verbundene Ausgabeschicht mit einem Neuron und einer Sigmoid-Aktivierungsfunktion hinzu.

Die Themen um LSTM-Netze sind breit gefächert und Gegenstand intensiver Forschungen. Dieses hoffentlich nützliche Rezept ist allerdings noch weit von wirklich brauchbaren Implementierungen von LSTMs entfernt.

KAPITEL 21

Trainierte Modelle speichern und laden

21.0 Einführung

In den letzten 20 Kapiteln und rund 200 Rezepten haben wir gezeigt, wie man aus Rohdaten in Verbindung mit maschinellem Lernen gut funktionierende Vorhersagemodelle erzeugt. Damit sich unsere ganze Arbeit aber auch auszahlt, müssen wir tatsächlich irgendetwas tun mit unserem Modell –beispielsweise es in eine vorhandene Softwareanwendung integrieren. Um dieses Ziel zu erreichen, müssen wir in der Lage sein, unsere Modelle sowohl zu speichern, wenn das Training abgeschlossen ist, als auch wieder zu laden, wenn eine Anwendung sie benötigt. Diese Aufgaben stehen im Mittelpunkt unseres letzten Kapitels.

21.1 Ein scikit-learn-Modell speichern und laden

Problem

Sie haben ein `scikit-learn`-Modell trainiert und möchten es speichern, um es an anderer Stelle laden zu können.

Solution

Speichern Sie das Modell als Pickle-Datei:

```
# Bibliotheken laden
from sklearn.ensemble import RandomForestClassifier
from sklearn import datasets
from sklearn.externals import joblib

# Daten laden
iris = datasets.load_iris()
features = iris.data
target = iris.target
```

```
# Entscheidungsbaum-Klassifikatorobjekt erstellen
classifer = RandomForestClassifier()

# Modell trainieren
model = classifer.fit(features, target)

# Modell als Pickle-Datei speichern
joblib.dump(model, "model.pkl")
```

```
['model.pkl']
```

Nachdem das Modell gespeichert ist, können wir scikit-learn in unserer Zielanwendung (z. B. einer Webanwendung) einsetzen, um das Modell zu laden:

```
# Modell aus Datei laden
classifer = joblib.load("model.pkl")
```

Und wir können damit Vorhersagen treffen:

```
# Neue Beobachtung erzeugen
new_observation = [[ 5.2,  3.2,  1.1,  0.1]]

# Klasse der Beobachtung vorhersagen
classifer.predict(new_observation)
```

```
array([0])
```

Diskussion

Soll ein Modell in der Produktion zum Einsatz kommen, muss man es im ersten Schritt als eine Datei speichern, die sich von einer anderen Anwendung oder einem anderen Workflow laden lässt. Hierzu speichern wir das Modell in einem Python-spezifischen Dateiformat als Pickle-Datei. Konkret verwenden wir dazu joblib, eine Bibliothek, die Pickle für die Fälle erweitert, in denen wir große NumPy-Arrays haben – was bei trainierten Modellen in scikit-learn häufig vorkommt.

Beim Speichern von scikit-learn-Modellen ist zu beachten, dass gespeicherte Modelle eventuell nicht kompatibel zwischen den verschiedenen Versionen von scikit-learn sind; deshalb ist es zweckmäßig, die im Modell verwendete Version von scikit-learn in den Dateinamen einzuschließen:

```
# Bibliothek importieren
import sklearn

# Version von scikit-learn abrufen
scikit_version = joblib.__version__

# Modell als Pickle-Datei speichern
joblib.dump(model, "model_{version}.pkl".format(version=scikit_version))
```

```
['model_0.11.pkl']
```

21.2 Ein Keras-Modell speichern und laden

Problem

Sie haben ein trainiertes Keras-Modell und möchten es speichern, um es an anderer Stelle laden zu können.

Solution

Speichern Sie das Modell als HDF5-Datei:

```
# Bibliotheken laden
import numpy as np
from keras.datasets import imdb
from keras.preprocessing.text import Tokenizer
from keras import models
from keras import layers
from keras.models import load_model

# Startwert für Zufallszahlengenerator setzen
np.random.seed(0)

# Gewünschte Anzahl der Merkmale festlegen
number_of_features = 1000

# Daten und Zielvektor aus Filmkritikdaten laden
(train_data, train_target), (test_data, test_target) = imdb.load_data(
    num_words=number_of_features)

# Filmkritikdaten in eine 1-aus-n-codierte Merkmalsmatrix konvertieren
tokenizer = Tokenizer(num_words=number_of_features)
train_features = tokenizer.sequences_to_matrix(train_data, mode="binary")
test_features = tokenizer.sequences_to_matrix(test_data, mode="binary")

# Neuronales Netz beginnen
network = models.Sequential()

# Vollständig verbundene Schicht mit einer ReLU-Aktivierungsfunktion hinzufügen
network.add(layers.Dense(units=16,
                         activation="relu",
                         input_shape=(number_of_features,)))

# Vollständig verbundene Schicht mit einer Sigmoid-Aktivierungsfunktion hinzufügen
network.add(layers.Dense(units=1, activation="sigmoid"))

# Neuronales Netz kompilieren
network.compile(loss="binary_crossentropy", # Kreuzentropie
                optimizer="rmsprop", # Root Mean Square Propagation
                metrics=["accuracy"]) # Performancemetrik Genauigkeit

# Neuronales Netz trainieren
history = network.fit(train_features, # Merkmale
                      train_target, # Zielvektor
```

```
                                 epochs=3, # Anzahl der Epochen
                                 verbose=0, # keine Ausgabe
                                 batch_size=100, # Anzahl der Beobachtungen pro Batch
                                 validation_data=(test_features, test_target)) # Testdaten

# Neuronales Netz speichern
network.save("model.h5")
```

```
Using TensorFlow backend.
```

Das Modell können Sie dann entweder in einer anderen Anwendung oder für ein zusätzliches Training laden:

```
# Neuronales Netz laden
network = load_model("model.h5")
```

Diskussion

Im Unterschied zu `scikit-learn` empfiehlt Keras es nicht, Modelle mittels `pickle` zu speichern, stattdessen werden Modelle als HDF5-Datei gespeichert. Die HDF5-Datei enthält alles, was Sie brauchen, um nicht nur das Modell zu laden und Vorhersagen zu treffen (d.h. Architektur und trainierte Parameter), sondern auch, um das Training erneut zu starten (d.h. Einstellungen für Verlustfunktion und Optimierer sowie den aktuellen Zustand).

Index

Symbole

A

B

C

D

E

F

G

H

I

J

K

L

M

N

O

P

R

T

U

V

W

Y

Z

Über den Autor

Chris Albon ist Data Scientist und Politikwissenschaftler mit einem Jahrzehnt Erfahrung in der Anwendung von statistischem Lernen, künstlicher Intelligenz und Software-Engineering in den Bereichen politischer, sozialer und humanitärer Bemühungen – von der Wahlbeobachtung bis zur Katastrophenhilfe.

Derzeit ist Chris der Chief Data Scientist bei BRCK, einem kenianischen Start-up-Unternehmen, das ein robustes Netzwerk für Internetnutzer des Frontier-Markts entwickelt.

Kolophon

Das Tier auf dem Cover von »Machine Learning Kochbuch – Praktische Lösungen mit Python: Von der Vorverarbeitung der Daten bis zum Deep Learning« ist ein Narinatrogon (*Apaloderma narina*), ein Vogel aus der Familie der Trogone, auch Nageschnäbler genannt. »Narina« ist ein Wort in der Sprache der Khoi, einem Volk im Süden Afrikas, und bedeutet Blume. Der französische Ornithologe François Levaillant gab diesen Namen seiner Geliebten – und diesem Vogel –, da ihr eigentlicher Vorname für ihn unaussprechlich war.

Narinatrogons leben in den tropischen und gemäßigten Wäldern Afrikas, sowohl im Flachland als auch in den Bergen, und brüten in Baumhöhlen. Da sie nicht an ein spezielles Habitat gebunden sind, wird ihr Bestand als noch nicht besonders gefährdet eingeschätzt.

Die ca. 30 Zentimeter großen Vögel ernähren sich vor allem von Insekten und kleinen Wirbellosen sowie kleinen Nagetieren und Reptilien. Die farbenprächtigen Männchen stoßen ein tiefes, kollerndes Gurren aus, das weithin hörbar ist, um ihr Territorium zu markieren und Weibchen anzulocken. Das Obergefieder von beiden Geschlechtern ist grün mit metallisch blau-grünen Schwanzfedern und grauen Flügeln. Die Brust der Weibchen ist eher unauffällig braun-rot gezeichnet, während die Männchen eine leuchtend rote Unterseite haben. Ein kräftiger gelber Schnabel hilft bei der Nahrungssuche.

Viele der Tiere auf den O'Reilly-Buchumschlägen sind vom Aussterben bedroht. Aber jedes Tier ist wichtig in seinem natürlichen Lebensraum. Um mehr darüber zu erfahren, wie Sie helfen können, besuchen Sie *animals.oreilly.com*.